U0605488

财政学系列教材

财税计量分析

An Applied Econometric Analysis in Public Finance

邹　洋　郭玉清　等著

南开大学出版社

天　津

图书在版编目(CIP)数据

财税计量分析 / 邹洋，郭玉清等著；—天津：南开大学出版社，2011.6

财政学系统教材

ISBN 978-7-310-03715-5

Ⅰ.①财… Ⅱ.①邹… ②郭… Ⅲ.①财政管理—经济计量分析—高等学校—教材②税收管理—经济计量分析—高等学校—教材 Ⅳ.①F810

中国版本图书馆 CIP 数据核字(2011)第 094675 号

版权所有　侵权必究

南开大学出版社出版发行

出版人：肖占鹏

地址：天津市南开区卫津路 94 号　　邮政编码：300071

营销部电话：(022)23508339　23500755

营销部传真：(022)23508542　　邮购部电话：(022)23502200

*

河北昌黎太阳红彩色印刷有限责任公司印刷

全国各地新华书店经销

*

2011 年 6 月第 1 版　　2011 年 6 月第 1 次印刷

880×1230 毫米　32 开本　10.375 印张　1 插页　393 千字

定价：25.00 元

如遇图书印装质量问题，请与本社营销部联系调换，电话：(022)23507125

丛书顾问

杨敬年　谷书堂　逢锦聚

编委会成员

主　任：张志超

副主任：张进昌　潘明星　侯　岩

成　员：倪志良　郝春虹　饶友玲　白丽健

　　　　曲绍宏　杨全社　李炳鉴　武普照

　　　　郭　磊　蔡　方　周自强　张冬梅

　　　　马志强　刘　辉　郭　玲　王乃合

　　　　梁学平　邹　洋

教育部人文社会科学研究项目

基金资助

（项目批准号：09YJA790110，09YJC790155）

出 版 说 明

　　财政自古以来就是国家重要政务活动之一，与其他政务活动相协调，共同实现国泰民安之目标。政府的理财之道极其简单，无非是量入为出，即保持收支平衡而已；然而理财之术则高深复杂，非具高尚职业道德且受专门训练之人才不能胜任。仅就政府预算而言，财政官员不但要考虑国民的一般诉求，而且还要平衡各种利益集团的特殊要求；在为成千上万的不同项目合理安排开支的同时，还要在既定的法律约束条件下，妥善处理与当前、未来国民经济发展相适应的总量收支关系。所以，在现代理财过程中，财政决策活动要强调民主与透明度，财政负担的分配要强调社会公正，财政资源的使用要强调经济效率，如此才能在政府与国民之间形成"上下相济"的理想态势，而避免使国家陷入"上下相困"的窘迫局面。

　　由此可见，财政理论的建立与发展源于社会经济生活的需要，而系统学习这一知识体系，进而对财政作用与实现机制进行广泛深入研究，无疑有助于促进政府不断合理化的财政政策，不断提高其财政活动的质量。近年来，财政学在普通经济学理论、方法基础上，结合其他相关经济学科、政治学科的研究成果，不断丰富自己的理论体系与分析技术，逐步发展成为一种关于政府行为的理论和对市场经济活动实行公共控制与私人控制的比较优势进行实证研究的理论。

　　为了加强大学本科财政学理论教育与财税工作实务教育，也为了普及公共财政知识体系，由南开大学经济学院财政学专业教学单位牵头，联合天津财经大学、天津商学院、天津科技大学、山东财政学院、内蒙古财经学院、河南财经学院六所院校的财政学教学、科研单位，共同编写了此系列教材。本着"思想自由、学术自由、讲究科学、治学严谨"的原则，各教科书编写者，从各书立项开始直到书稿完成，在各个环节上都付出了巨大的努力；特别是在各书初稿写成后，还就结构布局、内容繁简、逻辑关系方面存在的问题进行了必要的修改，对不甚规范的句式标点也一一作了校正。应该说明的是，尽管本丛书在编写过程中特别强调各书体例的一致性，但是由于参编人员较多，且写作风格各异，各书难免在行文表述方面存在着某种不够协调之处。此外，鉴于时间仓促，本丛书在一些重大理论与实践问题的研究上还有不够深入的地方，尤其希望同行专家、各位读者提出宝贵意见、批评与建议，以便本丛书在日后修订再版时进行修改、完善。我们也希望，通过本丛书的出版为对公共财政研究有兴趣的读者们提供一个进行广泛学术交流的阵地，创造一种相互促进的学习氛围。

本丛书的出版得到我国老一代财政学专家、现年 96 岁的南开大学第一任财政系系主任杨敬年先生，南开大学经济学院第一任院长、著名经济学家谷书堂先生以及现任南开大学主管社会科学教学研究工作的副校长、著名经济学家逄锦聚先生的大力支持。在此，一并表示感谢。

本书的顺利出版与南开大学出版社编辑人员的努力是分不开的，对此，全体参编人员表示感谢。

张志超

序　言

　　财政税收活动和社会经济、人民生活之间存在相互影响的关系，我们在财政学和公共经济学等课程中学习过很多相关理论知识。近年来，有很多学者应用计量分析方法研究财政税收问题，但是作为教科书的著述并不多。随着计量分析理论和技术的发展与普及，财税问题研究需要拓展新的领域，以期深入理解和掌握财税理论知识，发现和解决新问题。本书尝试运用计量分析工具研究财税方面的一些问题，期望读者对该领域的问题进行更科学、更规范、更全面和更深入的计量研究。

　　本书包括三篇内容，即财政收入篇、财政支出篇和财税政策篇。财政收入篇（包括第一章至第三章）具体分析财政收入的影响因素、预算收支关系和最优宏观税负规模。财政支出篇（包括第四章至第十一章）具体分析财政支出对经济增长、民间投资、居民消费、出口扩大、专利产出、资本形成和全要素生产率的影响。财税政策篇（包括第十二章至第十五章）具体分析财政周期性波动的经济稳定效应，人力资本、创新互动能力与经济发展的关系，财政创新激励政策的增长绩效，出口退税政策的绩效。各篇内容有待进一步充实与完善。

　　本书大部分内容已发表于国内外学术刊物或学术会议上，学术刊物包括《公共经济学评论》（中国）、《公共管理研究》（中国）、《中央财经大学学报》（中国）、《山西财经大学学报》（中国）、《财经研究》（中国）、《世界经济》（中国）、《经济评论》（中国）、《当代经济科学》（中国）、《国际公共政策研究》（日本）、《经济政策研究》（日本）、《应用经济学》（英国）等；国际和国内学术会议包括留美经济学会 2008年和 2009 年年会（2008 年 4 月于南开大学，2009 年 6 月于广西大学），第三届中国青年经济学家联谊会学术会议（2009 年 4 月于上海财经大学），2009 年中国数量经济学年会（2009 年 3 月于深圳大学），留美经济学会 2009 年国际会议（2009 年 3 月于澳门大学），第三届 21 世纪公共管理机遇与挑战国际学术研讨会 (2008 年 10 月于澳门大学),财政支出与收入预测研究国际学术研讨会(2008 年 10 月于北京大学),日本经济政策学会第 5 次国际会议（2006 年 12 月于日本东京明治大学）等。在此，感谢各杂志审稿人、相关会议评论人和参加者的有益评价和建议。当然文责自负。

本书各章编写的分工如下：第一章、第四章、第六章、第八章、第九章、第十一章、第十五章和附录由邹洋（南开大学）负责编写，第二章、第三章、第五章、第七章、第十二章、第十三章和第十四章由郭玉清（南开大学）负责编写，第十章由南开大学财政学系研究生唐艳萍负责编写。南开大学财政学系主任、博士生导师张志超教授，南开大学出版社王乃合同志和责任编辑为本书的顺利出版提供了大力帮助和支持。在此对上述各位表示衷心的感谢。

本书适合财经类专业本科高年级和研究生一年级学生使用，财税实际工作者也可参阅。

本书不妥之处，敬请指正。

编者于南开大学

2011 年 5 月 1 日

目 录

二、财政支出篇

一、财政收入篇

第一章　我国财政收入影响因素分析

　　本章利用 2001～2006 年全国 31 个省、市、自治区的数据，建立面板数据模型分析不同影响因素的变化对财政收入增长的影响。分析得出的主要结论是：（1）商品零售价格指数变化的影响最大，其系数估计值为 1 左右，这说明财政收入增长率和商品零售价格指数变化率之间呈 1 对 1 的关系，财政收入超收与商品零售价格指数变化高度相关；（2）财政支出增长率和 GDP 增长率的系数估计值分别为 0.9 和 0.6 左右，这说明基于财政支出预算安排的财政（税收）收入计划具有刚性，通常计划本身安排就比 GDP 增长速度要高，实际执行时又会超额完成，所以财政支出具有很高的收入弹性，甚至超过 GDP 的收入弹性很多；（3）全社会商品零售额变化率的系数估计值为 0.18 左右，全社会固定资产投资额增长率的影响最差，其系数估计值为 0.06 左右，这说明消费的收入弹性较高，而投资的收入弹性较低；（4）城镇居民人均可支配收入和农村居民人均纯收入增长率的系数估计值分别为 0.15 和 0.40 左右，这说明居民收入越高，消费能力越强；同时意味着其工作积极性越高，创造出的财富越多。这些因素都能带来财政收入持续和更快的增长。

第一节　引　言

　　自 1994 年我国开始实行分税制改革以来，财政收入的增长速度一直高于 GDP 的增长速度，而在这之前除少数年份外，前者一直低于后者（见附录 1-1）。财政收入的超额增长引起社会各界的极大关注。因为税收收入是财政收入的主体，许多学者和实务工作者从理论与实证两方面来探讨税收收入超额增长的原因。有的提出经济增长、政策调整和税收征管加强"三因素"论，有的提出经济增长、物价上涨、管理因素、累进税率制度、GDP 与税收的结构差异和外贸进出口对GDP 与税收增长的影响差异等"多因素"论（如安体富，2002 年等）。李德森和许光建（2007）综述了我国税收增长快于经济增长的原因，即除了上述主要因素外，还包括经济结构变动、价格变动、现行税制设计与税收征管水平提高、税收计划和财政政策、GDP 与税收的统计差异以及投资过热等因素。高培勇（2007）认为，现行税制是税收超额增长的根源。郭庆旺和吕冰洋（2004）认为，产业结构的变化（第三产业与第二产业产值占比的提高）对税收（特别是企业所得税）增长有显著影响。杨崇春（2005）提出，应当特别关注不同税种收入与GDP 的相应分析，特别是工业增值税与工业增加值、商业增值税与社会消费品零售总额、营业税与 GDP 第二产业的建筑安装和第三产业的增加值之和、企业所得税和对应的全国规模以上工业企业利润增长具备显性相关。吕冰洋和李峰（2007）利用 1999～2005 年各省的面板数据分析了名义 GDP 增长率、税收征管效率提高值和产业结构变动率（二产+三产/总产值）对总税收（不含进口增值税）、增值税（再加上工业增加值与商业增加值之和的增长率和进口增长率两个解释变量）、营业税（再加上（第三产业产值—批发零售贸易增加值+ 建筑业产值）增长率一个解释变量）、企业所得税（包括外商投资企业和外国企业所得税）（再加上营业盈余增长率一个解释变量）和个人所得税增长率（再加上劳动者报酬增长率一个解释变量）的影响，各个解释变量的估计值在统计上大都显著。

从理论上看，一个国家或地区在某个时期财政收入的增长主要来源于 GDP 的增长。GDP 的组成包括固定资本形成、消费和净出口等项目。GDP 也可以分为资本积累和社会消费两部分。资本积累水平可用全社会固定资产投资额（包括城镇和农村两部分）来衡量，社会消费水平则可用全社会商品零售额（实际消费水平）或大众拥有的消费

能力（具体可以看城镇居民人均可支配收入和农村居民人均纯收入）
来衡量。

　　本章利用 2001～2006 年全国 31 个省份的数据，建立面板数据模型来分析不同影响因素的变化对财政收入增长的影响。我们考虑的因素包括财政支出、国内生产总值（GDP）、全社会固定资产投资总额（包括城镇和农村）和全社会商品零售总额及其价格指数、城镇居民人均可支配收入、农村居民人均纯收入等。分析得出的主要结论是：（1）商品零售价格指数变化的系数估计值约为 1；（2）财政支出增长率的系数估计值约为 0.9，GDP 增长率的系数估计值约为 0.6；（3）全社会商品零售额增长率的系数估计值约为 0.18，全社会固定资产投资额增长率的影响最差（其系数估计值约为 0.06）；（4）城镇居民人均可支配收入和农村居民人均纯收入增长率的系数估计值分别约为 0.15 和0.40。

第二节　数据分析

　　我们主要利用我国 31 个省、市、自治区 2001～2006 年之间的数据进行分析。数据来源于各年的《中国统计年鉴》和《中国税务年鉴》。具体数据包括财政收入、财政支出、全社会固定资产投资额（包括城镇和农村）、固定资产投资价格指数、全社会商品零售额、商品消费价格指数、出口额、进口额、进出口总额、城镇居民人均可支配收入和农村居民人均纯收入。我们计算上述各变量的环比增长率，分别用 rfr、rfo、rfi（rufi 和 rnfi）、rifi、rcr、ricr、rex、rim、rexim、rudi、rnni 来表示。我们首先分析这些变量在全国的总体情况。在 1979～2007 年的样本区间里，上述变量的基本统计值如表 1-1 所示（有的样本区间短些）。

表 1-1　　全国总体范围内各变量的基本统计值

项目	财政收入	财政支出	全社会固定资产投资（城镇）[农村]	社会商品零售	进口	出口	固定资产投资价格指数	商品零售价格指数	城镇居民人均可支配收入	农村居民人均纯收入	国内生产总值
	rfr	rfo	rfi（rufi）[rnfi]	rcr	rim	rex	rifi	ricr	rudi	rnni	rgdp
均值	0.14	0.14	0.22（0.23）[0.19]	0.15	0.18	0.19	-0.001	0.002	0.14	0.14	0.16
最大值	0.32	0.25	0.62（0.69）[0.38]	0.31	0.54	0.40	0.10	0.10	0.36	0.60	0.36
最小值	0.01	0.06	-0.07（-0.09）[-0.03]	0.02	-0.12	-0.004	-0.13	-0.13	0.05	0.02	0.06
标准差	0.08	0.07	0.14（0.16）[0.11]	0.07	0.16	0.12	0.05	0.05	0.07	0.12	0.07
方差	0.01	0.01	0.02（0.02）[0.01]	0.005	0.03	0.01	0.002	0.002	0.005	0.01	0.01
观测数	29	29	26	29	29	29	17	29	29	29	29
样本区间	1979~2007		1982~2007	1979~2007			1991~2007	1979~2007			

从表 1-1 可以看出，全国总体在较长时期内，财政收支增长率、城镇居民人均可支配收入和农村居民人均纯收入增长率的均值均相同（14%），且均低于 GDP 增长率的均值（16%）。但是，进口和出口增长率（分别为 18% 和 19%）、全社会固定资产投资增长率的均值（22%，其中城镇和农村分别为 23% 和 19%）均高于 GDP 增长率的均值。固定资产投资价格指数和商品零售价格指数的变化不大，均值均很小。

其次，我们建立面板数据（全国 31 个省、市、自治区 2001~2006 年之间的数据）并进行统计分析。面板数据的基本统计值如表 1-2 所示。

表 1-2　面板数据的基本统计值

项目	财政收入	财政支出	全社会固定资产投资（城镇）[农村]	社会商品零售	进出口	出口	商品消费价格指数	固定资产投资价格指数	城镇居民可支配收入	农村居民纯收入	国内生产总值
	rfr	rfo	rfi（rufi）[rnfi]	rcr	rexim	rex	ricr	rifi	rudi	rnni	rgdp
均值	0.17	0.18	0.24（0.26）[0.15]	0.15	0.27	0.27	0.02	0.02	0.11	0.09	0.16
最大值	0.39	0.39	0.66（0.73）[0.66]	0.67	0.92	0.97	0.06	0.10	0.19	0.20	0.38
最小值	-0.08	-0.08	0.06（0.06）[-0.26]	-0.18	-0.27	-0.45	-0.02	-0.02	-0.05	0.00	0.07
标准差	0.08	0.08	0.10（0.12）[0.15]	0.09	0.20	0.21	0.02	0.02	0.03	0.04	0.05
方差	1.08	0.93	1.68（2.14）[3.24]	1.39	5.92	6.50	0.04	0.08	0.18	0.19	0.31
观测数	155	155	155	155	155	155	155	155	155	155	155
截面个体数	31	31	31	31	31	31	31	31	31	31	31

　　从表 1-2 可以看出，财政收入和财政支出增长率的基本统计值大体相同，均值分别为 17% 和 18%，前者低于后者 1 个百分点，但均高于国内生产总值增长率的均值（16%）。进出口额增长率和全社会固定资产投资额（城镇固定资产投资）增长率的均值分别为 27% 和 24%（26%），远高于国内生产总值增长率的均值（16%）和其他变量的均值。与国内生产总值增长率的均值（16%）相比，农村固定资产投资额增长率的均值（15%）低 1 个百分点，社会商品零售额增长率的均值（15%）低 1 个百分点，而城镇居民人均可支配收入和农村居民人均纯收入增长率的均值（分别为 11% 和 9%）则分别低 5 个和 7 个百

分点，当然它们更低于财政收入和财政支出增长率的均值。

　　人们可能想知道，较高的固定资产投资增长率和进出口增长率是否会带来财政收入较高的增长，而较低的社会商品零售额增长率、城镇居民人均可支配收入和农村居民人均纯收入增长率对财政收入增长的影响是否会很弱或根本没有影响。对于这些变量之间的关系，我们将分别在第三节和第四节进行理论分析与实证检验。

第三节　理论分析

　　根据 Kaplow（2006）的分析框架，假设个人效用（U）是消费（c）、政府公共财支出（g）和劳动供给（l）的函数。特别假设效用从劳动供给上来看是微弱可分的，所以效用函数可以写成：$U(v(c,g),l)$（其中 v 是一个次级效用函数）。个人之间在能力或工资（w）上有差别，其密度函数为 $f(w)$。

　　个人消费表达式为：

$$c = wl - T(wl, g) \tag{1.1}$$

其中，T 是一个所得税函数（可能是非线性的）；进一步，T 被允许是 g 的函数，因为在考虑公共支出水平（g）发生变化后税收计划是如何调整时，这点非常有用。个人选择劳动供给（l）以最大化其效用（U）。

　　社会目标是最大化其可分的、凹形的社会福利函数：

$$SW = \int W(U(v(c,g),l)) f(w)\mathrm{d}w \tag{1.2}$$

　　政府收入（R）表达式为：

$$R = \int T(wl(w), g) f(w)\mathrm{d}w \tag{1.3}$$

其中，劳动供给函数 $l(w)$ 表示不同类型 w（能力或工资）的个人根据其 w 选择劳动供给（l）。政府的问题是选择税收收入（T）和公共财供给（g）以最大化社会福利函数（1.5）式，制约条件是：① 个人选择劳动供给（l）以最大化其效用（U）；② 政府预算平衡，例如，

$g = R$。

定义利益税为当 g 变化时 T 的变化，对于所有的 w 和任意可能的劳动供给 l，$\partial U / \partial g = 0$。即给定 l 为常数，我们要识别 T 的变化，以抵消 g 的变化对个人效用带来的影响。对给定的效用函数（U）进行偏微分：

$$\frac{\partial U}{\partial g} = \frac{\partial U}{\partial v}(v_c c_g + v_g) \tag{1.4}$$

其中，v_c 和 v_g 分别表示 v 对 c 和 g 进行偏微分，c_g 表示 c 对 g 进行偏微分。从个人预算制约条件（1.1）式，得到：

$$c_g = -\frac{\partial T(wl, g)}{\partial g} \tag{1.5}$$

现在设定对于任意的税前收入 wl，税收调整等于边际替代率：

$$\frac{\partial T(wl, g)}{\partial g} = \frac{v_g}{v_c} \tag{1.6}$$

把（1.5）式和（1.6）式代入（1.4）式，我们可以看到对于任意给定的 w 和 l，$\partial U / \partial g = 0$。因此，在这种情况下可以进行利益税调整。这种税收调整具有两个特点：① 它正好吸收 g 提升的效果；② 不同类型（w）的个人不会因为 g 的变化而调整劳动供给（l），即 l 不受 g 的影响。

考虑利用利益税调整税收，提供更多（或更少）的公共财是最适的。通过设置，使每个人的效用保持不变。但是，我们要决定 g 的变化对收入，即（1.5）式（与对 T 的调整相对应）的影响。

$$\frac{dR}{dg} = \int \frac{dT(wl(w), g)}{dg} f(w)dw = \int \frac{v_g}{v_c} f(w)dw \tag{1.7}$$

（1.7）式右边为所有个人的边际替代率之和。如果该项大于 1（或小于 1），这意味着当满足萨缪尔森条件时存在预算盈余（或赤字）。这时，可以通过增加（或减少）g 实现帕累托改进，减少（或增加）

预算盈余，最终达到预算平衡。即在利用利益税调整税收以作为财源的情况下，当且仅当提供公共财的总收益大于（或小于）总成本时，提高（或降低）公共财供给水平是最适的。采用利益税进行税收调整，因为提供公共财的效果正好被采用利益税的效果抵消，所以不存在净分配效果，也不存在净劳动供给效果。因此，提供公共财的合意性仅依存于效率上的考虑，即公共财本身的成本和收益（Kaplow, 2006: 1632～1634）。

下面我们分析财政支出扩张对财政收入增长的作用机理。财政支出增加对财政收入增长带来的影响表现在以下几个方面：

（1）为了保证财政支出增加的需求得到满足，财政和税务部门会制定财政（税收）预算，并进一步形成收入计划，最后层层进行任务分解。这样，在可能征收的税收（还包括行政性收费、国有资本经营收益等）范围内，财政和税务部门及其工作人员的主观能动性会得到极大发挥，以完成或超额完成任务。财政和税务部门具有一定范围内的政策制定权，既可以开辟新的财源，也可以加强对现有财源的管理和征收力度。例如，调整减免税和出口退税政策，加快和完善"金财"和"金税"等工程建设，可以极大地防止税收流失，提高征管水平和效率，从而带来财政（税收）收入的较快增长。因为财政收入增加没有制度制约，而财政支出则一般要经过预算批准，即没有预算批准，即使财政收入超收通常也不能安排支出。所以财政支出增长率对于财政收入增长率来说，前者可以看成是外生变量，不受后者的影响（参考上述理论模型的分析结果，即提供公共财的合意性仅依存于效率上的考虑，即公共财本身的成本和收益）。当然财政支出安排也会考虑可能获得的财政收入以确保财源，如果财政收入欠收将难以保证财政支出扩张的实现。这种情况对于政府来讲可能不多见，因为政府可以发行国债或增发货币来弥补财政赤字。

（2）财政支出增加可以促进民间部门经济的发展（源自基础设施、公共服务、制度环境等的不断完善），也可以加强政府部门的各项职能（体现在职能范围的扩大和工作效率的提高等方面）。前者会带来征收对象（主要是税基）的扩展，后者可以进一步扩大征收范围和提高征收能力，结果是财政（税收）收入会不断增加。反过来，财政收入增长可以保证财政支出扩张的实现，两者存在相互作用的关系，有可能形成良性循环，也可能产生冲突。两者产生冲突表现为财政支出错位或缺位，财政资金使用不当或利用效率不高，给生产活动和人民生活带来阻碍作用，从而导致财源萎缩，收入减少，进一步难以保证财政支出需求的实现。两者形成良性循环的例子有：政府基础设施方面的投入，可以改善企业生产经营活动的外部条件；政府加强节能减排方面的支出，可以促进企业降低能耗，提高利润水平；政府加强技术创新和技术改造方面的投入，可以极大地提高企业的产出水平（包括创造出新的产品和服务），扩大税基；财政（税收）收支政策和收入分配政策的良好结合，既可以保证较好地完成社会和经济各项事业，又可以极大地调动人们工作和创造财富的积极性，等等。根据上述理论模型分析可知，公共支出扩张的经济效果被利益税调整的经济效果所抵消。

（3）我们分析 GDP 增长对财政收入增长的作用机理并加以细分化。GDP 增长对财政收入增长的影响表现在：GDP 增长是财政收入增长的源泉。因为经济发展水平越高，社会经济活动越活跃，创造出的新产品和新服务越多，可作为财源的征收对象越多，税基越大，即使税率不变，财政（税收）收入也会增加。因为 GDP 可以分解为资本积累和社会消费两部分，所以我们可以分开考察资本积累和社会消费的增长对财政收入增长的影响。资本积累的增长可用全社会固定资产投资额（包括城镇和农村两部分）增长率来衡量，社会消费的增长则可用全社会商品零售额（实际消费水平）增长率或城镇居民人均可支配收入和农村居民人均纯收入（大众拥有的消费能力）增长率来衡量。

全社会固定资产投资额增长率越高，意味着企业等投资主体可用于投资的剩余资金越多（这些资金一部分来自企业内部创造的利润，一部分来自外部发行股票和债券或借贷所筹得的资金），对将来投资的回报率有着较高的期望，同时意味着要花费更多的资金来兴建厂房和购买机器设备等，这些花费包含建筑材料和机器设备销售方收取的销项税额，而作为购买方则不准作为进项税额抵扣（2009 年 1 月以后则可以扣除，即从生产型增值税转变为消费型增值税），所以增值税会增加（包括进口环节的增值税）。同时，土地出让金收入、契税、固定资产投资方向调节税、车辆购置税、城镇土地使用税、营业税、消费税、企业所得税、个人所得税和行政性收费等也会增加。但是，由于投资一般周期较长，有些收入是一次性的；另外，完成的投资形成的固定资产可以提取折旧，而折旧可以作为成本费用扣除，所以投资带来的增收效果越往后可能越不显著。当然，财政收入越多，可以安排更多投资。这里假设投资增长率是外生的，主要由事前制定的投资预算和实施计划（期望的投资报酬率）决定，因为即使财政收入不足，有些投资也可以通过发行股票和债券或借贷来筹集资金。

全社会商品零售额增长率越高，意味着商品生产厂家实现更多的销项税额，如果进项税额不变，则缴纳的增值税越多；而商品销售方缴纳的消费税和营业税收入也越多。城镇居民人均可支配收入和农村居民人均纯收入增长率越高，意味着人们创造的财富越多，其收入随之提高越多，这样可作为财源的征收对象越多，财政（税收）收入当然会越多；同时意味着人们缴纳的所得税越多，因为一般所得税实行累进税制，人们收入越高，适用的税率越高，缴纳的税收越多。

第四节　面板数据模型及其估计

为了考察财政收入增长受到各种因素的不同影响，我们建立面板数据模型来进行分析：

$$rfr_{it} = \alpha + \sum_{m=1}^{n} \beta_m X_{m,it} + \omega_i + \varepsilon_{it} \qquad （1.8）$$

其中，rfr 表示财政收入增长率；X 表示所考虑的解释变量（增长率）向量，n 表示解释变量的个数；$i = 1, 2, \cdots, 31$，表示全国各省份；$t = 2002, 2003, 2004, 2005, 2006$，表示各年份；$\alpha$ 表示常数；θ_i 表示个体固定（变动）效果；ε_{it} 表示误差项。

我们计算各省份各变量的基本统计值，发现各省份的情况差别较大。另外，考虑到增长率的变化随着时间的推移不会发生较大变化，特别是从总体上看在非常短的时期内，考虑这种时间变化效果没有特别意义。所以，我们不考虑时间效果，而仅考虑个体固定效果并考虑其加权权数。人们可能担心财政支出增长率和 GDP 增长率之间或其他变量之间会存在高度相关性。我们计算了各变量之间的相关系数，发现，财政收入增长率和财政支出增长率之间普遍存在高度相关性。但是，从总体上看各解释变量之间的相关程度较小。价格指数的变化既对被解释变量财政收入增长率有影响，也对财政支出增长率等解释变量产生影响，所以在模型中也可以去除固定投资价格指数和商品零售价格指数这两个变量。

我们选择系数协方差的计算方法为怀特截面法，因为该法考虑到各个解释变量在某个截面个体省份范围内存在相关系数值较高的情况。该方法设定豪斯曼检验统计值为零，所以在下面的各个面板数据模型分析中，我们选择固定效果模型。

在模型估计中，我们通过增减解释变量的个数，来检验估计结果的稳健性。

一、财政支出和 GDP 增长对财政收入增长的影响

我们建立面板数据模型来考察财政支出增长率（rfo）和 GDP 增长率（$rgdp$）对财政收入增长率（rfr）的影响：

$$rfr_{it} = \alpha + \beta_1 \times rfo_{it} + \beta_2 \times rgdp_{it} + \omega_i + \varepsilon_{it} \qquad （1.9）$$

上述模型的估计结果如表 1-3 所示。

从表 1-3 可以看出，模型（1.9）具有较好的拟合性，因为调整后的判定系数值较高（0.92）。如果我们去除财政支出增长率这一变量对模型进行估计，判定系数值会显著降低（这个结论同样适用于下面的各项估计）。财政支出增长率（rfo）和 GDP 增长率（$rgdp$）的系数估计值分别为 0.87 和 0.57，在 1% 的显著水平下均显著。我们可以得出，财政支出增长率和 GDP 增长率每提高 1%，财政收入增长率将分

别提高 0.87%和 0.57%，GDP 增长率的影响小于财政支出增长率的影响。

表1-3 模型（1.9）的估计结果

变量	系数估计值	t-统计值		概率
常数	-0.08	-3.14		0.00
rfo	0.87	10.58		0.00
rgdp	0.57	2.51		0.01
个体固定效果	Pro1	0.02		
	Pro2	-0.01	Pro17	0.02
	Pro3	0.00	Pro18	0.00
	Pro4	0.01	Pro19	-0.02
	Pro5	-0.04	Pro20	-0.02
	Pro6	0.03	Pro21	0.01
	Pro7	0.01	Pro22	0.01
	Pro8	0.02	Pro23	0.00
	Pro9	0.01	Pro24	0.01
	Pro10	0.00	Pro25	0.03
	Pro11	-0.02	Pro26	-0.01
	Pro12	0.01	Pro27	0.00
	Pro13	0.01	Pro28	0.00
	Pro14	-0.01	Pro29	-0.01
	Pro15	-0.02	Pro30	-0.04
	Pro16	-0.01	Pro31	-0.01
加权统计值	判定系数=0.94		F-统计值（概率）=59.54	
	调整后的判定系数=0.92		D-W 统计值=2.16	

注：① 各变量的定义见表 1-1；② Pro1、Pro2…Pro31 分别代表我国 31 个省、市、自治区，即北京（Pro1）、天津（Pro2）、河北（Pro3）、山西（Pro4）、内蒙古（Pro5）、辽宁（Pro6）、吉林（Pro7）、黑龙江（Pro8）、上海（Pro9）、江苏（Pro10）、浙江（Pro11）、安徽（Pro12）、福建（Pro13）、江西（Pro14）、山东（Pro15）、河南（Pro16）、湖北（Pro17）、湖南（Pro18）、广东（Pro19）、广西（Pro20）、海南（Pro21）、重庆（Pro22）、四川（Pro23）、贵州（Pro24）、云南（Pro25）、西藏（Pro26）、陕西（Pro27）、甘肃（Pro28）、青海（Pro29）、宁夏（Pro30）和新疆（Pro31）；③ 下同。

二、投资、消费、价格指数和进出口变化对财政收入增长的影响

在下面的模型中，我们考虑全社会固定资产投资额、全社会商品零售额、固定资产投资价格指数、商品零售价格指数和进出口额变化对财政收入增长的影响。

模型（1.10）考虑全社会固定资产投资额变化率（rfi）、全社会商品零售额变化率（rcr）、固定资产投资价格指数变化率（$rifi$）和商品零售价格指数变化率（$ricr$）对财政收入增长率（rfr）的影响：

$$rfr_{it} = \alpha + \beta_1 \times rfo_{it} + \beta_3 \times rfi_{it} + \beta_4 \times rcr_{it} + \beta_5 \times rifi_{it} + \beta_6 \times ricr_{it} + \omega_i + \varepsilon_{it} \quad (1.10)$$

我们可以把进出口额变化率（$rexim$）这一变量加进模型（1.10）中，得到：

$$rfr_{it} = \alpha + \beta_1 \times rfo_{it} + \beta_3 \times rfi_{it} + \beta_4 \times rcr_{it} + \beta_5 \times rifi_{it} + \beta_6 \times ricr_{it} + \beta_7 \times rexim_{it} + \omega_i + \varepsilon_{it} \quad (1.11)$$

我们也可以把模型（1.11）中的两个价格指数变化率变量（$rifi$ 和 $ricr$）去掉，得到：

$$rfr_{it} = \alpha + \beta_1 \times rfo_{it} + \beta_3 \times rfi_{it} + \beta_4 \times rcr_{it} + \beta_7 \times rexim_{it} + \omega_i + \varepsilon_{it} \quad (1.12)$$

如果把模型（1.12）中的进出口额变化率（$rexim$）换成出口变化率（rex），可以得到：

$$rfr_{it} = \alpha + \beta_1 \times rfo_{it} + \beta_3 \times rfi_{it} + \beta_4 \times rcr_{it} + \beta_7 \times rex_{it} + \omega_i + \varepsilon_{it} \quad (1.13)$$

如果把模型（1.13）中的出口额变化率（rex）去掉，则得到：

$$rfr_{it} = \alpha + \beta_1 \times rfo_{it} + \beta_3 \times rfi_{it} + \beta_4 \times rcr_{it} + \omega_i + \varepsilon_{it} \quad (1.14)$$

模型（1.10）、模型（1.11）、模型（1.12）至模型（1.14）的估计结果分别如表 1-4 和表 1-5 所示。

表1-4　模型（1.10）和模型（1.11）的估计结果

变量	模型（1.10）			模型（1.11）		
	系数估计值	t-统计值	概率	系数估计值	t-统计值	概率
常数	-0.03	-4.58	0.00	-0.04	-7.25	0.00
rfo	0.87	9.73	0.00	0.89	10.49	0.00
rfi	0.05	3.46	0.00	0.05	3.22	0.00
rifi	0.31	1.70	0.09	0.33	1.77	0.08
rcr	0.05	1.27	0.21	0.04	0.99	0.32
ricr	0.89	2.90	0.00	0.83	3.08	0.00
rexim				0.02	1.50	0.14

个体固定效果								
	Pro1	0.04			Pro1	0.04		
	Pro2	0.01	Pro17	0.01	Pro2	0.01	Pro17	0.01
	Pro3	0.00	Pro18	-0.01	Pro3	0.00	Pro18	-0.01
	Pro4	0.01	Pro19	-0.01	Pro4	0.01	Pro19	-0.01
	Pro5	-0.02	Pro20	-0.02	Pro5	-0.02	Pro20	-0.02
	Pro6	0.01	Pro21	0.00	Pro6	0.01	Pro21	0.00
	Pro7	0.01	Pro22	0.00	Pro7	0.01	Pro22	0.00
	Pro8	0.01	Pro23	-0.01	Pro8	0.01	Pro23	-0.01
	Pro9	0.02	Pro24	0.01	Pro9	0.02	Pro24	0.01
	Pro10	0.00	Pro25	0.01	Pro10	0.00	Pro25	0.01
	Pro11	-0.01	Pro26	0.00	Pro11	-0.01	Pro26	0.00
	Pro12	0.00	Pro27	0.00	Pro12	0.00	Pro27	0.00
	Pro13	0.00	Pro28	0.01	Pro13	0.01	Pro28	0.00
	Pro14	-0.01	Pro29	-0.01	Pro14	-0.01	Pro29	-0.01
	Pro15	-0.01	Pro30	-0.04	Pro15	-0.01	Pro30	-0.04
	Pro16	-0.01	Pro31	0.00	Pro16	-0.01	Pro31	0.00

加权统计值	判定系数 =0.93	调整后的 判定系数=0.91	判定系数 =0.94	调整后的 判定系数=0.92
	F-统计值（概率） =46.49（0.00）	D-W 统计值 =1.97	F-统计值（概率） =49.41（0.00）	D-W 统计值 =1.98

表1-5　模型（1.12）至模型（1.14）的估计结果

变量	模型（1.12）系数估计值	t-统计值	概率	模型（1.13）系数估计值	t-统计值	概率	模型（1.14）系数估计值	t-统计值	概率
常数	-0.05	-4.15	0.00	-0.05	-4.49	0.00	-0.05	-4.50	0.00
rfo	0.94	25.28	0.00	0.94	31.28	0.00	0.93	27.50	0.00
rfi	0.07	2.76	0.01	0.06	3.92	0.00	0.07	3.09	0.00
rcr	0.17	2.05	0.04	0.18	2.23	0.03	0.19	2.30	0.02
rex				0.01	0.67	0.50			
rexim	0.01	0.76	0.45						

	模型（1.12）		模型（1.13）		模型（1.14）	
个体固定效果	Pro1 0.03		Pro1 0.03		Pro1 0.03	
	Pro2 0.01	Pro17 0.02	Pro2 0.01	Pro17 0.02	Pro2 0.01	Pro17 0.02
	Pro3 0.01	Pro18 0.00	Pro3 0.01	Pro18 0.00	Pro3 0.01	Pro18 0.00
	Pro4 0.00	Pro19 -0.01	Pro4 0.00	Pro19 -0.01	Pro4 0.00	Pro19 -0.01
	Pro5 -0.04	Pro20 -0.02	Pro5 -0.03	Pro20 -0.01	Pro5 -0.04	Pro20 -0.02
	Pro6 0.01	Pro21 0.01	Pro6 0.02	Pro21 0.01	Pro6 0.01	Pro21 0.01
	Pro7 0.01	Pro22 -0.01	Pro7 0.01	Pro22 -0.01	Pro7 0.01	Pro22 -0.01
	Pro8 0.02	Pro23 -0.01	Pro8 0.02	Pro23 -0.01	Pro8 0.02	Pro23 -0.01
	Pro9 0.02	Pro24 0.01	Pro9 0.02	Pro24 0.01	Pro9 0.02	Pro24 0.01
	Pro10 0.00	Pro25 0.02	Pro10 0.00	Pro25 0.02	Pro10 0.00	Pro25 0.02
	Pro11 -0.01	Pro26 -0.01	Pro11 -0.01	Pro26 -0.01	Pro11 -0.01	Pro26 -0.01
	Pro12 0.00	Pro27 0.00	Pro12 0.00	Pro27 0.00	Pro12 0.00	Pro27 0.00
	Pro13 0.01	Pro28 0.01	Pro13 0.01	Pro28 0.01	Pro13 0.01	Pro28 0.01
	Pro14 -0.02	Pro29 0.00	Pro14 -0.02	Pro29 0.00	Pro14 -0.02	Pro29 0.00
	Pro15 -0.01	Pro30 -0.04	Pro15 -0.01	Pro30 -0.04	Pro15 -0.02	Pro30 -0.04
	Pro16 -0.01	Pro31 0.00	Pro16 -0.01	Pro31 -0.01	Pro16 -0.01	Pro31 0.00

加权统计值	判定系数=0.98	F-统计值（概率）=158.40(0.00)	判定系数=0.99	F-统计值（概率）=335.37(0.00)	判定系数=0.98	F-统计值（概率）=211.25(0.00)
	调整后的判定系数=0.97	D-W 统计值=1.83	调整后的判定系数=0.99	D-W 统计值=1.83	调整后的判定系数=0.98	D-W 统计值=1.87

从表 1-4 和表 1-5 可以看出，模型（1.10）和模型（1.11）的判定系数值都接近 1，各模型的拟合程度均很高。在模型（1.11）至模型（1.13）中，我们加进进出口变化率的变量，但是其系数估计值在统计上均不显著，因此可以去除这些变量。在模型（1.10）和模型（1.11）中，固定资产投资价格指数变化率和商品零售价格指数变化率的系数估计值在 10% 的显著水平下显著，由于前节所述原因，可以将这两个变量去除；社会商品零售额增长率的系数估计值在统计上不显著。

从表 1-5 可以看出，在模型（1.12）至模型（1.14）中（去除了固定资产投资价格指数变化率和商品零售价格指数变化率两个变量），各模型中的共同变量即财政支出增长率、全社会固定资产投资额增长率和全社会商品零售额增长率的系数估计值没有多大变化，它们都分别约为 0.9、0.1 和 0.2，而且在 5% 的显著水平下均显著，这说明各模型具有很强的稳定性。社会商品零售额增长率对财政收入增长率的影响是全社会固定资产投资额增长率的影响的 2 倍。

三、城镇居民可支配收入和农村居民纯收入增长对财政收入增长的影响

我们可以把模型（1.10）中的社会商品零售额变化率（rcr）换成城镇居民人均可支配收入（$rudi$）和农村居民人均纯收入增长率（$rnni$），得到：

$$rfr_{it} = \alpha + \beta_1 \times rfo_{it} + \beta_3 \times rfi_{it} + \beta_5 \times rifi_{it} + \beta_6 \times ricr_{it} \atop + \beta_8 \times rudi_{it} + \beta_9 \times rnni_{it} + \omega_i + \varepsilon_{it} \qquad (1.15)$$

我们也可以把模型（1.15）中的两个价格指数变化率变量（$rifi$ 和 $ricr$）去掉，得到：

$$rfr_{it} = \alpha + \beta_1 \times rfo_{it} + \beta_3 \times rfi_{it} + \beta_8 \times rudi_{it} + \beta_9 \times rnni_{it} + \omega_i + \varepsilon_{it} \qquad (1.16)$$

模型（1.15）和模型（1.16）的估计结果如表 1-6 所示。

表1-6　模型（1.15）和模型（1.16）的估计结果

变量	模型（1.15）			模型（1.16）		
	系数估计值	t-统计值	概率	系数估计值	t-统计值	概率
常数	-0.06	-4.34	0.00	-0.07	-2.63	0.01
rfo	0.87	10.68	0.00	0.88	11.78	0.00
rfi	0.07	3.84	0.00	0.11	2.61	0.01
rifi	0.23	1.50	0.14			
ricr	1.05	2.86	0.01			
rudi	0.25	3.53	0.00	0.17	2.15	0.03
rnni	0.03	0.47	0.64	0.40	2.17	0.03

个体固定效果

模型（1.15）				模型（1.16）			
Pro1	0.04			Pro1	0.03		
Pro2	0.01	Pro17	0.01	Pro2	0.00	Pro17	0.02
Pro3	0.00	Pro18	-0.01	Pro3	0.01	Pro18	0.00
Pro4	0.01	Pro19	0.00	Pro4	0.01	Pro19	0.01
Pro5	-0.03	Pro20	-0.01	Pro5	-0.04	Pro20	-0.01
Pro6	0.01	Pro21	0.00	Pro6	0.00	Pro21	0.01
Pro7	0.00	Pro22	-0.01	Pro7	-0.01	Pro22	0.00
Pro8	0.01	Pro23	0.00	Pro8	0.01	Pro23	0.00
Pro9	0.02	Pro24	0.01	Pro9	0.02	Pro24	0.02
Pro10	0.00	Pro25	0.01	Pro10	0.00	Pro25	0.02
Pro11	-0.01	Pro26	0.01	Pro11	-0.01	Pro26	-0.01
Pro12	-0.01	Pro27	0.00	Pro12	-0.01	Pro27	0.00
Pro13	0.00	Pro28	0.01	Pro13	0.01	Pro28	0.01
Pro14	-0.02	Pro29	0.00	Pro14	-0.02	Pro29	0.01
Pro15	-0.01	Pro30	-0.04	Pro15	-0.01	Pro30	-0.04
Pro16	-0.02	Pro31	0.01	Pro16	-0.02	Pro31	0.00

加权统计值

模型（1.15）		模型（1.16）	
判定系数=0.94	F-统计值（概率）=47.23（0.00）	判定系数=0.93	F-统计值（概率）=46.47（0.00）
调整后的判定系数=0.92	D-W 统计值=1.99	调整后的判定系数=0.91	D-W 统计值=1.88

　　从表 1-6 可以看出，模型（1.15）和模型（1.16）的判定系数值在 0.9 以上，各模型的拟合程度均很高。在模型（1.15）中，除了投资价格指数变化率和农村居民人均纯收入变化率外，其他变量在 1%的显著水平下均显著，其系数估计值分别为：财政支出增长率 0.87，全社会固定资产投资额增长率 0.07，城镇居民人均可支配收入变化率 0.25，商品零售价格指数变化率 1.05。在模型（1.16）中（去除了固定资产投资价格指数变化率和商品零售价格指数变化率两个变量，见前节所述原因），财政支出增长率和全社会固定资产投资额增长率的系数估计值分别为 0.88 和 0.11，城镇居民人均可支配收入变化率和农村居民人均纯收入变化率的系数估计值分别为 0.17 和 0.40，他们分别在 1%和 5%的显著水平下均显著。

四、城镇和农村固定资产投资额增长对财政收入增长的影响

　　我们考察城镇和农村固定资产投资额增长对财政收入增长的影响。

　　我们可以把模型（1.15）中的全社会固定资产投资额增长率换成城镇和农村固定资产投资额增长率，得到：

$$rfr_{it} = \alpha + \beta_1 \times rfo_{it} + \beta_5 \times rifi_{it} + \beta_6 \times ricr_{it} + \beta_8 \times rudi_{it} \\ + \beta_9 \times rnni_{it} + \beta_{10} \times rufi_{it} + \beta_{11} \times rnfi_{it} + \omega_i + \varepsilon_{it}} \quad (1.17)$$

　　我们也可以把模型（1.17）中的两个价格指数变化率变量（$rifi$ 和 $ricr$）去掉，得到：

$$rfr_{it} = \alpha + \beta_1 \times rfo_{it} + \beta_8 \times rudi_{it} + \beta_9 \times rnni_{it} \\ + \beta_{10} \times rufi_{it} + \beta_{11} \times rnfi_{it} + \omega_i + \varepsilon_{it}} \quad (1.18)$$

　　模型（1.17）和模型（1.18）的估计结果如表 1-7 所示。

表 1-7 模型（1.17）和模型（1.18）的估计结果

变量	模型（1.17）			模型（1.18）		
	系数估计值	t-统计值	概率	系数估计值	t-统计值	概率
常数	-0.06	-4.53	0.00	-0.07	-2.78	0.01
rfo	0.87	10.48	0.00	0.88	11.74	0.00
rufi	0.04	2.61	0.01	0.10	3.09	0.00
rnfi	0.02	3.35	0.00	0.01	2.12	0.04
rifi	0.22	1.42	0.16			
ricr	1.08	3.02	0.00			
rudi	0.25	3.70	0.00	0.15	1.82	0.07
rnni	0.02	0.33	0.74	0.40	2.24	0.03
个体固定效果	Pro1	0.04		Pro1	0.03	
	Pro2	0.01	Pro17 0.01	Pro2	0.00	Pro17 0.02
	Pro3	0.00	Pro18 -0.01	Pro3	0.00	Pro18 0.00
	Pro4	0.01	Pro19 0.00	Pro4	0.01	Pro19 0.01
	Pro5	-0.02	Pro20 -0.01	Pro5	-0.04	Pro20 -0.01
	Pro6	0.00	Pro21 0.00	Pro6	0.00	Pro21 0.01
	Pro7	0.00	Pro22 0.00	Pro7	-0.01	Pro22 0.00
	Pro8	0.01	Pro23 0.00	Pro8	0.01	Pro23 0.00
	Pro9	0.02	Pro24 0.01	Pro9	0.02	Pro24 0.02
	Pro10	-0.01	Pro25 0.01	Pro10	0.00	Pro25 0.02
	Pro11	-0.01	Pro26 0.02	Pro11	-0.01	Pro26 0.00
	Pro12	-0.01	Pro27 0.01	Pro12	-0.01	Pro27 0.00
	Pro13	0.00	Pro28 0.01	Pro13	0.01	Pro28 0.02
	Pro14	-0.02	Pro29 0.00	Pro14	-0.03	Pro29 0.01
	Pro15	-0.01	Pro30 -0.04	Pro15	-0.01	Pro30 -0.04
	Pro16	-0.02	Pro31 0.01	Pro16	-0.02	Pro31 0.00
加权统计值	判定系数=0.94		F-统计值（概率）=45.50（0.00）	判定系数=0.93		F-统计值（概率）=46.63（0.00）
	调整后的判定系数=0.91		D-W 统计值=1.99	调整后的判定系数=0.91		D-W 统计值=1.86

从表 1-7 可以看出，模型（1.17）和模型（1.18）的判定系数值也在 0.9 以上，说明各模型的拟合程度均很高。在模型（1.17）中，城镇和农村固定资产投资额增长率的系数估计值分别为 0.04 和 0.02，商品零售价格指数变化率系数估计值为（1.08），它们在 1%的显著水平下均显著。在模型（1.18）中（去除了固定资产投资价格指数变化率和商品零售价格指数变化率两个变量，原因见前节所述），城镇和农村固定资产投资额增长率的系数估计值分别为 0.10 和 0.01，在 5%的显著水平下均显著；城镇居民人均可支配收入变化率和农村居民人均纯收入变化率的系数估计值与模型（1.16）的估计结果大致相同，分别为 0.15 和 0.40，在 10%的显著水平下均显著。

从上述模型的估计结果（统计上显著的结果）可以看出，影响财政收入增长率的因素依其影响大小，从高到低排列（系数估计值）分别为：商品零售价格指数变化率（在 0.89～1.08 之间）、财政支出增长率（在 0.87～0.94 之间）、全社会商品零售额增长率（在 0.17～0.19 之间）或农村居民人均纯收入增长率（0.40）和城镇居民人均可支配收入增长率（在 0.15～0.25 之间），最低的为全社会固定资产投资额增长率（在 0.05～0.07 之间）。从个体固定效果来看，估计值大于或等于 0.02 的省、市、自治区有北京、上海、湖北、黑龙江和云南等，而小于或等于-0.02 的省、市、自治区有宁夏、内蒙古、江西、广西和河南等。

第五节　结　论

本章利用 2001～2006 年全国 31 个省、市、自治区的数据，建立面板数据模型分析了不同影响因素的变化对财政收入增长的影响。分析得出的主要结论是：（1）商品零售价格指数变化的影响最大，其系数估计值为 1 左右，这说明财政收入增长率和商品零售价格指数变化率之间呈 1 对 1 的关系，财政收入超收与商品零售价格指数变化高度相关；（2）财政支出增长率和 GDP 增长率的系数估计值分别为 0.9 和

0.6 左右，这说明基于财政支出预算安排的财政（税收）收入计划具有刚性，通常计划本身安排就比 GDP 增长速度要高，实际执行时又会超额完成，所以财政支出具有很高的收入弹性，甚至超过 GDP 的收入弹性很多；（3）全社会商品零售额变化率的系数估计值为 0.18 左右，全社会固定资产投资额增长率的影响最差，其系数估计值为 0.06 左右，这说明消费的收入弹性较高，而投资的收入弹性较低；（4）城镇居民人均可支配收入和农村居民人均纯收入增长率的系数估计值分别为 0.15 和 0.40 左右，这说明居民收入越高，消费能力越强，同时意味着其工作积极性越高，创造出的财富越多，这些因素都能带来财政收入持续和更快的增长。

根据上述实证分析结果，我们可以提出一些政策建议：（1）财政支出安排要合理，财政（税收）收入计划不可定得过高，财政收入超收要加以制度制约，以免过度征收损害人们的工作积极性，对企业生产和人民生活产生阻碍作用，最终导致财源枯竭；（2）改变经济发展模式，注重消费，以消费带动投资，逐步提高消费（主要是内需，包括政府消费在内，外需扩大对财政收入增长的影响不确定）在 GDP 中的占比，以实现财政收入增长的良性循环；（3）提高初次分配中工资等劳动报酬的占比，提高居民的消费能力，充分发挥劳动者的智慧，激励其不断创新，创造出更多的财富，以培养财源，实现财政收入的持续增长，并逐步建立起以所得税（直接税）为主体的财政（税收）收入制度。

本章所用样本数量有限，结论需谨慎使用。另外，本章的假设在理论和实践中有待进一步检验和拓展。例如，我们假设财政收入增长率是外生变量，但是很显然，不论从短期还是长期来看，财政收入增长对财政支出扩张会产生较大的影响。同时，我们在理论模型中假设公共支出扩张的经济效果被作为公共支出财源的利益税的经济效果抵消，所以在实证模型中我们把财政支出增长率和 GDP 增长率都看作外生变量。但是，正如很多理论和实证研究证据所表明的，财政支出和 GDP 增长之间存在相互影响的关系。这些问题有待进一步考察和改进。

本章参考文献

[1] 安体富. 如何看待近几年我国税收的超常增长和减税的问题[J]. 税收研究, 2002（8）

[2] 高培勇. 中国税收持续高增长之谜[J]. 经济研究, 2006（12）

[3] 郭庆旺, 吕冰洋. 经济增长与产业结构调整对税收增长的影响[J]. 涉外税收, 2004（9）

[4] 李德森, 许光建. 中国税收增长快于经济增长的原因讨论综述[J]. 经济理论与经济管理, 2007（12）

[5] 吕冰洋, 李峰. 中国税收超 GDP 增长之谜的实证解释[J]. 财贸经济, 2007（3）

[6] 杨崇春. 税收收入增长的原因及特点[J]. 税务研究, 2005（3）, 总（238）

[7] 中国统计年鉴和中国税务年鉴（2001～2008）

[8] 神谷和也, 山田雅俊. 公共经济学. 東洋经济新報社, 2006

[9] 邹洋. 城乡投资和居民消费的收入效应分析. 山西财经大学学报, 2010（11）

[10] Atkinson, A.B. and J. Stiglitz (1972), "The Structure of Indirect Taxation and Economic Efficiency," *Journal of Public Economics*, Vol.1, pp.97～119.

[11] Atkinson, A.B. and J. Stiglitz (1976), "The Design of Tax Structure: Direct versus Indirect Taxation," *Journal of Public Economics*, Vol.6, pp.55～75.

[12] Atkinson, A.B. and J.E. Stiglitz (1980), *Lectures on Public Economics*, McGraw-Hill.

[13] Anderson, S.P., A. de Palma and B. Kreider (2001), "Tax Incidence in Differentiated Product Oligopoly," *Journal of Public Economics*, Vol.81, No.2, pp. 173～192.

[14] Besley, T. (1989), "Commodity Taxation and Imperfect Competition: A Note on the Effects of Entry," *Journal of Public*

Economics, Vol.40, No.3, pp.359~367.

[15] Fullerton, D. and G.E. Metcalf (2002), "Tax Incidence," in A.J. Auerbach and M. Feldstein, eds., *Handbook of Public Economics*, Vol.4, North Holland, pp.1787~1872.

[16] Hamilton, S.F. (1999), "Tax Incidence under Oligopoly : A Comparison of Policy Approach," *Journal of Public Economics*, Vol.71, No.2, pp.233~245.

[17] Kaplow, Louis (2006), "Public goods and the distribution of income," *European Economic Review*, 50, pp.1627~1660.

[18] Kotlikoff, L.J. and L.H. Summers (1987), "Tax Incidence," in A.J. Auerbach and M. Feldstein, eds., *Handbook of Public Economics*, Vol.2, North Holland, pp.1043~1092.

[19] Skeath, S.E. and G.A. Trandel (1994), "Pareto Comparison of ad Valorem and Unit Taxes in Noncompetitive Environments," *Journal of Public Economics*, Vol.53, No.1, pp.53~71.

附录 1-1　财政收入和 GDP 增长速度的比较（%）

year	财政收入（rfr）	GDP（rgdp）	rfr - rgdp
1979	1.25	11.45	-10.20
1980	1.18	11.89	-10.71
1981	1.37	7.61	-6.24
1982	3.11	8.83	-5.72
1983	12.75	12.01	0.74
1984	20.18	20.89	-0.70
1985	22.03	25.08	-3.05
1986	5.85	13.97	-8.12
1987	3.64	17.36	-13.71
1988	7.18	24.75	-17.57
1989	13.05	12.96	0.09
1990	10.21	9.86	0.35
1991	7.23	16.68	-9.45

year	财政收入（rfr）	GDP（rgdp）	rfr - rgdp
1992	10.60	23.61	-13.01
1993	24.85	31.24	-6.39
1994	19.99	36.41	-16.42
1995	19.63	26.13	-6.51
1996	18.68	17.08	1.60
1997	16.78	10.95	5.83
1998	14.16	6.87	7.28
1999	15.88	6.25	9.63
2000	17.05	10.64	6.41
2001	22.33	10.52	11.80
2002	15.36	9.74	5.63
2003	14.87	12.87	2.00
2004	21.56	17.71	3.85
2005	19.90	14.60	5.30
2006	22.47	15.67	6.80
2007	32.36	17.75	14.62

第二章　中国政府预算收支关系研究

　　目前学术界对政府预算收支关系争论的焦点集中于预算收支因果联系，并形成了三种代表性观点：收支同步论、以收定支论和以支定收论。本章主要在中国 1978～2005 年经验数据基础上，考察中国政府预算收入和预算支出关系。所使用的分析方法包括 Dickey-Fuller 序列平稳性检验、Johansen 协整分析以及经 GTS 理论修正后的三变量误差修正模型。约束模型的回归结果表明中国政府预算支出到预算收入之间具有单向长期因果联系，并且两者之间存在短期因果反馈效应，从而证明了长期内以支定收论以及短期内收支同步论在中国的适用性。

第一节　引　言

　　政府预算收支变动直接影响着财政赤字调整、资源配置流动和宏观经济稳定，反映了一国经济波动的整体趋势和财政政策的调控方向，因此政府预算收支关系一直是公共经济学界研究的重要问题。如果预算收入超支出增长，说明政府采取了紧缩的财政姿态（Fiscal Stance），社会资源从私人部门流向公共部门，以便抑制经济过热趋势；如果支出超收入增长，说明政府正以积极财政政策拉动经济走出低谷，财政赤字也会不断放大并引起一系列的经济反应。虽然这两种情况在我国改革开放以来都曾出现，某些年份甚至还一度对宏观经济带来比较大的冲击，但正如图 2-1 所示，1978 年以来政府预算收支变动幅度基本一致，同实际产出一样保持了缓慢上升的趋势，但增长速度慢于实际产出。

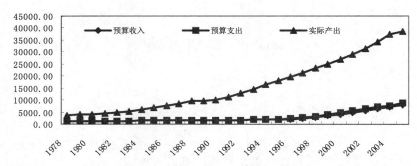

图 2-1 1978～2005 年中国政府预算收支与实际产出的变动（单位：亿元）

资料来源：根据《中国统计年鉴》（2005）及中国经济信息网（www.cei.gov.cn）中数据整理。

从国内外相关文献来看，目前学术界争论的焦点主要集中于政府预算收支的因果联系，并形成了三种代表性观点：（1）"收支同步"（Fiscal Synchronization）论。这种观点认为政府对预算收支的调整是同步进行的，预算收入和预算支出互为因果，两者中任意一方的扩张都会带动另一方增长。（2）"以收定支"（Tax-and-Spend）论。这种观点认为预算收入导致了预算支出的变化，因此控制税收是削减政府规模的有效途径。（3）"以支定收"（Spend-and-Tax）论。这种观点与"李嘉图等价定理"（Ricardian Equivalence Hypothesis）相容，认为预算支出增加导致财政赤字扩张后，无论将来以国债还是税收弥补赤字对经济增长和居民收入的影响都是完全等价的，因此是预算支出决定了预算收入的变化而非相反。很多文献也采用了实证方法检验上述理论的正确性，但由于考察样本期和样本范围以及模型设定形式的差异，导致衍生出的经验证据很难给预算收支关系确定出合理解释。

从计量方法运用来看，很多文献受限于双变量因果关系检验，而没有考虑其他因素对政府预算收支的影响。1991 年以来，Jones 和 Joulfaian（1991）、Hoover 和 Sheffrin（1992）以及 Baghestani 和 Mcnown

（1994）等人开始用协整方法和误差修正模型研究经济现象的内在逻辑，但他们仍然没有摆脱双变量计量分析框架的局限。鉴于这种情况，Gerrard（1995）在 20 世纪 70 年代已经出现的 AGR、ATST 和 LSE 方法基础上，提供了关于多变量计量模型的初步讨论。Owoye（1995）、Vamvoukas（1997）以及 Darrat（1998）进一步将三变量纳入分析框架，采用 Hendry 提出的 General-To-Specific（以下简称 GTS）理论修正后的三变量格兰杰因果检验和误差修正模型扩展了已有文献对双变量因果关系的研究，从而弥补了已有文献在计量方法上的不足。我们可以采用国外最新涌现的这些计量手段，将实际产出（Real Output）引入模型，在序列平稳性检验、协整分析和三变量误差修正模型的实证框架内验证中国 1978 年以来的预算收支关系，捕捉预算收支和实际产出之间的因果联系及两者对预算平衡性的反映。这个实证框架的测算结果还能分别从长期和短期视角分析政府预算收支的长期运动规律和短期相互影响，从而为实际部门制定中长期财政政策和短期调控方案提供决策依据。

第二节　相关的研究文献和方法回顾

一、理论观点的相关研究

关于政府预算收支关系的研究文献可以追溯到 20 世纪 60 年代。在三种代表性观点中，"收支同步"论首先得到一些学者的支持。Musgrave（1966）、Meltzer 和 Richard（1981）认为政府支出和税收之间存在一种因果反馈机制（Causal Feedback Mechanism），即支出和税收的扩张都会导致对方随之增长，任意一方的削减也都会减小政府规模，因此他们都支持收支同步论观点。另外一些学者则认为政府必须使预算支出按照预算收入来安排，从而支持"以收定支"论，代表人物包括 Friedman（1972、1978）、Buchanan 和 Wagner（1977、1978）。他们强调在平衡预算的情况下，征税决策也就是支出决策，政府支出方案必须同税收征收计划相统一，只有这样才能最大限度降低预算失衡和经济失调的可能性。政府支出扩张必须由税收增加来决定，否则财政赤字扩大将带来一系列的严重后果，如币值不稳定、利率浮动以及政府支出对民间投资的挤出效应等。Peacock 和 Wiseman（1961）则持相反的观点，认为政府预算支出导致了收入的变动而不是相反的过程。他们认为，很多情况下的外生经济变量扰动，如战争、自然灾害、不稳定的政治环境、经济大萧条等，可能会迫使政府支出提高到一个新的水平并导致税收增加。这种由于外生事件的冲击而以新的政府支出模式替代原有支出模式的观点又被称为"替代论"（Displacement Hypothesis）观点。按照 Peacock 和 Wiseman（1961），预算支出结构因外生事件冲击而被打破的程度主要取决于六个因素：民主程度、社会构成、资源禀赋、财政状况、科技水平以及管理机制。当激变时期过后，政府预算支出刚性决定的财政支出水平虽然下降，但不会低于原来的扩张趋势，支出的不可逆性又决定了税收征收规模和征收方式必须相应改变。因此，考量预算收入和预算支出的因果关系时，应该主要是后者决定前者。但他们也提出，政府征税水平一旦超过了公众承受能力，公众就会通过手中的选票行使否决权，因此政府支出水平在一定程度上又会受到税收水平的制约。

二、相关经验研究及分析结论

根据不同理论观点展开的经验研究，结论也是大相径庭、难以统一。Miller 和 Russek（1990）使用美国经济 1946 年 1 月至 1987 年 2 月的季度数据以及 1946～1986 年的年度数据，发现税收和支出之间存在双向因果联系，从而支持"收支同步"论。Jones 和 Joulfaian（1991）在美国 1792～1860 年年度数据基础上，发现短期内预算收入和支出之间并不存在因果关系，但长期内两者之间具有因果反馈效应。Bohm（1991）利用美国经济 1792～1988 年数据，在限定样本期内政府具有跨期预算约束（Intertemporal Budget Constraint）的前提下，以误差修正模型进行经验分析，发现结论同时支持"以支定收"论和"以收定支"论，并且他的研究结论表明削减高财政赤字的最佳途径是同时降低支出和增加税收。Hoover 和 Sheffrin（1992）发现，1960 年中期以前，税收决定了支出的变动；这之后两者之间则呈现出双向因果联系。Baghestani 和 Mcnown（1994）同样利用误差修正模型进行研究，实证结果既不支持"以收定支"论又不支持"以支定收"论。但他们发现，短期内从收入到支出之间存在微弱的因果联系。Payne（1998）利用美国 1942～1992 年跨州数据发现 24 个州符合"以收定支"论，8 个州符合"以支定收"论，其余 7 个州则符合"收支同步"论。这说明，不仅考察样本期对最终结论有重要影响，样本范围也是一个决定性因素。Islam（2001）摒弃了以前研究基于政府预算收支的非平稳性而进行的差分处理，认为在预算收支时间序列的确定性趋势中引入一个结构突破点才能够得到更为准确的判断。其实证结果支持"以支定收"论，认为削减支出是控制政府规模最有效的方式。Ewing 和 Payne（2006）则放松了预算收支同步运动的前提假定，运用传统的协整和误差修正模型对美国联邦数据进行分析，结论表明预算收支具有协整关系，但预算不平衡的调整过程是非平滑的，当且仅当预算状况正在发生恶化时，预算收支才会对财政赤字作出反应，并体现出一定程度的因果联系。

　　另外一些学者对美国之外的发达国家和发展中国家进行了经验分析。Owoye（1995）利用 7 个国家 1961～1990 年期间的年度数据，发现除日本和意大利之外，"收支同步"论都是适用的。日本和意大利的实证结果则表明收入变动决定了支出模式，从而支持"以收定支"论观点。Darrat（1998）基于土耳其的经验数据，利用双变量和三变量模型分别进行检验，结论是税收在一定程度上导致了预算支出的负增长。Darrat（2002）又进一步研究了两个发展中国家——黎巴嫩和突尼斯的预算收支情况，因为这两个国家同样面临着财政赤字不断扩大的局面。其实证结论表明预算收支决策的制定在两个国家中都是相互影响的，两个国家都支持提高税收会导致支出削减的判断，从而同时验证了"收支同步"论和"以收定支"论的适用性，并指出提高税收可能是解决这两个国家高财政赤字问题的有效途径。Carneiro 和 Faria（2005）首先在"以收定支"论的假设前提下，基于非洲低收入国家几内亚的财政管理体制设定了具体宏观经济模型，然后利用格兰杰因果检验和误差修正模型对其预算收支行为进行实证检验，发现两者之间存在长期因果联系。但同大多数经验研究的问题一样，他们所使用的分析方法还是建立在传统的格兰杰因果检验、协整分析和误差修正模型范围之内，并且仅针对预算收支两个变量进行检验，而没有考虑其他因素，特别是产出因素对两者可能带来的影响。

　　从上述国外文献的理论观点和计量方法的演进路径来看，我们可得出的基本判断是：政府预算收支关系的整体分析框架正处于一个不断完善的渐进过程，计量手段逐步丰富后所作出的理论假设越来越细化，实证结果也越来越贴近经济现实。国外研究结论之所以出现比较大的差异，一是由于所选择的样本范围和样本期不同，二是实证方法和模型设定形式方面差异也较大，且普遍存在一定局限性。大部分学者的误差修正模型都是基于预算收入和预算支出进行双变量因果关系研究，没有将经济因素纳入分析框架进行多变量误差修正模型检验，这必然会降低实证结果的精辟性。Payne（1998）等人的研究虽然考虑了政府部门以外的更多因素，却未能以 GTS 理论修正误差修正模型，导致数据挖掘（Data Mining）过量、统计结果中的动态误定（Dynamic Misspecification）等问题。因此，为考察中国改革开放以来的政府预算收支关系，本章在计量方法上作如下改进：一是进一步考虑实际产出，设定三变量误差修正模型进行检验；二是与 Owoye（1995）、Darrat（1998）等人不同，本章分别考虑无约束模型和经 GTS 理论修正后的约束模型，比较两者分析结论的异同。在约束模型中我们以伦敦计量学派标准剔除非显著变量，从而使实证结果能更准确反映经济现实。

第三节　中国政府预算收支关系的实证研究

一、研究方法和数据说明

　　在本章研究中，我们定义 E_t 和 R_t 分别为政府预算支出和预算收入实际值，其中 t 代表年份。当 E_t 和 R_t 之间的差距随长期变化趋势而逐渐拉大时，赤字结构理论给出了降低财政赤字的预算收支调整方向：（1）增加预算收入的同时降低预算支出；（2）预算收支同时扩张，但收入扩张幅度大于支出；（3）预算收支同时降低，但支出降低幅度大于收入。按照 Engle 和 Granger（1987），协整向量提供了检验和估计经济变量间长期和短期联系的基础，如果变量间具有协整关系，就一定能够构建误差修正模型方程分析变量间的长短期因果联系。在本章中，为降低序列短期波动、更准确把握长期变化趋势，我们对预算收支作自然对数化处理。如果 lnE_t 和 lnR_t 具有同样的稳定变化趋势并且保持长期均衡，这两个变量就是协整的，从而能够避免经济研究中通常出现的伪相关（Spurious Correlation）问题。进一步通过运用误差修正模型，我们就能分析预算收支运动变化的长期和短期趋势，以及降低赤字应采取的政策。当 lnE_t 和 lnR_t 具备协整关系时，双变量误差修正模型应具有如下形式：

$$\Delta lnR_t = a_0 + a_1(\Delta lnE_{t-1} - \Delta lnR_{t-1}) + u_t \qquad (2.1)$$

$$\Delta lnE_t = b_0 + b_1(\Delta lnE_{t-1} - \Delta lnR_{t-1}) + \varepsilon_t \qquad (2.2)$$

其中，Δ 代表变量差分，α_0、α_1、β_0 和 β_1 为系数，t 代表年份，u_t 和 ε_t 为白噪声。误差修正模型表明当系统达到长期均衡时，$\Delta lnE_{t-1} = \Delta lnR_{t-1}$，预算收支增长速度平衡，财政赤字保持原有变动规模。任何短期行为扰动导致的对长期均衡趋势的偏离，都会使 $(\Delta lnE_{t-1} - \Delta lnR_{t-1}) \neq 0$。如果 ΔlnR_t 和 ΔlnE_t 是平稳序列，（2.1）式和（2.2）式右边也应该是平稳的，均为 $I(0)$ 序列。这样，当 u_t 和 ε_t 也是 0 阶单整序列时，线性组合 $(\Delta lnE_{t-1} - \Delta lnR_{t-1})$ 也应该是平稳的。（2.1）式和（2.2）式更一般的表达形式如下：

$$\Delta lnR_t = a_0 + a_1 ecmr_{t-1} + \sum_{i=1}^{n} a_{2i}(1-L)\Delta lnR_{t-i} + \sum_{i=1}^{n} a_{3i}(1-L)\Delta lnE_{t-i} + u_i$$

$$(2.3)$$

$$\Delta InE_t = b_0 + b_1 ecme_{t-1} + \sum_{i=1}^{n} b_{2i}(1-L)\Delta InR_{t-i} + \sum_{i=1}^{n} b_{3i}(1-L)\Delta InE_{t-i} + \varepsilon_i$$

（2.4）

其中，L 为滞后算子，$ecmr_{t-1}$ 和 $ecme_{t-1}$ 为误差修正项。（2.3）式中的误差修正项 $ecmr_{t-1}$ 为 InR_t 对 InE_t 进行 OLS 回归后的残差滞后一期序列，（2.4）式中的误差修正项 $ecmg_{t-1}$ 为 InE_t 对 InR_t 进行 OLS 回归后的残差滞后一期序列。如果（2.3）式和（2.4）式中的 ΔInR_t、ΔInE_t、u_t、ε_t 都是平稳序列，公式右边的表达式也一定是平稳的。由于（2.3）式和（2.4）式通过误差修正项组成了一阶差分后的双变量 VAR 模型，因此 ECM 模型和协整关系在数学表达形式上其实是等价的。Granger（1986、1988）证明，在协整体系中，两个由误差修正项表示的序列一定至少存在一个格兰杰因果关系。在（2.3）式和（2.4）式的误差修正表达式组合中，如果 $a_{3i}=0$，并且 $a_1=0$，则 InE_t 不是 InR_t 的格兰杰成因；同样，当 $b_{2i}=0$，并且 $b_1=0$ 时，InR_t 不是 InE_t 的格兰杰成因。但由于经济系统的复杂性，预算收入和预算支出之外的其他变量也可能导致两者之间发生因果联系，例如实际产出反映了经济活动总量，直接决定了政府年度预算收支规模。这就需要我们将实际产出引入误差修正表达式，形成三变量误差修正模型，公式表述如下：

$$\Delta InR_t = a_0 + a_1 ecmr_{t-1} +$$

$$\sum_{i=1}^{n} a_{2i}(1-L)\Delta InR_{t-i} + \sum_{i=1}^{n} a_{3i}(1-L)\Delta InE_{t-i} + \sum_{i=1}^{n} a_{4i}(1-L)\Delta InY_{t-i} + u_i$$

（2.5）

$$\Delta InE_t = b_0 + b_1 ecme_{t-1} +$$

$$\sum_{i=1}^{n} b_{2i}(1-L)\Delta InR_{t-i} + \sum_{i=1}^{n} b_{3i}(1-L)\Delta InE_{t-i} + \sum_{i=1}^{n} b_{4i}(1-L)\Delta InY_{t-i} + \varepsilon_i$$

（2.6）

其中，InY_t 为实际产出的自然对数序列。将其作为控制变量引入模型后，我们便能捕捉到 InR_t 和 InE_t 对 InY_t 变化的反映，更准确把握预算收支之间的因果联系，这也正是三变量误差修正模型（2.5）、（2.6）和双变量误差修正模型（2.3）、（2.4）的主要差别。在（2.5）、（2.6）

式中，当系数 b_{2i} 和 b_1 在统计上全部显著，而且 b_{4i} 也显著时，InR_t 才是 InE_t 的格兰杰成因；当系数 a_{3i} 和 a_1 在统计上全部显著，而且 a_{4i} 也显著时，InE_t 才是 InR_t 的格兰杰成因。这样，我们便构建出检验中国政府预算收支关系的三变量误差修正模型框架。

测算过程中需要中国政府预算收入、预算支出和实际产出等基础数据，数据来源和说明如下：鉴于中国财政收支来源的复杂性，很多收支项目难以纳入预算内账户统一进行管理和分配，预算外和制度外收支不在本章考虑范围之内。中国官方公布的"财政收入"和"财政支出"数据基本具有预算收支的性质，与国外统计口径也存在可比性。但国外一般将债务利息支出也并入政府预算支出，中国官方统计口径在 2000 年之前并没有具体区分国内外债务还本付息支出，2000 年之后的债务付息支出则列入预算，使财政赤字成为包括利息支出后的总赤字。随着官方公布统计数据的逐步完善，2000 年以前的债务付息支出也应单独并入预算支出范围统一考虑。为避免改革开放前后制度变异对回归结果可能带来的影响，本章将样本期设定为 1978～2005 年，其中 1978～2004 年收入、支出和产出（GDP）数据取自相应年份的《中国统计年鉴》，2005 年数据取自中国经济信息网（www.cei.gov.cn）。为消除通货膨胀因素，全部数据均用 GDP 减缩指数调整为 1978 年不变价格。详见附录 2-1。

二、实证检验结果

在分析中国政府预算收支和实际产出的协整关系之前，首先要进行序列平稳性检验。我们用 Dickey-Fuller 广义最小二乘估计法对序列 InR_t、InE_t 和 InY_t 进行了包含常数项和趋势项、包含常数项但不包含趋势项两种形式的检验，结果如表 2-1 所示。其中 InR_t、InE_t 和 InY_t 的原序列都不能拒绝其中含有一个单位根的零假设；将原序列做一阶差分后，ΔInR_t 虽然未能通过包含常数项和趋势项的单位根检验，但剔除趋势项后零假设可以拒绝；ΔInE_t 和 ΔInY_t 则在两种形式下全部可以拒绝含有一个单位根的零假设。因此三个时序变量 InR_t、InE_t 和 InY_t 均

为一阶单整的 $I(1)$ 序列。

表 2-1　　InR_t、InE_t 和 InY_t 序列的 Dickey-Fuller GLS 检验结果

变量	包含常数项和趋势项		包含常数项，不包含趋势项	
	原序列	一阶差分	原序列	一阶差分
InR_t	-1.56（0.130）	-2.37（0.026）	-0.49（0.62）	-1.63*（0.120）
InE_t	-2.06（0.050）	-2.87*（0.008）	0.29（0.77）	-2.18**（0.038）
InY_t	-2.71（0.012）	-3.65**（0.001）	-1.25（0.225）	-3.19**（0.004）
临界值	-3.19, -2.89	-3.19, -2.89	-1.95, -1.61	-1.95, -1.61

注：（1）表中所列数据为 t 统计值，括号内数据为残差滞后一期回归系数的相伴概率，最后一行给出了各列对应的 5%和 10%显著性水平临界值。（2）标注**的变量在 5%水平上显著，标注*的变量在 10%水平上显著。

按照 Gonzalo（1994），Johansen 协整检验相比单方程方法或可替代多变量方法而言，是一种进行多变量协整分析的更好的方法。由于三个时序变量满足一阶差分后平稳的前提，我们可以用 Johansen 特征迹检验（Trace Test）分析 InR_t、InE_t 和 InY_t 之间是否具备协整关系，以及其中所含有协整向量的个数，零假设为三个时序变量中含有 r 个协整向量。应该注意当在小样本中应用 Johansen 特征迹检验时，较短滞后期的估计量才更准确（Vamvoukas，1997），于是我们分别进行了 1 年、2 年和 3 年滞后期检验，如表 2-2 所示。所构建的 VAR（p）模型如下：

$$\Delta InM_t = \Pi InM_{i-1} + \sum_{i=1}^{p-1} \Gamma_i \Delta InM_{t-1} + BX_i + u_i \qquad (2.7)$$

其中：　　　　$\Pi = \sum_{i=1}^{p} A_i - I_i$ ，　$\Gamma_i = -\sum_{j=i+1}^{p} A_i$ 　　　　(2.8)

表 2-2　InR_t、InE_t 和 InY_t 序列的 Johansen 特征迹检验结果

协整方程形式	迹统计量		
	$H_0: r=0$	$H_0: r=1$	$H_0: r=2$
A.无确定趋势和截距			
——滞后 1 年	85.76** （0.00）	16.37** （0.01）	0.49 （0.54）
——滞后 2 年	29.49* （0.01）	7.97 （0.24）	2.70 （0.12）
——滞后 3 年	30.49** （0.01）	13.17* （0.04）	2.64 （0.12）
B.无确定趋势，有截距			
——滞后 1 年	97.78** （0.00）	27.90** （0.00）	8.90 （0.06）
——滞后 2 年	36.57* （0.04）	12.30 （0.42）	3.44 （0.50）
——滞后 3 年	37.57* （0.03）	15.81 （0.18）	4.01 （0.41）

注：括号内数据为特征值的相伴概率，标注**的变量在1%水平上显著，标注*的变量在5%水平上显著。

（2.7）式中 InM_t 是 3 维非平稳的 $I(1)$ 向量，分别包括 InR_t、InE_t 和 InY_t；X_t 是一个确定的 d 维外生向量，代表趋势项、常数项等确定性项；u_t 是 3 维随机扰动向量。系数矩阵 Π 的秩 r 决定了 VAR 模型中所存在的协整关系。如果 r<3，系数矩阵可以分解成两个 $3 \times r$ 阶矩阵 α 和 β 的乘积，每个矩阵的秩都为 r。这样 $\Pi = \alpha\beta'$ 以及 $\beta'InM_t$ 都是平稳的，其中 β' 为协整向量矩阵，r 为协整向量个数。使用无确定趋势和截距、无确定趋势有截距两种形式的协整方程分别滞后 1 年、2 年和 3 年进行检验，结果均排除不存在协整向量的零假设；以无确定趋势和截距方程滞后 1 年和 3 年、以无确定趋势但有截距方程滞后 1 年进行检验，均排斥仅有一个协整向量的零假设；以任何形式的检验均不能排除仅有两个协整向量的零假设，从而三个时序序列至少存在一组协整关系。Dickey、Jansen 和 Thornton（1994）通过分析协整检验的显著性，发现协整向量越多代表所考察的系统越稳定，变量间的同步运动趋势也就越明显。中国政府预算收入、预算支出和实际产出之间至少存在一组协整关系的实证结果对于财政政策制定是有重要含

义的，说明通过对某些变量施加政策性影响，可以改变其他变量的长期运动轨迹。例如，实际部门可以通过对预算收入或者预算支出的适时调整，达到提高或降低实际产出长期增长趋势的政策目标；或者通过改变预算支出总量结构，达到调整预算收入、降低财政赤字、控制政府规模的目的。

表 2-3　无约束误差修正模型及约束误差修正模型检验结果

变量	无约束模型（Unrestricted Model）		约束模型（Restricted Model）	
	ΔlnR_t	ΔlnE_t	ΔlnR_t	ΔlnE_t
常数项	0.051（0.845）	0.091（1.483）	0.057（1.643）	0.093（1.787）
$\Delta lnE_t(-1)$	-0.291（-0.435）	0.502（0.771）		0.409（1.119）
$\Delta lnE_t(-2)$	-0.597（-1.350）	-0.261（-0.601）	-0.434（-1.613）	-0.306（-1.370）
$\Delta lnE_t(-3)$	-0.275（-0.703）	0.052（0.133）	-0.147（-0.679）	
$\Delta lnR_t(-1)$	1.194（1.876）	0.514（0.821）	0.956（4.338）	0.561（1.302）
$\Delta lnR_t(-2)$	0.262（0.489）	-0.137（-0.265）		
$\Delta lnR_t(-3)$	0.327（0.875）	0.020（0.056）	0.264（0.903）	
$\Delta lnY_t(-1)$	0.102（0.186）	-0.222（-0.395）		-0.280（-0.781）
$\Delta lnY_t(-2)$	-0.110（-0.173）	-0.118（-0.183）		
$\Delta lnY_t(-3)$	-0.137（-0.253）	-0.324（-0.581）	-0.247（-0.733）	-0.375（-1.037）
$ecmr_{t-1}$	-1.052（-1.388）	——	-0.773（-2.018）	
$ecme_{t-1}$	——	-0.217（-0.283）		-0.117（-0.218）
R^2	0.708	0.685	0.670	0.683
DW	2.010	1.595	2.034	1.531
SER	0.048	0.048	0.042	0.042
$CHOW$(1995)	1.095	2.001	1.753	8.234
$RESET$(1)	0.092	3.348	0.139	3.614
$ARCH$(1)	0.264	1.220	0.002	1.882

　　注：（1）回归系统旁括号内数据为 t 统计值，误差修正项 $ecmr_{t-1}$ 为 lnR_t 对 lnE_t 和 lnY_t 回归残差的滞后一期序列，误差修正项 $ecme_{t-1}$ 为 lnE_t 对 lnR_t 和 lnY_t 回归残差的滞后一期序列。（2）$CHOW$(1995) 为 1995 年结构变化检验的 F 统计值，$RESET$(1) 为省略变量检验的拉姆齐（Ramsey）F 统计值，$ARCH$(1) 为自回归条件异方差检验的 F 统计值。

　　由于三变量系统 lnR_t、lnE_t 和 lnY_t 中至少存在一组协整关系，我们可以进一步利用（2.5）式和（2.6）式组成的误差修正模型验证中国政府预算收入和预算支出的因果联系。为保存自由度，我们对每个自变量均进行滞后 3 年的检验。表 2-3 分别给出了无约束误差修正模型和经 GTS 理论修正后的约束误差修正模型的检验结果，其中无约束误差修正模型包括了三个变量所有滞后期的回归；约束模型中则根据 GTS 理论剔除了一些统计上不显著的滞后变量，其优点在于可以有效避免无约束模型中存在的动态误定问题。误差修正项 $ecmr_{t-1}$ 和 $ecmg_{t-1}$ 体现了长期动态趋势，并同回归量一并列出。如果 $ecmr_{t-1}$ 和 $ecmg_{t-1}$ 的回归系数在统计上显著，说明预算收支之间存在长期相互影响，反之，则说明这种影响并不明显。ΔlnR_t、ΔlnE_t 和 ΔlnY_t 滞后项的回归系数则可视为一些短期参数，表明了自变量对 ΔlnR_t 和 ΔlnE_t 的短期影响。

由几种误差修正模型的统计检验结果可见，4 个方程拟合情况较好，回归标准差均不超过 0.05。我们选择 1995 年作为结构变化点进行 CHOW 检验，发现约束模型中 ΔlnR_t 方程的参数估计值具有稳定解，并不随考察样本范围发生明显的变化；ΔlnE_t 方程则没有通过检验，说明 20 世纪 90 年代中期前后预算支出发生了明显变化。滞后 1 期的 RESET 检验通过了所设定误差修正模型的适用性，ARCH 检验证明随机扰动项基本是同方差的，并且不存在较大的波动幅度。另外，图 2-2 还分别给出了约束模型中两个误差修正方程的 CUSUM（Cumulative Sum）检验结果，用来验证方程参数稳定性。两组图中的 CUSUM 线全部落在正负 5%显著性水平临界线之内，说明参数稳定的零假设均不能被拒绝。

进一步分析三变量误差修正模型中 ΔlnR_t 和 ΔlnE_t 的滞后项，发现 4 方程中 ΔlnR_t 滞后项对 ΔlnE_t、ΔlnE_t 滞后项对 ΔlnR_t 均未通过 5%显著性水平系数，这一事实表明中国政府预算收入和预算支出之间的短期相互影响并不明显。但在约束模型中，ΔlnR_t 回归方程误差修正项 $ecmr_{t-1}$ 的回归系数在 5%水平上显著，ΔlnE_t 回归方程误差修正项 $ecme_{t-1}$ 的回归系数未能通过显著性检验，说明中国政府预算支出对预算收入具有长期影响，预算收入对预算支出的长期影响效果则并不明显。在中国财政扩张和收缩过程中，保持财政预算的基本平衡曾一度是经济周期扩张期间和收缩期间双重有效的政策约束条件，预算支出和预算收入一直保持着基本相同的运动变化趋势，对宏观经济的影响也是通过对收支同向调整完成的。但 20 世纪 90 年代中期以来，中国政府采取积极财政政策拉动经济增长，预算支出政策充分体现出凯恩斯理论的反经济周期特性，逐步拉大了与预算收入的差距。伴随着收入对支出的制约空间逐年缩小，支出模式和支出理念发生了明显转折，这与我们以 1995 年作为结构变化点进行的 *CHOW* 检验结果也是一致的。支出扩张一方面要以国债发行为依托，另一方面也带动了税收收入增长[①]，导致了从预算支出到预算收入的长期联动效应。因此，同 Peacock 和 Wiseman（1961）、Vamvoukas（1997）以及 Islam（2001）的结论相似，经 GTS 理论修正后的约束模型表现了预算支出到预算收入的单向因果联系，说明长期来看"以支定收"论在中国是适用的。

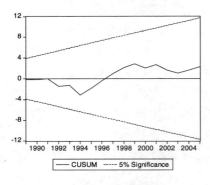
（a）约束模型 ΔlnR_t 方程检验结果

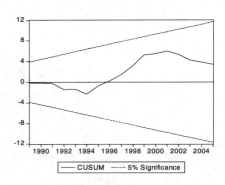
（b）约束模型 ΔlnE_t 方程检验结果

图 2-2　三变量误差修正约束模型的 *CUSUM* 检验结果（1978～2005）

---

① 中国政府实施积极财政政策期间，财政每年增发 1000 多亿元国债用于财政支出的同时，税收收入也强制性增加 1000 多亿元，这样的政策举措受到一些专家学者的置疑。详文可参阅郭庆旺等：《财政理论与政策》，经济科学出版社，2002 年，第 361～362 页。

第四节　结　论

　　本章中，我们首先回顾了理论界对于政府预算收支关系的争论，主流观点包括收支同步论、以收定支论和以支定收论。围绕这些理论观点展开的实证研究大部分针对的是美国和发达国家经济，研究方法包括传统的协整分析、格兰杰因果检验和双变量误差修正模型等。由于不同研究选择的样本范围、考察的时间段均不相同，研究方法也存在一定局限，导致实证结果相差迥异，每个理论观点都能得到经验证据的支持。因此国外的研究结论不能简单套用到中国，分析中国政府预算收支关系必须作进一步的实证考察。

　　通过利用中国 1978～2005 年经验数据，并采用 Dickey-Fuller GLS 序列平稳性检验、Johansen 特征迹检验以及经 GTS 理论修正后的三变量误差修正模型进行分析，我们发现，长期内中国预算支出对预算收入具有单向因果关系，支出是收入长期变化的原因；短期内预算收支之间的因果反馈效应则并不明显。这说明，短期内中国政府预算收入和预算支出对财政赤字波动和预算平衡性的反映并没有体现出一定规律性；但从长期来看，预算支出的变化更直接决定了财政赤字规模。中国实施积极财政政策以来，财政赤字规模不断攀升，一度引起学术界的广泛重视和讨论；而当前宏观经济形势已经走出低谷，经济内生增长能力逐步提高，削减国债和赤字规模、实施稳健的财政货币政策又成为理论界共识。本章研究结论衍生出的政策含义是，削减财政赤字应着重考虑预算收支之间由于长期因果联系导致的赤字变动，短期内同步调整预算收支增长幅度；长期来看，则主要通过削减一些不必要的支出项目（例如压缩政府部门人员和公用经费支出、降低财政对国有企业的政策性补贴等），着力从预算支出上达到调控目标。当支出规模得到有效控制之后，从支出到收入的单向长期影响效应会随之体现，使赤字规模始终维持在财政、经济能够有效承受的范围之内，避免对经济增长带来过度冲击。也就是说，在前面提到的赤字结构理论中，我们更倾向于以第三种方式，通过在增量上边际削减支出相对于收入的规模，遏制财政赤字不断扩张趋势，这与当前普遍减税的制度趋向也是符合的。但由于中国统计数据的局限，我们仅考虑了预算内收支数据，没有将财政预算外和体制外收支情况纳入分析框架。当这部分数据加进来之后，财政总收支之间会表现出什么样的相互影响、与经济产出之间会呈现出何种因果联系以及对预算平衡性会体现出何种反应，应当是下一步比较有意义的研究方向。

本章参考文献

[1] Baghestani and Mcnown, "Do Revenues or Expenditures Respond to Budgetary Disequilibria?" *Southern Economy Journal,* 1994, Vol.61, pp. 311～322.

[2] Bohm, H., "Budget Balance Through Revenue of Spending Adjustments? Some Historical Evidence for the United States," *Journal of Monetary Economics,* 1991, Vol.27, pp.333～359.

[3] Buchanan, J.M. and R.E. Wagner, "Democracy in Deficit," *New York: Academic Press,* 1977.

[4] Buchanan, J.M. and R.E. Wagner, "Dialogues Concerning Fiscal Religion," *Journal of Monetary Economics,* Vol. 4, pp.627～636.

[5] Carneiro and Faria, "Government Revenues and Expenditures in Guinea-Bissau: Causality and Cointegration," *Journal of Economic Development,* 2005, Vol. 30 (1), pp.107～117.

[6] Darrat, A.F., "Tax and Spend, or Spend and Tax? An Inquiry into the Turkish Budgetary Process," *Southern Economic Journal,* 1998, Vol. 64, pp.627～636.

[7] Darrat, A.F., "Budget Balance Through Spending Cuts or Tax Adjustments?" *Contemporary Economic Policy,* 2002, Vol.20 (3), pp.221～234.

[8] Dickey, Jansen and Thornton, "A Primer on Cointegration with an Application to Money and Income," *The Macmillan Press, 1*994.

[9] Engle and Granger, "Cointegration and Error-Correction: Representation, Estimation, and Testing," *Econometrica,* 1987, Vol.55, pp.251~276.

[10] Ewing and Payne, "Government Expenditures and Revenues: Evidence from Asymmetric Modeling," *Southern Economic Journal,* 2006, Vol.73 (1), pp.190~200.

[11] Friedman, M., "The Limitations of Tax Limitation," *Policy Reviewu,*1978, pp. 7~14.

[12] Gerrard, B., "The Scientific Basis of Economics: A review of the Methodological Debates in Economics and Econometrics," *Scottish Journal of Political Economy,* 1995, Vol.42, pp. 221~235.

[13] Gonzalo, "Five Alternative Methods of Estimating Long-Run Equilibrium Relationships," *Journal of Econometrics*, 1994, Vol.60, pp.203~233.

[14] Granger, C.W.J., "Developments in the Study of C0-Integrated Economic Variables," *Oxford Bulletin of Economics and Statistics,* 1986, Vol.48, pp.213~228.

[15] Granger, C.W.J., "Some Recent Developments in a Concept of Causality," *Journal of Econometrics,* Vol.39, 1988, pp.199~211.

[16] Hoover K.D. and S.M. Sheffrin, "Causation, Spending and Taxes: Sand in the Sandbox or Tax Cpllector for the Welfare State? " *American Economy Review,* 1992, Vol.82, pp. 225~248.

[17] Islam, "Structural break, unit root, and the causality between government expenditures and revenues," *Applied Economics Letters,* 2001, Vol. 8 (8), pp.565~567.

[18] Jones and D. Joulfaian, "Federal Government Expenditures and Revenues in the Early Years of the American Republic: Evidence from 1792-1860," *Journal of Macroeconomics,* 1991, Vol.13, pp. 133~155.

[19] Meltzer, A. and S. Richard, "A Rational Theory of the Size of Government," J*ournal of Political Economy s,*1981, Vol.89, pp. 914~927.

[20] Miller, S.M. and F.S. Russek, "Co-Integration and Error-Correction Models: The Temporal Causality Between Government Taxes and Spending," *Southern Economic Journal,* 1990, Vol.56, pp.221~229.

[21] Musgrave, R., "Principles of Budget Determination," in H. Cameron and W. Henderson, *Public Finance: Selected Redings,* 1966.

[22] Owoye, O., "The Causal Relationship Between Taxes and Expenditures in the G7 Countries: Cointegration and Error-Correction Models," *Applied Economics Letters,* 1995, Vol.2, pp. 19~22.

[23] Peacock and Wiseman, "The Growth of Public Expenditures in the United Kingdom," *Priceton University Press,* 1961.

[24] Vamvoukas, G., "Budget Expenditures and Revenues: An Application of Error-Correction Modelling," *Public Finance,* 1997, Vol. 52 (1), pp. 125~138.

附录 2-1 基础数据表

年份	预算收入	预算支出	GDP	GDP 平减指数	实际预算收入	实际预算支出	实际产出
1978	1132.26	1122.09	3624.10	1.000	1132.26	1122.09	3624.10
1979	1146.38	1281.79	4038.20	1.036	1107.01	1237.77	3899.53
1980	1159.93	1228.23	4517.80	1.075	1079.35	1142.91	4203.96
1981	1175.79	1138.41	4862.40	1.099	1070.03	1036.01	4425.03
1982	1212.33	1229.98	5294.70	1.098	1104.48	1120.56	4823.68
1983	1366.95	1409.52	5934.50	1.109	1232.13	1270.50	5349.17
1984	1642.86	1701.02	7171.00	1.164	1411.46	1461.43	6160.97
1985	2004.82	2004.25	8964.40	1.282	1563.46	1563.01	6990.89
1986	2122.01	2204.91	10202.20	1.341	1582.97	1644.81	7610.61
1987	2199.35	2262.18	11962.50	1.409	1561.15	1605.75	8491.27
1988	2357.24	2491.21	14928.30	1.580	1491.88	1576.67	9448.03
1989	2664.90	2823.78	16909.20	1.720	1549.56	1641.94	9832.18
1990	2937.10	3083.59	18547.90	1.817	1616.63	1697.26	10209.09

年份	预算收入	预算支出	GDP	GDP平减指数	实际预算收入	实际预算支出	实际产出
1991	3149.48	3386.62	21617.80	1.939	1624.10	1746.39	11147.73
1992	3483.37	3742.20	26638.10	2.092	1665.32	1789.06	12735.09
1993	4348.95	4642.30	34634.40	2.396	1814.81	1937.23	14452.91
1994	5218.10	5792.62	46759.40	2.872	1817.11	2017.17	16283.08
1995	6242.20	6823.72	58478.10	3.250	1920.72	2099.65	17993.66
1996	7407.99	7937.55	67884.60	3.443	2151.83	2305.65	19718.73
1997	8651.14	9233.56	74462.60	3.470	2493.47	2661.34	21461.92
1998	9875.95	10798.18	78345.20	3.386	2916.95	3189.34	23139.93
1999	11444.08	13187.67	82067.50	3.310	3457.22	3983.95	24792.33
2000	13395.23	15886.50	89468.10	3.341	4008.75	4754.31	26774.85
2001	16386.04	18902.58	97314.80	3.381	4846.47	5590.78	28782.60
2002	18903.64	22053.15	105172.30	3.374	5602.65	6536.10	31170.88
2003	21715.25	24649.95	117251.90	3.435	6321.26	7175.55	34131.77
2004	26396.47	28486.89	136875.90	3.662	7207.82	7778.63	37375.34
2005	31627.98	33708.12	150426.60	3.889	8132.68	8667.55	38680.02

资料来源：1978~2004 年数据来自《中国统计年鉴》(2005)，2005 年数据取自中国经济信息网（www.cei.gov.cn）。

第三章　中国最优宏观税负规模的估算

近年来，伴随中国新一轮税制改革的进行，关于中国最优宏观税负规模的讨论日益增多。理论界和实际部门非常关心的问题是：中国当前宏观税负水平是否过高？抑或当前宏观税负并未达到最优规模，尚存一定的加税空间？本文通过扩展 Barro 模型，得出政府最优宏观税负的测算公式，并通过实证分析得出中国最优宏观税负规模为21%。结论是，目前预算内的宏观税负规模已基本达到最优值，而大口径的宏观税负规模已经超过最优水平，因此新一轮税制改革的普遍性减税和结构优化调整举措是非常及时和正确的。

第一节　引　言

众所周知，宏观税负是指一个国家的总体税负水平，国际上通行用一定时期政府税收收入占国内生产总值（GDP）的比重来反映。但由于中国税收收入和财政收入并不等价，财政收入中还包括了一些非税收入和政府性基金收入，并且从征收程序和最终用途看也都具有准税收收入的性质，因此笔者认为以财政收入占 GDP 的比重衡量中国宏观税负规模更为准确。由此测算出的中国 1978～2005 年宏观税负规模如图 3-1 所示。

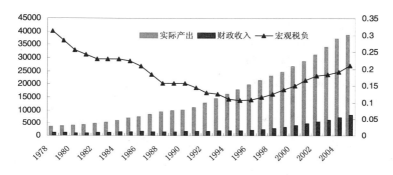

图 3-1　中国 1978～2005 年宏观税负规模变动情况

目前来看，理论界和实际部门非常关心的问题是：中国当前 21% 左右的宏观税负水平是否过高？是否已经产生了不利于经济增长的负面效应？抑或当前宏观税负并未达到最优规模，尚存一定的加税空间？由于中国最优宏观税负规模的研究较少，理论界和实际部门也没有形成比较统一的认识，因此目前尚不存在一个标准的最优税负规模参考值，在"中国当前宏观税负是否达到甚至超过最优水平"的问题上还存在着很多争论。分析方法上，现有文献主要倾向于三种确定最优宏观税负规模的理论框架。第一种方法是从满足财政收入水平最优化的角度，即根据著名的"拉弗曲线"所揭示的政府收入和税收规模关系来确定最优宏观税负。由于这种理论框架主要是从政府角度出发，研究满足财政能力的最优化宏观税率，因此虽然也考虑了经济性因素，但研究视野尚嫌狭隘，并且仅仅是满足政府财政能力的最优化税率水平，从全社会角度来看并不一定是最优的。第二种方法是以财政支出规模确定最优税率，即所谓"以支定收"。这种理论认为，合理的宏观税率规模是由经济社会对政府资源配置能力的客观比例要求决定的，与转轨后形成的经济政治体制下国家履行相应职能所需要的财力规模等价，因此最优宏观税负规模的确定依赖于必要财政支出水平的确定。但由于"必要财政支出水平"难以量化，以这种观点展开的研究大多只是从定性角度进行判断，结论准确性有待进一步验证。第三种方法是从宏观税负与经济增长的关系角度进行研究，通过构建宏观税负水平与经济增长相关因素的计量模型，实证分析得出使经济增长率最大化的最优税率。这种方法较前两种更多地考虑了经济相关因素，如投资、经济周期、转移支付、财政支出等，而且将研究视野从单纯考虑财政收支扩展为研究税负水平与经济增长的相关关系，应该说是一个很大的进步。但由于这方面文献大多直接构建计量模型，缺乏相应的理论基础，因而并未揭示出复杂经济现象背后的因果联系。

笔者认为，确定中国最优宏观税负要综合考虑两方面因素：一是经济产出，二是政府规模。从经济角度来看，除分析必要的经济总量指标外，更应考察经济体系的微观基础，将消费者和企业行为纳入分析框架；从政府角度来看，除分析财政收支行为外，还应分析政府对经济增长的影响，使宏观税负的确定既能满足微观主体效用最大化，又能对整体经济增长起到最优促进作用。基于上述考虑，我们可在 Barro（1990）生产性政府服务的公共品模型基础上，分析政府干预经济运行的最优宏观税负量化方程，并可根据中国经验数据作进一步的实证分析。

第二节　政府最优宏观税负规模的理论分析：

Barro 模型及其扩展

一、模型的基本描述

我们同时考虑家庭、企业和政府行为，并基于各部门的生产和效用函数推导出宏观经济总量函数。从家庭角度分析，Ramsey 模型（1928）给出了具有无限寿命的代表性家庭效用函数，我们也采用这一效用函数，这样代表家庭将使下式效用最大化：

$$U = \int_0^{\infty} e^{-(\rho-n)t} \cdot \left[\frac{c^{(1-\theta)}-1}{(1-\theta)} \right] \mathrm{d}t \qquad (3.1)$$

其中，ρ 为时间偏好率，n 为人口增长率，c 为人均消费，效用函数的设定使消费的边际效用具有固定弹性 $1/\theta$。家庭资产受制于如下约束：

$$\dot{a} = (r-n) \cdot a + w - c \qquad (3.2)$$

其中，a 是人均资产，r 为利率，w 是工资率。该式表明人均资产随人均收入 $w+ra$ 的上升而上升，随人均消费 c 的上升以及与 na 相一致的人口扩张而下降，并且我们约定家庭资产积累满足 Non-Ponzi 博弈条件。这样经过运算后的最优消费增长率为：

$$\gamma_c \equiv \dot{c}/c = (1/\theta) \cdot (r-\rho) \qquad (3.3)$$

现在考虑企业和政府行为。令 G 代表全部政府购买，按照 Samuelson（1954），政府提供的公共物品是非竞争和非排他的，因此每家企业都能利用全部的 G，并且可以不减少其他企业所能利用的数量。由于我们对中国宏观税负的分析仅限定于财政收入，其他预算外收入、制度外收入并没有考虑；而且从最终用途来看，财政预算内收入无疑比其他收入来说更具备公共物品特性，因此这样的设定是合理的。于是单个企业生产函数为：

$$Y_i = AL_i^{1-\alpha} \cdot K_i^{\alpha} \cdot G^{1-\alpha}, \qquad 0 < \alpha < 1 \qquad (3.4)$$

（3.4）式表明每家企业的生产都呈现出对私人投入的不变报酬。对于固定的 G，经济面临着对总资本 K 的递减报酬，但如果 G 随 K 的上升而上升，那么报酬递减将不会发生。也就是说，对于固定的劳动力总量，生产函数规定了资本和政府支出的不变报酬。由于中国经济转型期经济增长主要依靠的是要素投入（舒元，1993；郭庆旺，2002），民间经济对政府投入的依赖性还比较明显，因此这样的理论设定是合理的。最后，我们假定政府执行平衡预算，其公共支出由对总产出以税率 τ 征收的比例来融资，即：

$$G = \tau \cdot Y \qquad (3.5)$$

这样，我们便完成了对整个模型的基本描述。

二、经济体系的稳态路径

根据（3.4）式和（3.5）式，可得企业的税后利润为：

$$R_i = L_i \cdot [(1-\tau) \cdot A \cdot k_i^{\alpha} \cdot G^{1-\alpha} - w - (r+\delta) \cdot k_i] \qquad (3.6)$$

其中，$k_i \equiv K_i / L_i$，$r+\delta$ 为利率和资本折旧率之和，即租金率。追求利润最大化的企业将使资本边际利润为零，即满足 $\partial R_i / \partial k_i = 0$。另外，我们认为均衡时每家企业的人均资本量都相同，即令 $k_i = k$，于是租金价格为：

$$r+\delta = (1-\tau) \cdot \alpha A \cdot k^{-(1-\alpha)} \cdot G^{1-\alpha} \qquad (3.7)$$

由（3.3）式和（3.4）式，可得 G 的表达式为：[①]

$$G = (\tau A L)^{1/\alpha} \cdot k \qquad (3.8)$$

将（3.8）式代入（3.7）式，可得租金价格的表达式为：

$$r+\delta = \alpha A^{1/\alpha} \cdot (L\tau)^{(1-\alpha)/\alpha} \cdot (1-\tau) \qquad (3.9)$$

由（3.9）式可见，收益率 r 对 k 不变，而对 L 是递增的，这个分析结果同 Romer 模型（1986）近似。由于资本税后边际产品在增长过程中起到了和常数 A 在 AK 模型中所起的相同作用，因此在长期中，不会出现 Solow 模型（1956）所预言的长期增长率为零的结果以及相应的转移动态。将（3.9）式中关于利率 r 的表达式代入（3.3）式，我们便得到了在稳态中 c、k 和 y 相同的增长率，即：

$$\gamma = (1/\theta) \cdot [\alpha A^{1/\alpha} \cdot (L\tau)^{(1-\alpha)/\alpha} \cdot (1-\tau) - \delta - \rho] \qquad (3.10)$$

由（3.10）式可见，如果税率固定，经济体系的长期增长率只同外生技术 A 有关。如果 A 在长期趋于停滞，变为一个常数，那么人均收入、资本和消费的增长率也将固定，经济体系达到稳态运行。

三、政府最优宏观税负的确定

现在我们分析政府行为对经济稳态增长率的影响。由（3.10）式可见，政府对增长率的影响体现在两个方面，$1-\tau$ 代表税收对资本税后边际产品的负效应，$\tau^{(1-\alpha)/\alpha}$ 则代表了公共服务 G 对这一边际产品的

---

① 具体计算过程见附录 3-1。

正效应。为求得政府税率对增长率的最优影响，我们可求（3.10）式中经济增长率对政府税率的导数，当 $\partial\gamma/\partial\tau = 0$ 时，便可求得使增长率最大化的最优宏观税负为：

$$\tau^* \equiv G/Y = 1 - \alpha \qquad (3.11)$$

图 3-2 给出了宏观税负与经济稳态增长率之间的关系，可见两者之间的关系是倒 U 型的。当宏观税负较低时，其对资本税后边际产品的正效应超过负效应，因此 γ 随 τ 的上升而上升。随着宏观税负不断增加，扭曲性税收的负面影响变得越来越大，当负面影响同正效应相等时，稳态增长率达到最大值 γ_{MAX}。此后，对于更高的宏观税负值，税收对经济影响的负效用超过正效用，使稳态增长率又开始随宏观税负的增加而不断下降。因此从对宏观经济的影响来看，最优宏观税负值应确定在 τ^*。

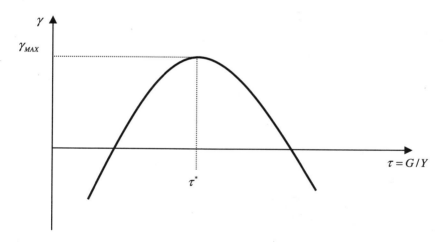

图 3-2 宏观税负与经济稳态增长率

第三节 实证分析与检验

一、模型与方法

由理论分析可见,确定中国宏观税负的关键在于测算出(3.4)式中的 α 值,我们可以从单个企业行为扩展分析整个宏观经济的总量产出函数。将(3.4)式两边同除以 L_i,可得:

$$Y_i / L_i = A(K_i / L_i)^{\alpha} G^{1-\alpha} \tag{3.12}$$

(3.12)式给出了人均产出和人均资本存量、政府公共服务的关系。将公式两边同除以 G,并令 $y = Y_i /(L_i \cdot G) = Y /(L \cdot G)$,$k = K_i /(L_i \cdot G) = K /(L \cdot G)$,于是我们得到政府公共服务模型的简化形式:

$$y = Ak^{\alpha} \tag{3.13}$$

其中,y 可称之为"人均公共服务产出",k 可称之为"人均公共服务资本"。对上述政府公共服务模型的简化形式两边同时求关于时间 t 的导数,可得 $\partial y / \partial t = \partial A / \partial t \cdot k^{\alpha} + \alpha k^{\alpha-1} \cdot \partial k / \partial t$,并将公式两边同除以 y,可得 y 增长率、A 增长率和 k 增长率的关系式如下:

$$\dot{y} / y = \dot{A} / A + \alpha \cdot \dot{k} / k \tag{3.14}$$

其中,变量上面加"·"表示该变量对时间的导数,A 为全要素生产率。(3.14)式说明 y 增长率为 A 增长率和 α 倍的 k 增长率之和,如果将全要素生产率增长率移项到公式左边,便可得出测算关键变量 α 的计量方程式:

$$\left[\frac{\dot{y}}{y}\right]_i - \left[\frac{\dot{A}}{A}\right]_i = \alpha \cdot \left[\frac{\dot{k}}{k}\right]_i + \varepsilon_i \tag{3.15}$$

其中,i 代表不同年份,ε_i 为白噪声。(3.15)式说明将人均公共服务产出增长率和全要素生产率增长率之差对人均公共服务资本增长率作不含常数项的 OLS 回归,系数值即为公式中的关键参数 α,最优宏观税负值则为 1-α。由于 α 值的确定同时考虑了经济增长率和政府公共服务数量，因而比单纯考虑财政收入、财政支出或经济因素更加合理、准确。

二、数据和估算结果

为确定人均公共服务产出和人均公共服务资本的年度增长率，所需基础数据包括实际产出（Y）、财政收入（R）、资本存量（K）、就业人数（L），并且还需要知道各年度的全要素生产率增长率（RTFP）。数据按以下方式获取：

（1）名义 GDP、财政收入数据来自《中国统计年鉴》（2005）。根据年鉴公布的国内生产总值指数，估算出以 1978 年为基期的各年度 GDP 平减指数，从而得出各年度的实际产出。财政收入同样用 GDP 减缩指数进行平减，以便得到扣除物价上涨因素后的真实财政收入水平。

（2）由于没有真实资本存量数据，根据固定资产投资流量数据和永续盘存法估计各年度的资本存量，计算公式为：$K_t = (1-\delta)K_{t-1} + I_t / P_t$，其中 K_t 和 I_t 分别为 t 期的资本存量和投资，δ 为折旧率，P_t 为固定资产投资价格指数。基期资本存量按以下公式计算：$K_0 = I_0 /[P_0(g+\delta)]$，其中 g 是样本期投资的年平均增长率（马栓友，2003）。按照樊纲、王小鲁（2000）对物质资本折旧率的测算及中国实际情况，以 5% 作为折旧水平，得到以 1978 年为基期的资本存量数据。

（3）在对全要素生产率的估算方面，郭庆旺、贾俊雪（2005）利用索洛残差法（Ⅰ）、隐性变量法（Ⅱ）和潜在产出法（Ⅲ），分别估算了中国 1979～2004 年的全要素生产率增长率数据。笔者引用他们这三种方法估算出 2005 年数据，并分别代入计量方程对 α 值进行估算。

（4）就业人口数为《中国统计年鉴》（1980～2005）公布的"就业人员合计"数，包括全部三个产业的就业人员。

按上述方法获取的基础数据如表 3-1 所示。根据中国 1978～2005

年的实际产出、财政收入和资本存量数据，可估算出 1979～2005 年人均公共服务产出 y 的增长率和人均公共服务资本 k 的增长率序列。我们分别将按索洛残差法（Ⅰ）、隐性变量法（Ⅱ）和潜在产出法（Ⅲ）计算出的全要素生产率增长率 RTFP 序列代入计量方程，回归结果及相应的统计检验如表 3-2 所示。

表 3-1　1978～2005 年中国财政收入与经济增长数据（单位：亿元、万人）

年份	GDP 平减指数	实际产出	财政收入	资本存量	就业人数	RTFP（Ⅰ）	RTFP（Ⅱ）	RTFP（Ⅲ）
1978	1.000	3624.10	1132.26	3837.1	40152	—	—	—
1979	1.036	3899.53	1107.01	4493.1	41024	-4.98	1.309	0.154
1980	1.075	4203.96	1079.35	5152.7	42361	-3.417	1.007	-0.056
1981	1.099	4425.03	1070.03	5835.5	43725	-4.957	0.89	-2.818
1982	1.098	4823.68	1104.48	6700.4	45295	-2.414	0.988	0.363
1983	1.109	5349.17	1232.13	7794.1	46436	-1.25	1.213	1.856
1984	1.164	6160.97	1411.46	9123.9	48197	2.13	1.155	5.275
1985	1.282	6990.89	1563.46	10893.4	49873	-1.106	1.373	3.96
1986	1.341	7610.61	1582.97	12877.9	51282	-4.693	1.339	-0.017
1987	1.409	8491.27	1561.15	14889.5	52783	-0.207	1.116	2.528
1988	1.580	9448.03	1491.88	16957.5	54334	0.693	0.97	2.454
1989	1.720	9832.18	1549.56	18431.3	55329	-2.549	0.626	-4.338
1990	1.817	10209.09	1616.63	19783.6	63909	-5.994	-0.704	-5.943
1991	1.939	11147.73	1624.10	21248.6	64799	2.975	0.634	0.089
1992	2.092	12735.09	1665.32	23813.8	65554	6.126	0.902	4.458
1993	2.396	14452.91	1814.81	27064.5	66373	3.593	1.109	3.752
1994	2.872	16283.08	1817.11	30770.9	67199	2.738	1.113	3.028
1995	3.250	17993.66	1920.72	34712.5	67947	1.237	1.051	1.279
1996	3.443	19718.73	2151.83	38966.8	68850	0.64	0.983	0.779
1997	3.470	21461.92	2493.47	43547.6	69600	0.314	0.963	0.537
1998	3.386	23139.93	2916.95	48916.7	69957	-0.932	1.067	0.13
1999	3.310	24792.33	3457.22	54518.2	70586	-1.114	0.955	-0.282
2000	3.341	26774.85	4008.75	60400.8	71150	0.187	0.907	0.617
2001	3.381	28782.60	4846.47	67044.9	73025	-1.17	0.752	-0.073

年份	GDP 平减指数	实际产出	财政收入	资本存量	就业人数	RTFP（Ⅰ）	RTFP（Ⅱ）	RTFP（Ⅲ）
2002	3.374	31170.88	5602.65	74964.9	73740	-0.329	0.978	0.969
2003	3.435	34131.77	6321.26	82884.9	74432	0.12	1.105	2.362
2004	3.662	37375.34	7207.82	90804.9	75200	0.329	1.012	2.103
2005	3.889	38680.02	8132.68	98724.9	75825	0.483	0.657	2.100

注：实际产出、财政收入、资本存量均以不变价格调整到 1978 年，GDP 平减指数为笔者的估算结果。

表 3-2　中国最优宏观税负参数 α 值的 OLS 估计

RTFP	α 值	统计检验			
		t 统计值	R^2	$S.E.$	RSS
Ⅰ	0.7896	13.6314	0.8813	0.0259	0.0167
Ⅱ	0.6973	6.9196	0.6477	0.0445	0.0506
Ⅲ	0.7427	6.9834	0.6519	0.0424	0.0449

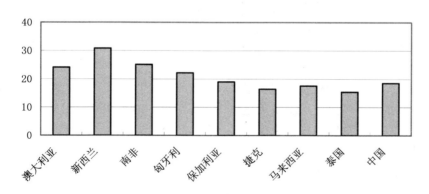

图 3-3　2004 年不同国家宏观税负规模比较（%）

由表 3-2 数据可见，将按三种方法得出的全要素生产率分别代入后，得到 α 值的三个不同回归结果。比较各自的统计检验值发现，将序列Ⅰ代入方程（3.15）后得到的拟合优度值 R^2 和 t 统计值要大大高于将序列Ⅱ、Ⅲ代入后得到的相应统计检验值，并且统计检验结果表

现出了随 α 值提高而不断优化的趋势。从计算方法来看，索洛残差法是按照传统的C-D生产函数方式将产出增长率扣除掉要素投入增长率后得出的，隐性变量法是将借助 State Space 模型利用极大似然法进行估计，潜在产出法是通过能力改善率和技术进步率进行估算。三者相比较，以索洛残差法测算全要素生产率更符合本文对经济产出的分析框架，即通过对投入和产出的比较估算最终变量；后两者更多考虑的是变量自身运动变化规律，而不是从经济要素相关关系角度出发进行分析。因此，无论从分析方法与本文模型的适应性，还是从最终统计检验结果显示的方程拟合优度来看，我们都应接受索洛残差法的回归结果，即 α 值为78.96%，从而中国最优宏观税负值应确定为21%左右，这一估计值同马拴友（2003）、逄锦聚（2000）等人的分析结论非常接近。从国际经验来看，根据《世界经济年鉴》（2004）提供的数据，图3-3 显示 2003 年很多代表性国家的实际宏观税负规模都在20%左右，这同国外学者的理论分析结论非常吻合。新西兰的实际宏观税负规模达到30%以上，但根据 Branson 和 Lovell （1997）的估计，使新西兰经济增长率最大化的最优税率应为 22.5%，将目前的宏观税负降低 1个百分点，对经济增长的拉动作用要大于 1 个百分点，并且他们估计出 1995 年每新西兰元税收对经济造成的净损失为 0.47 元，可见宏观税负超出最优规模将对经济增长带来长期的负面影响。

反观中国宏观税负现实规模，自改革开放以来，伴随经济体系由计划向市场转型，宏观税负呈整体下降趋势，1995 年达到最低值，为10.67%；此后宏观税负规模不断上升，2005 年达到21%，年均增长率达 6.8%，已达到最优值。但由于中国政府部门实际掌握的财政资源还包括预算外收入和制度外收入，因此很多学者认为单纯用财政收入占GDP 比重并不能反映中国真实宏观税负水平（郑春荣，2001）。如果我们将预算外和制度外收入纳入宏观税负，并且按照 OECD 国家的做法，将社会保障收入也算作政府税收的话，那么根据笔者的粗略估计，2004 年大口径中国宏观税负规模将达到29.4%，明显超过宏观税负最优值。因此，自 2004 年拉开序幕的新一轮税制改革，以"简税制、宽税基、低税率、严征管"为主要特征，实行了普遍性减税和结构性优化的政策举措，如全面免征农业税、调整个人所得税起征点；在东北老工业基地试行生产型增值税改消费型，并逐步扩大试点范围；调整消费税征税范围，停止一些日常消费品的消费税征收；逐步推行内外资统一所得税制，减轻内资企业的不公平税收待遇等，从降低税收负担和促进经济增长的意义上来说，这些政策举措是及时而正确的。但正如中国不同口径宏观税负的经验数据所示，尽快规范政府收入类型，将预算外和制度外收入纳入财政专户统一管理，并统筹考虑税收负担的整体规模，使之逐步调整到宏观税负最优水平，似乎也应是未来一段时期中国税制改革的重要方向和目标。

第四节　结　论

本文通过扩展 Barro 模型，构建了将消费者、企业和政府行为全部纳入的分析框架，从理论上得出政府干预经济运行的最优宏观税负测算公式；在此基础上用中国 1978~2005 年经验数据进行实证分析，发现最优宏观税负规模为 21%，这一估算结果同理论界的分析结论基本一致。最优税负规模的确定对我国新一轮税制改革中相关政策的制定具有重要意义，也由此引发出很多需要进一步研究的问题。

1. 虽然不同国家由于经济制度、生产方式、管理手段、技术水平等诸多因素不同，其税负规模不具有可比性，但我们发现，很多国外文献的研究同样得出最优税负规模为 20% 左右的结论。而且也证明，当实际税负高于最优税负时，将对长期经济增长带来负面影响。国外证据说明，中国税制改革过程中，调整收入结构、降低税收负担已成为未来一段时期的重要任务，普遍性减税的改革方向是完全正确的，这同包括美国在内很多发达国家的税收政策调整取向也基本一致。

2. 如果我们将税收收入占 GDP 比重称为"小口径宏观税负"，将财政收入占 GDP 比重称为"中口径宏观税负"，将财政收入、预算外收入、制度外收入和社保收入占 GDP 比重称为"大口径宏观税负"，那么小口径宏观税负规模尚未达到最优值，但已非常逼近；中口径宏观税负规模基本达到最优值；大口径宏观税负则已超过最优水平，并且总体来看，不同口径的宏观税负规模都呈现出逐年攀升势头。可见，政策上除对预算内收入进行普遍性减税之外，更应加大对财政收入以外的政府收入形式的规范和控制力度，至少从增量上降低其增长速度，在管理和使用上统筹规划。

3. 更进一步分析，宏观税负规模合理与否并不能完全反映政府对宏观经济的干预程度，例如政府可以通过政策性补贴、财政贴息、隐性担保等财政领域内的准财政行为，以及指令性贷款、金融压制税、铸币税等金融领域内的准财政行为对宏观经济进行干预，仅考虑政府收入占有量可能会低估更广义的宏观税收负担。但相比之下，以政府收入判断宏观税收负担要有更多的经验数据支持，这也是税制改革进程中的当务之急；对于如何判断中国政府对宏观经济的整体影响范围、影响力度和广义税负最优规模，还有待进行更为深入的实证研究。

附录 3-1

此处证明过程如下：

将（3.4）式两边同除以 L_i，并令 $y = Y_i / L_i$，$k = K_i / L_i$，则我们可以得到：$y = Ak^\alpha G^{1-\alpha}$。将该式代入（3.5）式，可得：$G = \tau LAk^\alpha G^{1-\alpha}$，两边同除以 $G^{1-\alpha}$，可得：$G^\alpha = \tau LAk^\alpha$，将公式两边同时开 α 次方，结果得证。

本章参考文献

[1] 戴维·罗默. 高级宏观经济学[M]. 商务印书馆，2004

[2] 郭庆旺，赵志耘. 财政理论与政策[M]. 经济科学出版社，2002

[3] 郭庆旺，贾俊雪. 中国全要素生产率的估算：1979～2004[J]. 经济研究，2005（6）：51~59

[4] 逢锦聚，孙飞. 中国宏观税负合理水平的分析判断[J]. 南开经济研究，2000（4）：33~40

[5] 巴罗. 经济增长[M]. 中国社会科学出版社，2000

[6] 易单辉. 数据分析与 EVIWS 应用[M]. 中国统计出版社，2005

[7] 宋文新，姚绍学. 拉弗曲线的扩展与最优宏观税负[J]. 财政研究，2003（11）：18~23

[8] 马拴友. 财政政策与经济增长[M]. 经济科学出版社，2003

[9] 郑春荣. 宏观税负无法反映政府干预经济的真实水平[J]. 税务研究，2001（4）：17~20

[10] 斯文. 我国宏观税负问题研究[J]. 上海经济研究，2003（7）：12~17

[11] 舒元. 中国经济增长的国际比较[J]. 世界经济，1993（6）：29~34

[12] Branson and Lovell, "A Growth Maximizing Tax Structure for New Zerland" [J], *International Tax and Public Finance*, 2001 (8), pp.129~146.

[13] Samuelson Paul A., "The Pure Theory of Public Expenditure"[J], *Review of Economics and Statistics*, 1954 (36), pp.387~389.

[14] Greieson, "Theoretical Analysis and Empirical Measurements of the Effect of the Philadelphia Income Tax"[J], *Journal of Urban Economics*, 1980 (8), pp.123~137.

[15] Gali J., "Governmenr Size and Marcoeconomy Stability"[J], *European Economic Review*, 1994 (38), pp.117~132.

[16] Scrully, "The Groeth Tax in the United States"[J], *Public Choice*, 1995(85), pp.71~80.

[17] Bao Lingguang, "Currrent Situations in Tax Burden and Future Tax Reform in China," *International Tax Review*, 2003(4), pp.168~183.

[18] Diamond P., "Optimal Tax Treatment of Private Contributions for Public Goods and without Warm Glow Preferences"[J], *Journal of Public Economics*, 2006 (90), pp.897~919.

[19] Shao, "On the Optimal Taxation in a Growth Model of the Mixed Economy," *Journal of Public Economic Theory*, 2005 (7), pp.669~679.

二、财政支出篇

第四章 财政支出与经济增长之间的关系

本章利用我国 1957～2003 年间的数据，从实证分析的角度研究财政支出总量及各类财政支出与经济增长的关系问题。各变量之间的关系均以其人均增长率为分析指标。分析结果表明，财政支出总量和其中的经济建设费支出每增加 1%会使 GDP 分别提高 0.27%和 0.18%左右。另外，格兰杰因果关系检验表明，财政支出总量和 GDP 之间、经济建设费支出与 GDP 之间存在单向格兰杰因果关系；科教文卫费支出和 GDP 之间存在双向格兰杰因果关系；国防费支出、行政管理费支出及其他支出不会引起 GDP 的格兰杰变化。相反，GDP 的变化会引起国防费支出、行政管理费支出和其他支出的格兰杰变化。

第一节 引 言

对财政支出与经济增长的关系的研究，不仅需要研究财政支出的规模对经济增长的影响，更应关注财政支出结构对经济增长的影响。然而从现有的研究成果来看，对于财政支出总量，特别是其现有功能结构与经济增长的关系的分析还不够充分，缺乏有效的实证证据。基于现实的需要和当前研究现状，本节利用我国 1957～2003 年间的数据，从实证分析的角度，研究我国财政支出总量及各类财政支出与经济增长的关系问题。各变量之间的关系以其人均增长率为分析指标。我们利用增长率作为分析指标，通常可以避免数据的非平稳性所带来的谬回归问题。因为大多数的宏观数据是非平稳的，有的甚至是 I（2）

序列。如 Nelson 等（1982）的研究表明，美国的宏观时间序列数据大都是非平稳的，而它们的增长率通常是 I（0）或至多是 I（1）序列。如果各变量是 I（0）序列或是 I（1）序列但存在协整关系，我们就可以直接利用最小二乘法来分析它们之间的关系。利用增长率作为分析指标还有一个好处就是：我们可以直接对估计结果进行比较。因为这时的系数估计值为弹性值，表明自变量变化 1%带来因变量的变化百分比。本章实证分析的结果表明，财政支出总量及经济建设费支出每增加 1%会使 GDP 分别提高 0.27%和 0.18%左右。另外，格兰杰因果关系检验表明，财政支出总量和 GDP 增长之间，经济建设费支出与GDP 增长之间存在单向格兰杰因果关系；科教文卫费支出和 GDP 增长之间存在双向格兰杰因果关系；国防费支出、行政管理费支出及其他支出不会引起 GDP 的格兰杰变化。相反，GDP 的变化会引起国防费支出、行政管理费支出和其他支出的格兰杰变化。

第二节　先行研究

在过去的 20 多年里，财政支出与经济增长的关系问题一直是公共经济领域研究的一个热点。Ratner（1983）、Ram 等（1989）和 Aschauer（1989）分别利用美国 1949～1973 年、1948～1985 年和 1949～1985年间的数据，估计包含社会资本要素在内的生产函数，考察社会资本对经济增长的影响。结果，社会资本的系数值在 Ram 等的估计中非常小，仅为 0.06；而在 Aschauer（1989）的估计中却非常大，为 0.39。Kormendi 和 Meguire（1985）研究了二战后 47 个国家的政府"消费"支出，得出政府消费性支出与经济增长之间不存在显著关系的结论。Grier 和 Tullock（1987）利用二战后包括 24 个 OECD 国家在内的 115个国家的数据进行研究发现，政府消费性支出与经济增长呈负相关，而政府投资性支出则为经济增长提供了必要环境，具有正的效应。Barro（1990，1991）扩展了内生增长模型，利用 96 个国家 1960～1985年间的数据，分析了人均 GDP 增长率和政府消费占 GDP 的比例关系，认为经济增长与政府消费性支出占 GDP 的比例呈反向关系（估计系数值为-0.132），而与公共投资占 GDP 的比例呈正向关系（估计系数值为 0.128）。他还认为，具有生产性的公共支出对经济增长的影响方向决定于公共支出规模的大小。若其尚未达到最佳规模，生产性支出的增加会对经济增长产生正的影响，而当超过最佳规模之后就会产生负的影响。Aiyagari 等（1992）认为，政府消费无论是永久性的还是暂时性的都能促进经济增长。Easterly and Rebelo（1993）认为，公共投资性支出比重的变化与经济增长之间有正向关系，特别是投资于交通、通讯的支出与经济增长相一致。Hsieh and Lai（1994）的研究表明，在英国、日本和加拿大，政府支出的增加促进其 GDP 增长，而在美国，法国，德国和意大利则不然。Devarajan 等（1996）利用 1970～1990 年间 69 个发展中国家的数据进行实证分析，指出在最优状态下，生产性公共支出与非生产性公共支出的比值应该取决于这两项支出对生产的贡献度（产出弹性）之比。生产性公共支出与经济增长是正相关的，然而当其所占的比例过高时，它对经济增长的效应在边际上就成了负的，而非生产性支出对平均经济增长率的作用是负向的。

20 世纪 90 年代以来，国内经济学界开始研究公共支出问题。马拴友（1999、2000）根据有关国家的支出项目和联合国的分类，对市场经济国家的财政支出结构进行比较分析，得出一些借鉴经验，并利用我国 1979～1998 年间的数据，估计出政府劳务的产出弹性为 0.27，即我国政府最优规模大约为 27%（政府消费占 GDP 的比重）。王雍君（1999）分析了我国建国以来公共支出结构的演变情况，提出在政策上要确保生产性财政模式向高质量的公共财政模式的转变。牟放（1999，2001）系统整理了公共支出增长理论，提出调整我国财政支出政策的政策建议，并指出在界定我国公共财政支出范围的标准时，既要参照市场经济的一般原则，还要注重不成熟的市场经济的判定原则。王军（2002）通过财政支出职能结构等的比较分析，结合我国财政支出结构的发展和变迁中存在的问题，提出调整和优化我国财政支出结构的建议。刘尚希（2002）提出界定公共支出范围的两种基本方法：风险归宿分析法与反向假设分析法。陈颂东（2004）通过财政支出结构的国际对比分析,提出界定我国财政支出范围和优化支出结构的一些建议,如大力压缩行政经费、增加科技教育投入等。最近十几年,出现了很多关于公共支出与经济增长关系问题的研究。郭庆旺、赵志耘(1991、1994)构建了公共支出结构对经济增长影响的理论模型,但是并没有进行实证分析。朱培标(2001)利用我国 1978~1998 年间的数据,进行财政支出拉动 GDP 增长的惯性分析,得出由财政支出增长率解释的 GDP 增长率的惯性为 1.2697 的结论。侯荣华(2001)对我国 1978~1999 年间的时序生产函数模型的估计结果表明,我国财政支出规模主要受财政收入规模和上年财政支出规模制约。郭庆旺等(2003)通过理论模型和实证模型分析(1978~2001)得出结论:我国财政支出总水平与经济增长负相关,财政生产性支出与经济增长正相关;财政人力资本投资比物质资本投资更能提高经济增长率;用于科学研究的支出所带来的经济增长远远高于物质资本投资和人力资本投资所带来的经济增长。庄子银和邹薇(2003)对我国公共支出与经济增长的关系的实证分析(1980~1999)表明,政府公共支出增长速度对经济增长的影响显著,估计值在 0.5 左右,但是他们认为,由于围绕公共支出的调整成本上升了(财政收入与支出占 GDP 的比重下降,中央财权削减,预算外支出增多并且主要由地方控制等),对经济增长带来负效应,削弱了公共支出对经济增长的拉动力度。范九利等(2004)应用生产函数模型和我国 1981~2001 年间的数据,估计我国基础设施资本对经济增长的影响,得出基础设施资本的产出弹性值是 0.695 的结论。娄洪(2004)建立一个包含一般拥挤性公共基础设施资本存量的动态经济增长模型,研究长期经济增长中的公共投资政策,认为公共基础设施资本存量促进长期经济增长。孙文祥和张志超(2004)利用我国 1978~2001 间的数据,实证分析了财政支出结构对经济增长与社会公平的影响,认为地方财政支出能促进经济增长,而中央财政支出可以改善社会公平程度,不同财政支出项目对经济增长和社会公平的贡献存在很大差异,大多数支出项目往往很难同时顾及两个目标,通常只有科教文卫事业费支出既能推动经济增长,也能促进社会公平。孔祥利(2005)利用斜率关联模型,利用我国 1996~2003 年间的数据进行实证分析，得出政府公共支出与经济增长呈非常显著的正相关关系的结论。赵志耘和吕冰洋（2005）从理论和实证分析的角度研究政府生产性支出对产出—资本比的影响，认为存在一个能使产出—资本比最大化的最优政府生产性支出规模，并得出我国财政基本建设支出与产出—资本比弱正相关，而教育支出和科学研究支出与产出—资本比强正相关的结论。任保平和钞小静（2005）利用我国1978～2003年间的数据进行实证研究表明，我国公共支出的产出弹性为正，对经济增长有促进作用。而从公共支出结构对经济增长的影响来看，经济建设支出、社会文教支出、国防支出及其他支出的结构产出弹性为正，对经济增长产生正的效应；行政管理支出结构产出弹性为负，对经济增长产生负的影响。郭庆旺和贾俊雪（2006）建立了一个包含政府公共资本投资的两部门内生增长模型，并把公共资本投资分为政府物质资本投资和人力资本投资，对公共资本投资的长期经济增长效应进行了理论和实证分析。他们认为，从理论上两种形式的公共资本投资对长期经济增长都可能具有正效应也可能具有负效应，这取决于民间经济主体消费跨时替代弹性大小。他们通过利用向量自回归模型的实证分析（1978～2004）认为，我国两种形式的公共资本投资与经济增长之间存在着长期均衡关系，其中政府物质资本投资对长期经济增长的正影响更为显著，而政府人力资本投资对长期经济增长的正影响较小，且在短期内不利于经济增长。

　　以上理论研究与实证分析表明，公共支出不是一个简单的外生变量，它对长期经济增长会产生持久和复杂的影响。而现有的大多数实证分析所选择的样本区间非常小，并且很少对数据进行平稳性检验，这可能导致估计出的结果可信度下降。有的实证分析利用生产函数来估计政府支出对经济增长的影响。根据理论模型，估计时需要利用民间资本和社会资本的存量值，而现实中这些数据不存在。很多研究者自行估算这些数据，方法各不相同，难免存在偏差。另外很多实证研究缺乏对估计结果的弹性和有效性进行检验。因此，对财政支出与经济增长关系问题的进一步研究具有理论和现实意义。

第三节　理论模型

本节通过构筑一个简单的生产函数模型来分析财政支出和经济增长的关系。

规模报酬不变的柯布—道格拉斯型生产函数在理论研究和实证分析中得到广泛的运用。包含财政支出要素的柯布—道格拉斯型生产函数随机回归方程可写为:

$$Y_t = AL_t^{\alpha} K_t^{\beta} G_t^{\gamma} e^{u_t} \tag{4.1}$$

其中, Y_t 表示第 t 期的产出量, A 表示技术系数, L_t、K_t、G_t 分别表示第 t 期的劳动投入量、私人资本投入量以及政府财政支出量, e^{u_t} 为第 t 期的随机误差项, α、β、γ 为待估参数。

根据 Meade（1952）的观点, 对于 α、β、γ 理论上分两种情况来考虑, 即 ① $\alpha + \beta = 1$, ② $\alpha + \beta + \gamma = 1$。相应地, 社会资本的作用分为① 环境的创造（creation of atmosphere）, ② 不要等价回报的生产要素（unpaid factor of production）。考虑第二种情况, 以 $1 - \beta - \gamma$ 替代 α, 对（4.1）式两边分别取对数, 经整理得到:

$$\ln \frac{Y_t}{L_t} = \ln A + \beta \ln \frac{K_t}{L_t} + \gamma \ln \frac{G_t}{L_t} + u_t \tag{4.2}$$

假设 $c = \ln A, y = \frac{Y}{L}, k = \frac{K}{L}, g = \frac{G}{L}$,（4.2）式可简化为人均的形式:

$$\ln y_t = c + \beta \ln k_t + \gamma g_t + u_t \tag{4.3}$$

同时考虑 t-1 期的情况, 并与（4.3）式相减, 得到:

$$\ln \frac{y_t}{y_{t-1}} = \beta \ln \frac{(1+r)k_{t-1}}{k_{t-1}} + \gamma \ln \frac{g_t}{g_{t-1}} + v_t \tag{4.4}$$

其中, r 为私人资本投入量的增长率, $v_t = u_t - u_{t-1}$。为了分析的方便，假设 r 一定，$c_1 = \beta \ln(1+r)$，则 c_1 为常数，（4.4）式可写成：

$$\ln \frac{y_t}{y_{t-1}} = c_1 + \gamma \ln \frac{g_t}{g_{t-1}} + v_t \tag{4.5}$$

即：

$$\ln y_t - \ln y_{t-1} = c_1 + \gamma(\ln g_t - \ln g_{t-1}) + v_t \tag{4.6}$$

为进一步进行财政支出的结构分析，包含 m 种不同类型的财政支出要素的柯布—道格拉斯型生产函数随机回归方程可写为：

$$Y_t = A L_t^{\alpha} K_t^{\beta} \prod_{i=1}^{m} G_{it}^{\gamma_i} e^{\omega_t} \tag{4.7}$$

其中，$i = 1, 2, \cdots, m$，e^{ω_t} 为第 t 期随机误差项，α、β、γ_i 为待估参数。

同理，我们可以得到：

$$\ln y_t - \ln y_{t-1} = c_1 + \sum_{i=1}^{m} \gamma_i(\ln g_{it} - \ln g_{i \cdot t-1}) + \eta_t \tag{4.8}$$

其中，$\eta_t = \omega_t - \omega_{t-1}$。

因为 $\dfrac{\mathrm{d} \ln y}{\mathrm{d} y} = \dfrac{1}{y}$、$\dfrac{\mathrm{d} \ln g}{\mathrm{d} g} = \dfrac{1}{g}$，所以，$\mathrm{d} \ln y = \dfrac{\mathrm{d} y}{y}$、$\mathrm{d} \ln g = \dfrac{\mathrm{d} g}{g}$。即，（4.6）式和（4.8）式的左边为第 t 期产出量的增长率，（4.6）式右边的第二项括弧里的部分为第 t 期财政支出总量的增长率，（4.8）式右边的第二项括弧里的部分为第 t 期第 i 类财政支出量的增长率。因此，（4.6）式和（4.8）式可以分别简化为：

$$gy_t = c_1 + \gamma \cdot gg_t + v_t \tag{4.9}$$

$$gy_t = c_1 + \sum_{i=1}^{m} \gamma_i \cdot gg_{it} + \eta_t \tag{4.10}$$

其中，gy_t 代表第 t 期人均产出量的增长率，gg_t 代表第 t 期人均财政支出总量的增长率，gg_{it} 代表第 t 期人均第 i 类财政支出量的增长率（$i = 1, 2, \cdots, m$）。

第四节　实证检验

我们以我国 1957～2003 年间的数据为基础，利用上述理论模型分析财政支出总量、不同类型的财政支出量与经济增长的关系。数据来源于中国统计年鉴（2005）。

一、变量的选择及其平稳性检验

根据理论模型，我们选择的变量包括 GDP 人均增长率（ gy_t ）、财政支出总量人均增长率（ gg_t ）和第 i 类财政支出量人均增长率（ gg_{it} ）（其中， $i = 1, 2, \cdots, 5$ ，分别代表经济建设费、社会文教费、国防费、行政管理费及其他五大类财政支出）。图 4-1 表示的是 GDP（ gy_t ）和财政支出总量（ gg_t ）增长率的变化情况。

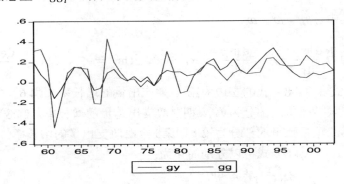

图 4-1　GDP 和财政支出人均增长率的变化

从图 4-1 可以看出，财政支出和 GDP 增长率的波动比较大。两者之间存在的偏差超过 10 个百分点的年份有：1958～1961、1966～1968、1977、1979、1980、1986、1987、1991、1993、1997～2000。究其原因，政府当时推行或采取的政策或对策是造成两者之间存在较大偏差的主要原因，既有主观方面也有客观方面的因素。如 1958 年前后人民公社化和大跃进运动的开展，1966 年开始的文化大革命，1978 年开始的改革开放政策的实施，1992 年邓小平南巡讲话、改革开放的加速，香港回归后亚洲金融风暴的平抑，始于 1998 年的"积极财政政策"导致财政收入增长远远快于经济发展速度等。

从绝对数来看，在 1978 年之前，财政总支出没有超过 1000 亿元，之后逐年扩大，近年呈直线增长趋势，到 2003 年接近 25000 亿元。从增长率来看，财政支出的增长率波动较大。1992 年以后，财政支出的增长速度一直保持在 10% 以上。财政总支出占 GDP 的比重，从 1952 年到 1980 年（除了 1967 年和 1968 年外）虽有波动却一直维持在 25% 以上的水平。从 1979 年开始，同比重急剧下降，到 1995 年跌至最低点，仅为 11.7%，之后，又逐步提高，到 2002 年升到 20% 以上。其中，经济建设支出占 GDP 的比重在 1978 年之前大都维持在 10%～20% 之间（1958～1960 年间超过 20%），之后逐年下降，到 1986 年以后低于 10%，到 2003 年仅为 6% 左右。经济建设费支出占财政总支出的比重在 1978 年之前除了少数年份外大都维持在 50% 以上，之后逐年下降，到 1988 年以后低于 50%，2003 年为 30% 左右。经济建设费支出占财政总支出的比重与其占 GDP 的比重基本呈相同的变化趋势。但是，经济建设费支出占财政总支出的比重依然较高，占到 1/3。社会文教费支出占 GDP 的比重在 2%～6% 之间。社会文教费支出除了少数年份外，其占财政总支出的比重一直在 10% 以上，从 1982 年以后超过 20%，近年为 26% 左右，成为第二大类支出。行政管理费支出占 GDP 的比重一直维持在 2% 左右，但是从 1998 年开始逐步提高，到 2003 年达 4%，提高了 2 倍左右。行政管理支出的变化幅度一直比较大。1968 年以后，除了个别年份（1973 年和 1991 年）外，行政管理费支出的增长率一直为正，特别是 1978 年改革开放以后，大多数年份的增长率在 10% 以上。近年行政管理费的增长速度远远快于财政支出总量和 GDP 的增长速度。行政管理支出占财政总支出的比重在 1952 年到 1978 年之间一般维持在 5%～10% 之间。从 1978 年以后，行政管理支出占财政总支出的比重从总体上看逐步提高，到 1986 年之后超过 10%，到 2003 年达到 19%。国防费支出占 GDP 的比重从总体上呈下

降趋势，以 1980 年为界其占 GDP 的比重低于社会文教费支出占 GDP
的比重，近年为 1.5%左右。国防费支出占财政总支出的比重从总体上
也呈下降趋势，近年为 8%左右。

　　总之，从总体上来看，经济发展形势不稳定，不管是从总量还是
从各项支出来看，财政支出的变化也随之波动很大，两者的变化趋势
基本一致。

　　为了避免直接利用最小二乘法估计带来的谬回归问题，我们需要
先通过单位根检验来分析数据的平稳性。通常，单位根检验采用 ADF
（Augmented Dickey-Fuller）和 P-P（Phillips-Perron）检验方法。ADF
检验根据最小化的赤池信息标准（AIC，Akaike Information Criterion）
或舒尔茨信息标准（SIC，Schwarz Information Criterion）来选择合适
的滞后期，以期达到检验的有效性。而 P-P 检验通过修正估计后的统
计值以确保搅乱项是白噪音（white noise）。所以，这两种检验方法可
以相互补充，其检验结果如表 4-1 所示。检验结果皆表明，所有的变
量不存在单位根，均为 I（0）序列变量。

表 4-1　ADF 和 P-P 单位根检验

变量	ADF 检验			P-P 检验	
	t-统计值	Prob.	滞后期	调整后的 t-统计值	Prob.
gg_t	-6.1924	0.0000	1	-4.6934	-0.0004
gy_t	-2.9537	0.0472	0	-2.9356	0.0492
gg_{1t}	-6.6382	0.0000	1	-7.16	0.0000
gg_{2t}	-5.3407	0.0001	0	-5.3407	0.0001
gg_{3t}	-5.2759	0.0001	0	-5.2759	0.0001
gg_{4t}	-4.1845	0.0019	0	-4.1295	0.0022
gg_{5t}	-6.6077	0.0000	0	-6.6034	0.0000

注：滞后期根据最小化舒尔茨信息标准（SIC）来选择,其最大滞后期为 11。

二、实证分析及其结果

根据上述 ADF 和 P-P 检验结果，所选各变量均为 I（0）序列变量。所以，我们可以直接利用普通最小二乘法（OLS）来估计（4.9）式和（4.10）式。但是，根据怀特检验（White Heteroskedasticity Test）和布罗斯-戈弗雷检验（Breusch-Godfrey Serial Correlation LM Test），我们发现，估计随机误差项存在异方差性和一阶自相关性问题。我们采用广义差分法（广义最小二乘法（GLS）的特例）来解决这些问题。（4.9）式和（4.10）都存在一阶自相关性，即：

$$v_t = \rho_1 v_{t-1} + \varepsilon_t \tag{4.11}$$

$$\eta_t = \rho_2 \eta_{t-1} + \omega_t \tag{4.12}$$

其中，ε_t, ω_t 皆为不存在自相关性的随机误差项。

将（4.9）式和（4.10）分别滞后一期，得到

$$gy_{t-1} = c_1 + \gamma \cdot gg_{t-1} + v_{t-1} \tag{4.13}$$

$$gy_{t-1} = c_1 + \sum_{i=1}^{m} \gamma_i \cdot gg_{it-1} + \eta_{t-1} \tag{4.14}$$

在（4.13）式和（4.14）式两边分别乘以 ρ_1、ρ_2，并与（4.9）式和（4.10）式分别相减，得到：

$$gy_t^* = d + \gamma \cdot gg_t^* + \varepsilon_t \tag{4.15}$$

$$gy_t^* = d + \sum_{i=1}^{m} \gamma_i \cdot gg_{it}^* + \omega_t \tag{4.16}$$

其中，（4.15）式中 $gy_t^* = gy_t - \rho_1 gy_{t-1}$，$gg_t^* = gg_t - \rho_1 gg_{t-1}$；（4.16）式中 $gy_t^* = gy_t - \rho_2 gy_{t-1}$，$gg_{it}^* = gg_{it} - \rho_2 gg_{i,t-1}$。

为了分析改革开放政策的实施效果，我们创立一个虚拟变量 dum。对于 1978 年之前，dum=0，而对于 1978 年（包括 1978 年）之后，dum=1。我们把虚拟变量加到（4.15）式和（4.16）式并进行估计，估计结果分别如表 4-2 和表 4-3 所示。

表 4-2　财政支出总量和经济增长（广义差分法）

变量	（4.15）系数估计值（t-统计值）[Prob.]	（4.15）增加一个虚拟变量系数估计值（t-统计值）[Prob.]
常数	0.0660（2.3537）[0.0233]	0.0213（0.7887）[0.4348]
GG	0.2742（5.1490）[0.0000]	0.2807（5.2038）[0.0000]
DUM	/	0.0764（2.3050）[0.0263]
AR（1）	0.7046（6.4207）[0.0000]	0.5708（4.5178）[0.0001]
R^2	0.6737	0.7011
调整后 R^2	0.6582	0.6792
对数似然值	68.2609	70.2351
F-统计值[Prob.]	43.3590[0.0000]	32.0590[0.0000]
Durbin-Watson 统计值	1.6739	1.6492
布罗斯-戈弗雷自相关检验:		
F-统计值	1.2172 [Prob. F（1,41）= 0.2764]	2.7875[[Prob. F（1,40）]=0.1028]
F-统计值	0.6272 [Prob. F（2,40）= 0.5392]	1.8516[[Prob. F（2,39）]=0.1705]
怀特异方差检验:		
F-统计值	1.9814 [Prob. F（2,42）= 0.1506]	2.0779[Prob. F（3,41）=0.1180]

　　根据表 4-2 和表 4-3 的估计结果可以看出，模型具有较好的拟和性，判定系数（R^2）由利用普通最小二乘法时的 40% 左右提高到采用广义差分法时的近 70%。根据布罗斯-戈弗雷检验和怀特检验，估计误差项不存在自相关性和异方差性。财政支出总量人均增长率的系数值为 0.27，在 1% 的显著水平上显著。从不同类型的财政支出项目来看，除了经济建设费支出人均增长率的系数值为 0.19 在 1% 的显著水平上显著外，其他各项在统计上都不显著。

表 4-3　各类财政支出和经济增长（广义差分法）

变量	（4.16） 估计系数值（t-统计值） [Prob.]	（4.16）增加一个虚拟变量 估计系数值（t-统计值） [Prob.]
常数	0.0767（2.2286）[0.0318]	0.0248（0.8540）[0.3986]
GG1	0.1872（3.5767）[0.0010]	0.2086（3.7098）[0.0007]
GG2	-0.0073（-0.1047）[0.9172]	-0.0095（-0.1310）[0.8965]
GG3	0.0246（0.3021）[0.7642]	0.0002（0.0020）[0.9985]
GG4	0.0101（0.1186）[0.9063]	-0.0002（-0.0024）[0.9981]
GG5	-0.0014（-0.0405）[0.9679]	0.0004（0.0122）[0.9903]
DUM	/	0.0906（2.4681）[0.0183]
AR（1）	0.7386（6.6144）[0.0000]	0.5838（4.3003）[0.0001]
R^2	0.6792	0.7120
调整后 R^2	0.6285	0.6575
对数似然值	68.6418	71.0683
F-统计值[Prob]	13.4079[0.0000]	13.0663[0.0000]
Durbin-Watson 统计值	1.8027	1.7789
布罗斯-戈弗雷 自相关检验： 　F-统计值	0.5668[Prob. F（1,37）= 0.4563]	1.5318[Prob. F（1,36）= 0.2239]
F-统计值	0.2932[Prob. F（2,36）= 0.7476]	1.2313[Prob. F（2,35）= 0.3043]
怀特异方差检验： 　F-统计值	1.2017[Prob. F（10,34）= 0.3244]	0.9990[Prob. F（11,33）= 0.4678]

　　（4.15）式和（4.16）式加进虚拟变量后的估计结果与不加进虚拟变量的情况基本相同。判定系数有了进一步提高。虚拟变量的估计值为 0.08 左右，在 5% 的显著水平上显著。

　　为便于分析，我们在理论模型的推导过程中假定私人资本投入量的增长率不变。这意味着我们可能忽视了一些重要因素对经济增长的影响。因此，我们可以增加滞后 2 期的因变量（GDP 人均增长率）作为自变量来纠正因忽略一些重要变量所带来的偏差，即：

$$gy_t = c_1 + a_1 gy_{t-1} + a_2 gy_{t-2} + \gamma \cdot gg_t + v_t \tag{4.17}$$

$$gy_t = c_1 + b_1 gy_{t-1} + b_2 gy_{t-2} + \sum_{i=1}^{m} \gamma_i \cdot gg_{it} + \eta_t \tag{4.18}$$

（4.17）式和（4.18）式的估计结果与上述采用广义差分法进行估计的结果基本相同。

我们变化样本期间重新估计上述各模型，结果也没有出现多大变化。这说明模型具有较好的拟和性和弹性。

综上所述，财政支出总量人均增长率每增加 1%会使 GDP 人均增长率提高 0.27%左右。财政支出中的经济建设费支出人均增长率每增加 1%会使 GDP 人均增长率提高 0.18%左右。而财政支出中的其他项目的估计结果在统计上不显著，所以很难判断其影响。

有的学者认为，利用生产函数进行估计有缺陷。因为财政支出对经济增长有影响，反过来经济增长对财政支出也可能有影响。为进一步分析各变量之间的相互作用，我们对变量之间的关系进行格兰杰因果关系检验。格兰杰因果关系检验可用来决定一个时间序列是否可用来预测另一个。通过对一个时间序列 X 的滞后值(也包括 Y 的滞后值)进行 F 检验，如果这些 X 的滞后值对预测 Y 会提供有用的信息，即回归系数都等于零的原假设被拒绝，我们则认为 X 引起 Y 的格兰杰变化。同样，如果 Y 的滞后值对预测 X 会提供有用的信息，我们则认为 Y 引起 X 的格兰杰变化。我们选择最大滞后期 14，取统计上显著的 F 检验结果。经整理后如表 4-4 所示。

根据表 4-4 的检验结果可以看出：

（1）在 10%的显著水平上，滞后 2、3、7、8、9、10、11、12 期时，财政支出总量的变化可以引起 GDP 的格兰杰变化；GDP 的变化在滞后 4、5 和 14 期时会引起财政支出总量的格兰杰变化。两者始终是单向影响关系。

（2）在 10%的显著水平上，滞后 1、2、3、7、8、9、10、11、12、14 期时，财政支出中的经济建设费支出的变化可以引起 GDP 的格兰杰变化；GDP 的变化在滞后 5 期时会引起财政支出总量人均增长率的格兰杰变化。两者也始终是单向影响关系。

表 4-4　格兰杰因果关系检验

格兰杰因果 关系方向	F-统计值（Prob.）[滞后阶数]
gg→gy	3.2094（0.0513）[2] 2.2524（0.0989）[3] 3.2779（0.0137）[7] 2.9401（0.0227）[8] 3.1811（0.0175）[9]　2.4047（0.0608）[10]　3.0737（0.0330）[11]　2.4794（0.0899）[12]
gy→gg	2.1469（0.0970）[4]　2.7771（0.0354）[5]　8.0931（0.0554）[14]
gg1→gy	3.8708(0.0558)[1]　4.7513(0.0142)[2]　4.7791(0.0066)[3]　3.5164（0.0097）[7]　2.7213（0.0315）[8]　3.0173（0.0221）[9]　2.5095（0.0524）[10]　3.5973（0.0186）[11]　2.5433（0.0842）[12]　8.6144（0.0508）[14]
gy→gg1	2.1300（0.0890）[5]
gg2→gy	3.3249（0.0754）[1]
gy→gg2	10.6313（0.0022）[1]　3.9009（0.0286）[2]　5.1563（0.0046）[3] 2.8782(0.0378)[4]　2.4880(0.0534)[5]　3.7696(0.0074)[6]　3.0267（0.0199）[7]　5.4428（0.0237）[13]　13.4690（0.0272）[14]
gg3→gy	/
gy→gg3	2.8096(0.0412)[4]　2.4954(0.0528)[5]　2.2813(0.0655)[6]　2.2026（0.0706）[7]　2.9613（0.0220）[8]　2.4334（0.0518）[9]
gg4→gy	/
gy→gg4	6.9266(0.0118)[1]　5.3310(0.0090)[2]　4.2340(0.0116)[3]　3.9740（0.0097）[4]　2.5273（0.0504）[5]　2.0155（0.0983）[6]　3.4161（0.0702）[13]
gg5→gy	/
gy→gg5	2.2318（0.0769）[5]　2.0420（0.0944）[6]　2.0578（0.0886）[8]

（3）科教文卫费支出和 GDP 之间在滞后 1 期时，存在双向格兰杰因果关系。另外，滞后 2、3、4、5、6、7、13、14 期时，GDP 的变化也会引起科教文卫费支出的单向格兰杰变化。

（4）在 10%的显著水平上，国防费支出、行政管理费支出及其他支出不会引起 GDP 的格兰杰变化。相反，GDP 的变化会引起国防费和行政管理费支出以及其他支出的格兰杰变化，其滞后期分别为 4、5、6、7、8、9 和 1、2、3、4、5、6、13 以及 5、6、8。

格兰杰因果关系检验表明，除了科教文卫费支出和 GDP 之间在滞后 1 期时存在双向格兰杰因果关系外，其他变量之间的相互影响关系存在，但滞后期不一致，或不存在因果关系。所以，格兰杰因果关系检验的结果支持利用生产函数来进行估计，而且两者的估计结果一致。

第五节　结　论

本章从实证分析的角度，研究了财政支出总量及各类财政支出项目与经济增长的关系问题。分析结果表明，财政支出总量和财政支出中的经济建设费支出的增加会促进经济增长，其人均增长率每增加 1%会使 GDP 人均增长率分别提高 0.27%和 0.18%左右。另外，从人均增长率来看，格兰杰因果关系检验表明，财政支出总量和 GDP 之间、经济建设费支出与 GDP 之间存在单向格兰杰因果关系；科教文卫费支出和 GDP 之间存在双向格兰杰因果关系；国防费支出、行政管理费支出及其他支出不会引起 GDP 的格兰杰变化。相反，GDP 的变化会引起国防费支出、科教文卫费支出和其他支出的格兰杰变化。上述实证结果的政策意义在于：扩大财政支出对促进经济增长有重要作用。但是，从长远来看，如何调整财政支出内部结构是一项更重要的课题。科教文卫费支出的长期效应显得不足，尤其是国防费支出、行政管理费支出及其他支出的改革非常重要。

本章参考文献

[1]　陈颂东. 财政支出结构的国际比较与我国财政支出结构优化[J]. 改革，2004（1）

[2] 范九利，白暴力，潘泉. 我国基础设施资本对经济增长的影响[J]. 人文杂志，2004（4）

[3] 郭庆旺，赵志耘. 促进经济增长的财政政策分析[J]. 当代经济科学，1991（5）

[4] 郭庆旺，赵志耘. 实现最优经济增长的财政政策论[J]. 财政研究，1994（4）

[5] 郭庆旺，吕冰洋，张德勇. 财政支出结构与经济增长[J]. 经济理论与经济管理，2003（11）

[6] 郭庆旺，贾俊雪. 政府公共资本投资的长期经济增长效应[J]. 经济研究，2006（7）

[7] 侯荣华. 财政支出合理规模影响因素的实证分析[J]. 中央财经大学学报，2001（11）

[8] 孔祥利. 政府公共支出与经济增长相关性的实证分析——利用斜率关联模型求解的一种新方法[J]. 人文杂志，2005（2）

[9] 娄洪. 长期经济增长中的公共投资政策——包含一般拥挤性公共基础设施资本存量的动态经济增长模型[J]. 经济研究，2004（3）

[10] 刘尚希. 公共支出范围：分析与界定[J]. 经济研究，2002（6）

[11] 马拴友. 财政支出职能结构的国际比较[J]. 中央财经大学学报，1999（11）

[12] 马拴友. 政府规模与经济增长：兼论中国财政的最优规模[J]. 世界经济，2000（11）

[13] 牟放. 借鉴公共支出增长理论调整我国财政支出政策[J]. 中央财经大学学报，1999（6）

[14] 牟放. 论界定我国公共支出范围的标准[J]. 中央财经大学学报，2001（8）

[15] 任保平，钞小静. 中国公共支出结构对经济增长影响的实证分析：1978～2003[J]. 中国经济学年会论文，2005

[16] 孙文祥，张志超. 财政支出结构对经济增长与社会公平的影响[J]. 上海财经大学学报，2004（6卷）（6）

[17] 王军. 中国财政支出结构的国际化比较[J]. 计划与市场，

2002（5）

[18] 王雍君. 建国以来公共支出结构的演变[J]. 中央财经大学学报，1999（10）

[19] 赵志耘，吕冰洋. 政府生产性支出对产出—资本比的影响——基于中国经验的研究[J]. 经济研究，2005（11）

[20] 朱培标. 财政支出拉动经济增长的惯性分析[J]. 中央财经大学学报，2001（9）

[21] 庄子银，邹薇. 公共支出能否促进经济增长：中国的经验分析[J]. 管理世界，2003（7）

[22] 邹洋 (2006), "An empirical estimation on the interactions between public and private capital investment, innovation investment and economic growth in China, " *Journal of Economic Policy Studies (Japan)*, Vol.3, No.2, pp.25～28.

[23] Aiyagari et al. (1992), "The output, employment, and interest rate effects of government consumption" [J], *Journal of Monetary Economics,* 30, pp.73～86.

[24] Aschauer, D., 1989, "Is Government Spending Productive?" [J] *Journal of Monetary Economics*, 23, pp.177～200.

[25] Barro, R. J. (1990), "Government Spending in a Simple Model of Endogenous Growth" [J], *Journal of Political Economic* 98 (2), part 2, s1-37.

[26] Barro, R. J. (1991), "Economic Growth in a Cross Section of Countries" [J], *Quarterly Journal of Economics*, Vol.CVI (2), PP.407～443.

[27] Devarajan, S., V.Swaroop, and H. F.ZOU (1993), "What Do Government Buy? The Composition of Public Spending and Economic Performance" [J], *Policy Research Working Paper* WPS1082, World Bank。

[28] Easterly and Rebelo (1993), "Fiscal policy and economic growth: An empirical investigation" [J], *Journal of Monetary Economics*, 32 (3),

pp.417～458.

[29] Grier, K.and G. Tullock, 1987, "An Empirical Analysis of Cross-National Economic Growth, 1951~1980" [J], *Journal of Monetary Economics*, 24.

[30] Hsieh, E.and Kons Lai (1994), "Government spending and economic growth: the G-7 experience" [J], *Applied Economics*, Vol.26, pp.535～542.

[31] Jones C. I., Williams J. C. (1998), "Measuring the social return to R&D, " *The Quarterly Journal of Economics*, 113 (4), pp.1119～1135.

[32] Kormendi, R.C. and P. G. Meguire, 1985, "Macroeconomic determinants of growth: cross-country Evidence" [J], *Journal of Monetary Economics*, 16.

[33] Ram, Rati and D.D.Ramsey (1989), "Government capital and private output in the United States: additional evidence" [J], *Economics Letters*, 30, pp.223～226.

[34] Ratner, J.B. (1983), "Government capital and the production function for U.S. private output" [J], *Economics Letters*, 13, pp.213～217.

[35] Zou, Y. (2006), "Empirical studies on the relationship between public and private investment and GDP growth" [J], *Applied Economics*, 38 (11), pp.1259～1270.

第五章 财政支出、辖区人口规模与经济增长

辖区人口规模决定了集聚和拥挤两种外部性对财政支出的边际影响，而财政支出对辖区人口规模又具有"用脚投票"引发的反向激励效应。考虑中国省级辖区人口规模与财政支出相互内生性后的实证结果表明，财政基建、科技、文教医卫三类生产性支出均显著推进了经济增长，其中科技支出取得最优增长绩效，但所获得的资金配置比例最低；劳动、资本、技术要素在追逐资源配置效率过程中形成了从西到东持续集聚的格局，诱发地区经济差距扩散现象，但财政生产性支出的边际收益表现出从东到西的渐进递增趋势。由此说明，财政通过优化支出结构增加对基础设施、科技、教育等领域的投入，是有助于经济增长的；如果政府致力于追求缓解区域差距的"公平"目标，那么采取东、中、西部地区的差异化扶持政策也是可行的。

第一节 问题的提出

自中国实施渐进性市场化改革以来，伴随着财政分权程度的不断攀升，地方政府在财政资源总量中获取了越来越多的分成份额（周文兴、章铮，2006；张军、周黎安，2008），一些伴生问题也引起了学术界越来越多的思考：中国的地方财政支出是否持续推进了经济稳定增

长？如果将地方财政支出分解为生产性支出和消耗性支出，[①] 那么是否诚如 Devarajan、Swaroop 和 Zou（1996）对发展中国家的实证研究，生产性支出配置比例越高反而越不利于经济增长？进一步分析，不同区域的财政支出模式和公共融资方式对"地区经济差距扩散"这一典型事实是否具有增进或改善效应？由于经验方法、样本范围、分析时段和数据处理的差异，学术界对上述问题仍存在比较大的争议，而新近涌现的空间经济学、新经济地理、地方公共物品等理论的相互融合，对传统观点形成了比较大的挑战。

　　既往研究主要在新古典增长和条件收敛理论框架下，研究财政支出对经济增长最优路径的影响，大多忽略了辖区人口规模的内生决定作用。Barro 和 Sala-i-Martin（1995）指出，劳动力在追逐高工资率的迁徙和流动过程中，本身就是经济增长的决定因素，像资本流动一样会加速区域经济向其稳态位置的收敛速度。本章中我们提出一个先验性假说：地方财政支出取决于辖区人口规模，后者将影响到政府提供公共物品和服务从而改善辖区居民生活质量的能力。按照 Tiebout（1956）的财政分权理论，居民将在"用脚投票"机制下不断向公共设施齐全、经济环境优越的地区流动，这是地方政府竞争从而抢夺人才和资源的核心动力；但人口增多也将加深公共产品的拥挤程度，迫使地方政府不得不根据自身条件采取一些因地制宜的限制性措施，延缓辖区人口数量的急剧扩张。由此从乡村到城市和城市之间持续发生的移民流，以及户籍制度、安居费、辖区管制等人口限制政策，将决定一个地区的财政支出和经济规模，单纯考证财政支出、公共融资等因素与经济增长的关系，必然遗漏辖区人口规模同财政支出的相互内生影响，导致估计系数是有偏的（Intriligator, Bodkin and Hsiao,1996）。

　　现有文献侧重于在全国总量视角下研究财政支出对经济增长的促进效应（Zhang and Zou,1998; Kolluri, Panik and Wanab,2000; Loizides

---

[①] 另一种分类方法将财政支出划分为经济性、社会性和维持性支出（贾俊雪、郭庆旺，2008），其中社会性支出包括科教文卫等支出，维持性支出相当于本文提到的消耗性支出。本文沿循了内生增长理论认为社会性支出具有长期增长效应的观点，将经济性和社会性支出统归入"生产性"支出范畴。

and Vomvoukas, 2005），或从财政支出结构角度分析不同支出类别与实际产出的对应关系（Devarajan et al., 1996; Gupta et al., 2002; Shelton, 2007），似乎尚缺乏向跨省研究的进一步延伸。中国广袤的国土面积、多样的自然条件和巨大的区域间差距（陈钊、路铭，2006），为融入辖区人口规模后的增长理论研究提供了客观基础；而财政分权程度的不断加深、公共融资手段的多样性以及省对下财政管理与控制能力的相对权威性，也为由国家视角至省域视角的研究模式转换提供了难以替代的条件（Hulten and Schwab,1997; Mello,2002）。跨省研究能突破宏观静态分析模式的局限，动态捕捉到财政支出、人口规模、公共融资、发展环境等因素同经济增长的关系；在此基础上进一步考察生产性支出，又能实现空间经济学、公共产品供给理论与内生增长理论的有效衔接，不致因泛化研究对象导致基础理论支撑的薄弱和缺失。

这样本章将在辖区人口规模和财政支出具有相互内生决定作用的实证框架下，重点研究财政支出（特别是生产性支出）对经济增长的影响。基础数据集取自 1999～2006 年各省（市）面板数据，是考虑到样本期间中国首度实施积极财政政策，财政支出理念经历了"扩张—淡出—中性"的阶段性调整；而在当前面临实施新一轮积极财政政策的宏观背景下，回顾和总结上轮经济周期内扩张性财政政策的实施效果也具有现实的指导意义。

第二节　基于省域视角的简单增长理论模型

既有内生增长模型大多基于国家视角研究财政支出与经济增长，其中财政支出被设定为公共部门的生产性投入（Barro and Sala-i-Martin, 1995; Tanzi and Zee,1996），本章则将研究范围缩小到省域。设定 $c(t)$ 和 $k(t)$ 为人均消费和投资，政府提供一种公共产品或服务 $g(t)$，作为对市场投资的补充。为简化起见，假定各省征收一次性总赋税为公共产品融资，即 $g(t) = \tau f[k(t), g(t)]$，其中 τ 为税率并且满足 $0 < \tau < 1$，则资本增量或投资为：

$$\dot{k}(t) = (1-\tau)f[k(t), g(t)] - c(t) \tag{5.1}$$

其中，$\dot{k} = dk(t)/dt$，生产函数具有规模报酬递减特性，即 $(f' > 0, f'' < 0)$，并且 $f(0,0) = 0$。如果以省域常住人口数衡量辖区规模，辖区规模对经济总量的影响将是一把"双刃剑"：更大的辖区规模能容纳诸多经济、社会、文化活动，从而创造出更多的消费、就业机会和正的外溢性影响，有利于省域经济增长；但随着辖区人口数量的扩张，由拥挤性产生的环境污染、暴力犯罪、时间消耗等负的外溢性影响也会愈益严重。人口聚集（Agglomeration）的正外部性和拥挤（Congestion）负外部性所带来的边际收益、成本交汇点，内生决定了最优经济规模。可用如下形式的生产函数描述人均产出：

$$f[k(t), g(t)] = Ak(t)^{\alpha} g(t) \tag{5.2}$$

其中，$\alpha < 1$，表示资本边际收益递减，A 为产出效率。设定最优辖区人口规模为 $\bar{L}$，人口数超出此规模时，拥挤的负外部性将高于聚集的正外部性。财政支出可表述为：

$$G(t) = K(t)^{\eta} L(t)^{1-\eta} \tag{5.3}$$

当 $L < \bar{L}$ 时，$0 < \eta < 1$；当 $L > \bar{L}$ 时，$\eta < 0$。用人均支出规模衡量，（5.3）式可转化为 $g(t) = k(t)^{\eta}$，以便动态捕捉到辖区人口规模的两种反向效应。以此替换（5.2）式中的相应项，可得：

$$f[k(t), g(t)] = Ak(t)^{\alpha+\eta} \tag{5.4}$$

（5.4）式说明，如果省级辖区人口低于最优规模，财政支出将提高 η 单位的私人资本产出份额；但省级辖区人口超过最优规模时，人口集聚所产生的正外部性被拥挤造成的负外部性完全抵消，财政支出将降低 η 单位的资本产出份额，延缓省区经济增长。在此基础上作进一步考虑，如果允许地方政府发行利率为 r 的债券 $b(t)$ 以平衡财政预算开支，[①] 省略时间标量，并以小写字母代表人均值，则标准的拉姆齐模型（Ramsey Model）将转换为如下形式：

---

① 尽管中国目前尚未赋予地方政府发债权，但中央政府统一发行国债后，又以"国债转贷"的形式转包给各省级政府，因此本文将国债转贷纳入地方提供公共产品的融资手段，作为地方发债的替代指标予以考察。

$$Max \int_0^\infty u(c)e^{-\rho}dt \qquad (5.5)$$

约束于：$\dot{k} + \dot{b} = (1-\tau)Ak^{\alpha+\eta} + rb - c$

其中，$k(0) \geqslant 0$，$u(c) = (c^{1-\sigma}-1)/(1-\sigma)$，$\rho$ 为最大化效用者的时间偏好率（Rate of Time Preference），r 为市场利率。利用汉密尔顿函数求解（5）式给出的动态最优化问题，可得省区人均产出增长率为 $\varsigma = (1/\sigma)[(1-\tau)f_k - \rho]$，其中 $f_k = A(\alpha+\eta)k^{\alpha+\eta-1}$。当 $\alpha+\eta < 1$ 时，融入的财政参数不能抵消资本边际收益递减趋势，仅当资本边际收益高于消费者的时间偏好率时，人均产出增长才能维持；当资本持续积累到边际收益与时间偏好率相等时，经济增长将处于新古典停滞状态。由于辖区人口规模低于最优值时，财政支出提高了 η 单位的资本边际收益，短期人均产出将位于更高的变动路径，但长期仍趋于零增长，因此财政支出仅具有水平效应，并无增长效应。当 $\alpha+\eta = 1$ 时，与新古典增长理论不同，当资本边际收益递减完全被财政参数抵消时，资本边际回报保持恒定（$f_k = A$），长期增长率稳定在 $\varsigma = (1/\sigma)[(1-\tau)A - \rho]$。尽管财政支出需要以一次性总赋税的形式占用经济资源（$g = \tau f(k, g)$），但所提供公共产品的正外部性扩增了资本边际收益，因此当辖区人口规模低于最优值时，财政支出能提高产出平衡增长路径和长期增长率。

第三节　计量模型和内生性处理

一、计量模型

基于省域视角的增长理论分析结果表明，如果从集约函数视角转化为总量函数视角，并且考虑政府提供的公共产品对资本边际效益的外溢性影响，产出的平衡增长路径将取决于财政支出和辖区人口规模的内生互动影响。控制可能导致区域差异性的外生变量后，可得将各种因素综合纳入后的经济增长计量方程为：

$$Y_h(t) - Y_h(t-1) = \vartheta_0 + \vartheta_1 Y_h(t-1) + \vartheta_2 L_h(t) + \vartheta_3 G_h(t) + \vartheta_4 C_h + u_h(t) \quad (5.6)$$

其中，Y 代表省域产出，L 为常居人口，G 为财政支出，C 是一组外生控制向量，h 代表面板中的不同省（市），u 为随机误差项。在生产性支出和消耗性支出中，我们主要考察三种类型的生产性支出：基建支出（INFR）、科技支出（TECH）和文教医卫支出（CEMH），其中基本建设支出促进物质资本积累，[①] 科技支出为提升创新能力和知识水平提供政府资金支持，文教医卫支出有助于提高劳动者的知识水平、工作技能和人力资本。运用简单的代数运算，（5.6）式可转化为如下更便于计量的方程形式：

$$Y_h(t) = \vartheta_0 + \vartheta Y_h(t-1) + \vartheta_2 L_h(t) + \vartheta_3 G_h(t) + \vartheta_4 C_h + u_h(t) \quad (5.7)$$

其中，$\vartheta = 1 + \vartheta_1$。向量 C 包含公共融资向量和控制向量，其中公共融资变量应囊括各省为提供地方性公共产品而进行融资的所有方式，但在考察样本期间，中国各省财政收支预算中基本未发生"政府对外借款"，因此公共融资向量组主要包括税收（TAX）、中央补助（TRANS）和国债转贷（DEBT），其中税收是融资方式主体，中央补助包含税收返还、体制补助、专项补助、财力性转移支付等全部中央对省转移支付项目，国债转贷作为替代指标衡量地方借债规模。控制向量选取了一组能反映地方差距的常用外生变量，包括贸易开放度（TRADE）、政府干预规模（GOV）、辖区居民受教育程度（EDU），以综合反映不同省区的市场环境和居民素质。按照内生增长理论的阐释，外生变量影响到各省区在转移动态中的位置差异，在决定经济向稳态收敛速度的同时也是形成区域差距扩散现象的关键诱因，[②] 控制住这些指标后，计量模型的回归系数才能更精确反映出财政支出、公共融资、人口规模等实体变量对经济增长的影响。实证方法上，既有文献大多以线性或非线性均值数据集为基础，进行跨国（地区）截面

---

①　财政投资引导着全社会固定资产投资的规模、投向和力度。积极财政政策实施以来，中国政府为缓解国内外需求不足所带来的通货紧缩压力，以发行国债方式集中社会资源，对中西部进行了大规模的财政性基本建设投资，加速了中西部资本深化进程。

②　更进一步的理论阐释可参阅 Barro and Sala-i-Martin（1995）、Agion and Howitt（1998）以及 Henderson and Russell（2005）。

实证分析；本章则同时考虑省域个体维度和时间序列维度的面板数据进行分析，其优势在于经济增长过程经常会受到一些难以观测或度量的因素困扰，如政策、制度、风险等，面板数据模型中的协方差变换恰与这些异变因素相容（Mello，2002）。

二、内生性及其处理

研究区域外溢性的文献特别指出了财政支出的内生性问题：随着辖区人口规模的扩张，居民对交通、通讯、公用设施、文娱场馆等公共产品的需求呈累进式扩增，而拥挤负外部性所带来的一系列经济、社会问题也要求相应提高政府管理成本，因此辖区人口规模将内生决定财政支出，公式表示为：

$$G_h(t) = \varpi_0 + \varpi_1 L_h(t) + \varpi_2 C_h + \varepsilon_h(t) \tag{5.8}$$

空间经济学和财政分权理论广泛关注另一种可能的内生影响：地方财政支出和提供的公共产品将吸引居民跨省流动（Gordon，1983；Wildasin，1991；Inman and Rubinfeld，1996）。由于公共投资、税收征管和财政支出影响到劳动供求，诱使就业人口向公共产品丰富、发展环境优越的地区流动，从而财政支出又反向决定了辖区人口规模，两者间形成一种互为因果的双向反馈效应。财政支出对辖区人口规模的内生影响可表述为：

$$L_h(t) = \beta_0 + \beta_1 G_h(t) + \beta_2 C_h + e_h(t) \tag{5.9}$$

按照通常的实证处理方法，应以工具变量法作面板两阶段最小二乘估计（PTLS），否则严重的内生性将使直接以面板最小二乘法估计（5.7）式所得出的回归参数是有偏的和非一致的。在应用跨省面板数据模型时，我们作了两点补充考虑：第一，由于所考察的省级个体单元基本涵盖了中国全部省区，分析侧重点在于以样本效应为条件进行统计推断，因此应构建固定效应模型，其优点在于能够减少由未被观测到的不变效应与所包涵解释变量之间的相关性所引起的变差，否则估计结果仍是有偏的。第二，由于滞后一期因变量将影响面板模型中估计参数的精度和置信区间（Hsiao，1986），应采取滞后二期和三期因变量作为工具变量，以期降低滞后变量同误差项相关所引致的回归偏差，这是处理模型内生性的另一个关键环节。

第四节　数据与描述性统计

本章基础数据集中的各省区生产总值、总人口、财政支出、税收、中央补助、国债转贷面板数据取自 2000～2007 年《中国统计年鉴》和《中国财政年鉴》，该数据集不包含西藏、香港和澳门特别行政区以及我国台湾省，这样空间上我们共有 30 个省区样本。为剔除通货膨胀因素影响，上述变量除总人口外均用各省 GDP 减缩指数调整为 1999 年真实值，其中省区生产总值以"十亿元"为单位，辖区总人口规模以"百万人"衡量，其余变量单位均为"亿元"。外生控制变量全部无量纲，根据各样本滞后年度《中国区域统计年鉴》、《中国劳动统计年鉴》以及"中国经济信息网"（www.cei.gov.cn）公布的宏观经济年报数据整理得出。贸易开放度以"进出口额占地区生产总值比重"度量，其中进出口额为各省区按境内目的地和货源地分商品进出口总额，并按样本期每年美元兑人民币汇率的平均值换算成人民币单位；政府干预规模的衡量指标为"政府消费占地区生产总值比重"；以起止年份界定时间段集合。辖区居民受教育程度的测算公式为：

$$EDU(t) = \begin{cases} 6d_1 + 9d_2 + 12d_3 + 16d_4, t \in [1999, 2000] \\ 6d_1 + 9d_2 + 12d_3 + 15d_4 + 16d_5 + 19d_6, t \in [2001, 2006] \end{cases} \quad (5.10)$$

其中，1999～2000 年的 $d_i(i = 1, 2, 3, 4)$ 分别表示小学、初中、高中及大专以上文化程度人口占总人数比重；自 2001 年开始《中国劳动统计年鉴》将"大专以上文化程度"分为"大专"、"大本"和"研究生以上"三个细目，测算公式也进行了相应调整，指标解释类同。

表 5-1 报告了各省区人口规模及其增长率、公共融资变量和生产性财政支出变量的简要描述性统计结果，显著的数据差异既表明不同省域间经济发展水平、政府干预程度和居民生活条件存在巨大差别，又为基于这些原始数据所进行的面板模型分析提供了良好的统计基

础。表 5-2 是根据变量协方差测算出的相关系数矩阵，其中税收同三种类型的财政生产性支出具有相对较高的相关性，表明各省区财政生产性支出主要靠税收融资。同理论预期存在一定出入的是，国债转贷与地方财政基建支出的相关系数为微弱的负值。从宏观经济走势来看，自 2002 年通货紧缩形势逐步得到缓解以来，国债总发行规模稳步下滑，但各地为满足发展经济需求并迎合地方官员升迁激励，只是缓慢调减了基本建设投资增速，基建投资总量仍是逐年提升的，即投资来源不一定依赖于债务发行，税收、中央专项转移支付或财力性补助等多种融资渠道综合保证了地方财政基建投资规模。

表 5-1 描述性统计

变量	均值	中值	最大值	最小值	标准差	样本数
L	42.403	38.120	97.170	5.100	25.661	240
GL	0.008	0.007	0.113	-0.104	0.020	210
TAX	315.162	223.315	1831.308	14.170	301.803	240
TRANS	245.020	230.542	678.970	22.180	127.410	240
DEBT	7.976	5.974	33.010	0.057	7.078	240
INFR	57.462	43.515	348.216	6.060	49.812	240
TECH	9.394	6.478	66.943	0.533	9.987	240
CEMH	117.730	100.059	466.479	10.490	78.239	240

注：其中 GL 为常居人口的年增长率，由于居民在"用脚投票"机制作用下的迁徙流动和长期以来实行的计划生育国策，某些省区的年人口增长率可能降为负值。

表 5-2 相关系数矩阵（1999～2006）

	L	GL	INFR	TECH	CEMH	TAX	TRANS	DEBT
L	1.000							
GL	-0.156	1.000						
INFR	0.199	0.209	1.000					
TECH	0.450	0.237	0.652	1.000				
CEMH	0.660	0.088	0.662	0.883	1.000			
TAX	0.459	0.220	0.802	0.918	0.927	1.000		
TRANS	0.599	-0.234	0.437	0.429	0.670	0.467	1.000	
DEBT	0.360	0.122	-0.075	0.088	0.005	0.032	-0.156	1.000

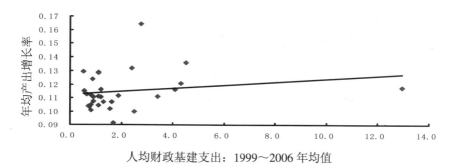

人均财政基建支出：1999～2006 年均值

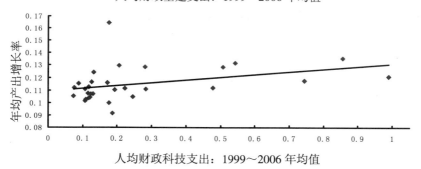

人均财政科技支出：1999～2006 年均值

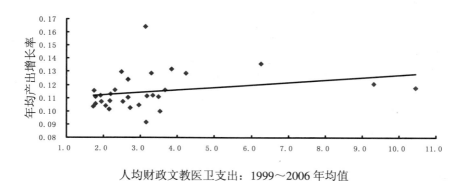

人均财政文教医卫支出：1999～2006 年均值

图 5-1　省级人均财政生产性支出与产出增长率的散点趋势图

注：实际人均财政基建、科技和文教医卫支出的计量单位均为"百元/人"。

　　图 5-1 分别给出各省按人均计三种形式的生产性支出：基建支出、科技支出和文教医卫支出同产出增长率的散点趋势图。从对经济增长的干预途径来看，物质资本主要影响经济短期增长速度和赶超能力，人力资本和科技水平则主要决定经济内生增长能力和长期增长率。由图 5-1 可见，以总人口集约后的财政基建、科技和文教医卫支出与产出增长率均表现出显著的正相关，简单最小二乘回归（OLS）系数分别为 0.001、0.022 和 0.002，说明从省域视角观察融合辖区人口规模因素后的财政生产性支出变量时，各类支出对经济增长都产生稳健而积极的促进效应，特别是财政科技支出对经济增长的影响更为突出。这使我们有理由初步怀疑 Devarajan et al（1996）的研究结论在中国的适用性，而在控制外生变量后作更深入的实证考察是十分必要的。

第五节　实证结果分析

一、全国总体计量分析

　　表 5-3 以三种形式报告了财政支出对经济增长的面板模型估计结果，其中模型 1 沿袭了主流文献的分析思路，将辖区人口规模和财政支出设定为外生变量；模型 2 将财政支出设定为内生变量后估计方程（5.7）；模型 3 则将辖区人口规模设定为内生的。与设定模型时考虑的基本要点一致，豪斯曼检验（Hausman Test）在固定效应和随机效应模型的取舍间排除了后者。为了控制政策、制度等因素引起的不同子时间段间的动态差异，我们进一步选择时期固定效应模型。考虑到京、津、沪、渝在辖区辐射范围、中央支持力度、行政干预领域、产业配置结构等方面同其他省相比存在比较大的异质性，每种模型均分 A、B 两种情况分析，其中 A 包含了所有省（市），B 则剔除了四个直辖市。

表 5-3　面板两阶段最小二乘估计结果

模型	模型 1		模型 2		模型 3	
	A	B	A	B	A	B
常数项	1.133	-9.925	5.953	-0.401	114.451**	116.64**
	(0.052)	(-0.408)	(0.269)	(-0.016)	(2.083)	(2.030)
Y (-1)	1.249**	1.228**	1.243**	1.224**	1.296**	1.275**
	(76.346)	(71.378)	(76.633)	(70.314)	(41.816)	(41.795)
L	-0.889**	-0.690*	-1.176**	-1.066**	-3.978**	-3.653**
	(-1.937)	(-1.635)	(-3.054)	(-2.703)	(-3.003)	(-3.071)
INFR	0.095**	0.209**	0.088**	0.210**	0.037	0.134*
	(2.203)	(3.835)	(2.017)	(3.766)	(0.633)	(1.794)
TECH	0.499*	1.313**	0.612*	1.405**	0.858*	1.367**
	(1.479)	(3.364)	(1.813)	(3.552)	(2.015)	(2.852)
CEMH	0.078	0.053	0.077	0.050	0.030	-0.009
	(1.032)	(0.686)	(1.003)	(0.629)	(0.308)	(-0.009)
TAX	-0.025	0.024	-0.065**	-0.023	-0.068**	-0.032
	(-0.933)	(0.792)	(-3.638)	(-1.078)	(-3.078)	(-1.246)
TRANS	0.034*	0.031	-0.014	-0.025	-0.073**	-0.079**
	(1.085)	(0.971)	(-0.734)	(-1.274)	(-2.070)	(-2.406)
DEBT	-0.189	-0.185	-0.244	-0.208	-0.321	-0.239
	(-0.645)	(-0.619)	(-0.826)	(-0.680)	(-0.885)	(-0.647)
TRADE	0.078	0.161	0.062	0.071	0.070	0.025
	(0.861)	(1.049)	(0.678)	(0.468)	(0.629)	(0.136)
GOV	-0.227	-0.119	-0.070	-0.297	-0.068	-0.161
	(-0.592)	(-0.309)	(-0.183)	(-0.774)	(-0.147)	(-0.342)
EDU	0.736	0.818	1.355	1.527	3.524*	3.312*
	(0.451)	(0.502)	(0.833)	(0.936)	(1.599)	(1.565)
H-Test	31.176	46.960	26.163	39.902	25.013	26.132
Adj-R^2	0.999	0.999	0.999	0.999	0.999	0.999
S.E.	4.310	1.098	4.372	4.186	5.330	5.069
D.W.	2.223	2.315	2.193	2.246	2.231	2.237
样本数	240	208	240	208	240	208

注：我们用 Eviews 6.0 软件完成了所有计量模型的估计。其中 Y (-1) 为滞后一期因变量，以滞后二期和三期总产出作为工具变量降低其与误差项相关导致可能存在的有偏估计；括号内数据为回归系数的 t 统计值，**、* 分别代表 5% 和 10% 的显著性水平；H-Test 为豪斯曼检验结果；S.E. 为回归方程的标准差；D.W. 为序列相关的德宾-沃森检验。

由回归系数显著性可见，融合了财政支出与辖区人口规模内生性后的模型 2 与模型 3 整体优于模型 1 的估计结果。三类生产性支出在所有模型中保持了稳健的正值估计系数，从而生产性支出配置比例越大，省区经济增长率也越高，这与图 5-1 中显示的关系是吻合的。财政科技支出对经济增长的影响明显高于基建支出和文教医卫支出，并且随着对模型内生性的考虑，科技支出回归系数呈阶梯式提升，说明样本期间科技支出取得了最优增长绩效。但我们也注意到另外一个典型事实：在三种形式的生产性支出中，地方财政对科技支出的资金配置比例最低，因此，如果说中国也存在着某种形式的财政资源错配（Fiscal Resource Misallocation），那么这种错配首先体现在地方生产性支出的分配比例结构上，特别是对财政科技支出的资金拨付规模和力度明显偏低；其次体现在中央与省级财政支出责任的划分上，即地方承担了过多的科技、教育等公共支出事务的支出责任，相应获得的中央财政资金支持力度不足，政府职能定位与财力保障的错位和非对称性矛盾突出（贾俊雪、郭庆旺，2008）。剔除作为区域研发中心的四个直辖市后，财政科技支出回归系数大幅提高，表明四直辖市普遍存在着一定规模的区域技术外溢，即京、津、沪、渝四市的高等院校、科研院所、科技园区、高新技术企业等研发创新出的新技术并非仅服务于本地，很多科技项目是同国内其他省市联合开展，甚至完全为外省市服务的。在科技市场化、产业化有助于技术外溢的同时，外省区在模仿、学习过程中对新技术的引进消化也促进了技术扩散进程，从而技术区域外溢有利于相对落后地区的经济增长。

在公共融资变量中，税收回归系数为基本稳健的负值，说明增税不利于经济增长，这与凯恩斯宏观税负理论观点相容（Salanié，2003），也为配合新一轮积极财政政策的"结构性减税"提供了经验证据。[①] 考虑财政支出与辖区人口规模内生性后中央补助回归系数降为显著的负值，即中央财政转移支付目标首先定位在公共服务均等化和平衡各地

---

① 1998 年积极财政政策在扩大支出的同时税收也相应增加，而本轮积极财政政策强调实行"有保有压"的结构性减税政策，这是两轮积极财政政策的主要区别。

区财力水平上，经济发展相对落后的省份更依赖于转移支付资金的获取和运用，发达省份未必主要靠中央补助资金提高生产性支出配置比例。国债转贷的回归系数同样为显著性较低的负值，是由于样本期间债务发行规模经历了先扩张后紧缩的倒"U"型变动路径，国债转贷的短期增长效应并不显著；但由于国债转贷资金一般被投放到中长期项目领域，国债转贷对经济增长的影响效果也许应作更长时期的动态考察。常居人口的回归系数为显著的负值，说明样本期间辖区人口规模普遍高于其与政府所提供的"公共产品"在互动过程中所决定的最优值，从而使拥挤负效应超出集聚的正外部性，对增长带来不利影响。与理论预期一致，控制变量回归结果显示，贸易开放度、居民受教育程度与经济增长正相关，特别是居民教育程度对经济增长的影响效果更加突出。由于高素质人才更倾向于流动到经济发达地区就业定居，相对落后地区应采取鼓励高等教育人才培育和发展的策略，避免落入低人力资本禀赋所内生决定的"贫困陷阱"（Redding，1996），持续拉大与发达地区的差距。政府消费比重的估计系数为稳健的负值，是由于政府干预会扭曲市场机制并诱发各种寻租行为，损害经济效率（黄玖立、李坤望，2007），从而降低非生产性支出中的政府消费比重也就成为优化支出结构、提高资金效益的必然要求。

二、分区域计量分析

为深入观察东、中、西部三大区域财政支出对经济增长的影响，[①]在将财政支出设定为内生变量的计量框架中，采用两种形式分别予以检验：一种是直接用面板两阶段最小二乘法（PTLS）估计消除滞后因变量内生性后的时期固定效应模型；另一种则是考虑到省域个体数量削缩可能导致的无法识别的异方差，用面板两阶段广义最小二乘法（EGLS）对估计系数进行了跨截面标准差和协方差调整。表 5-4 报告了分区域估计结果。

---

① 样本包含的东、中、西部省（市）如下：东部为沿海 12 个省（市），包括京、津、冀、辽、沪、苏、浙、闽、鲁、粤、桂、琼；西部为西北和西南 10 个省（市），包括川、渝、黔、滇、陕、甘、青、宁、新；中部为东、西部以外 9 个省，包括晋、蒙、吉、黑、皖、赣、豫、湘、鄂。

表 5-4　分区域估计结果

地区	东部地区		中部地区		西部地区	
	PTLS	EGLS	PTLS	EGLS	PTLS	EGLS
常数项	86.126	29.213	-64.701	-83.364*	7.073	2.058
	(1.322)	(0.566)	(-0.803)	(-1.751)	(0.422)	(0.240)
Y（-1）	1.235**	1.234**	1.213**	1.191**	1.205**	1.180**
	(41.706)	(48.189)	(16.492)	(27.332)	(31.259)	(56.036)
L	-2.085**	-1.687*	-0.555	-0.056	-0.328	-0.011
	(-2.788)	(-2.084)	(-0.435)	(-0.075)	(-0.841)	(-0.050)
INFR	0.007	0.031	0.216	0.177*	0.087*	0.086**
	(0.083)	(0.413)	(1.542)	(2.021)	(1.668)	(3.745)
TECH	0.998*	0.271	0.216	1.517	0.742	1.699**
	(1.730)	(0.504)	(0.096)	(0.908)	(0.914)	(2.652)
CEMH	0.076	0.003	0.117	0.102	0.059	0.022
	(0.504)	(0.025)	(0.562)	(0.752)	(1.002)	(0.583)
TAX	-0.038	-0.056*	-0.060*	-0.081**	-0.037	0.004
	(-0.892)	(-1.606)	(-1.772)	(-3.046)	(-0.859)	(0.210)
TRANS	-0.002	0.006	-0.005	-0.022	-0.010	0.006
	(-0.061)	(0.182)	(-0.856)	(-0.625)	(-0.548)	(0.768)
DEBT	-0.867*	-0.779*	0.475	-0.919**	-0.739*	-0.165*
	(-1.448)	(-1.850)	(0.844)	(-2.833)	(-1.853)	(-1.704)
TRADE	0.187	0.067	-1.116	-0.716	0.034	-0.041
	(1.276)	(0.728)	(-1.373)	(-1.479)	(0.201)	(-0.523)
GOV	-1.404	-0.183	-0.082	0.287	0.046	-0.031
	(-1.065)	(-0.182)	(-0.058)	(0.407)	(0.232)	(-0.274)
EDU	2.376	1.674	7.631	7.796**	-0.303	-0.676
	(0.441)	(0.505)	(1.784)	(3.488)	(-0.403)	(-2.058)
Adj-R^2	0.999	0.999	0.999	0.999	0.999	0.999
S.E.	5.345	5.450	4.399	4.034	1.381	1.289
D.W.	2.125	2.522	2.377	2.109	2.535	2.337
样本数	96	96	72	72	72	72

注：括号内数据为回归系数的 t 统计值，**、*分别代表 5%和 10%的显著性水平。

消除异方差后的面板模型估计结果显示，财政科技支出回归系数从东到西呈阶梯式递增分布，东部地区财政科技支出的边际效益低于中西部地区。这说明中西部地区技术水平提升更加依赖于财政资金推动，而东部靠市场竞争所推动的研发创新实现了技术水平的持续领先，财政资金应注重培育中西部技术市场发展、科技产业化并实现与东部地区的有效衔接。中西部财政基建支出对经济增长的影响高于东部地区，这既是积极财政政策实施以来中央国债投资项目更多投向中西部的实证反映，也表明东部地区经济增长正逐步摆脱财政资金所主导的投资驱动模式，投资来源渠道随市场的日臻成熟而趋于多样化。在基建支出和文教医卫支出的比较中，有助于促进物质资本和人力资本积累的两类支出回归系数非常相近，有效保障了经济增长的物质和人力资源基础。公共融资的回归系数与全国总体计量分析结果类似，税收、中央补助和国债转贷对经济增长均为负效应，其中国债转贷的回归系数更加显著。与相关系数矩阵的分析结果一致，国债转贷并未成为地方投资的主要资金来源，总体规模随中央控制国债发行数量而边际递减，其与经济增长的负相关在东、中部地区得到了更充分的体现。中部地区税收回归系数的绝对值最高，或许在东部沿海优先发展、西部开发重点支持的总体发展格局下，中部相对承担了更高的税制成本，"中部崛起"战略实施应包含着优化税制结构、降低宏观税负的政策要义。

控制变量回归结果反映了一些特征事实。贸易开放度的回归系数显示，东部地区的贸易开放有助于促进经济增长，中西部地区则不尽然，或许这是由于中西部发展更依赖于内资驱动和创新技术从东到西的内部转移与扩散，外商投资对中西部尚未达到对东部的影响规模。改革开放以来，东部地区以其独特的地理区位优势和中央优惠政策率先向市场化迈进，在规模报酬递增效应下形成产业集聚现象。外资和民间投资出于逐利动机大量涌向东部沿海发达省区，国内高素质人才也在户籍政策松动和"用脚投票"的双重激励下流向东部。资本和人才的涌入使东部省区在市场竞争和逐利动力推动下实现了研发创新能力的持续提升，在劳动、资本要素集聚的过程中完成了"技术"要素的集聚，诱发地区经济差距扩散现象。对中西部而言，支撑其经济持续增长的核心动力仍在于稀缺资源开采输出和物质资本投资，这使之长期束缚于同东部相比的低端产业链条，难以在提高资源利用效率的同时降低资本产出比率。从而我们认为，地区经济差距扩散是市场利益机制驱动下由要素流动所内生决定的现象，如果政府不采取干预调节措施，资本、人才和技术的集聚过程仍将长期持续。但由于三类财政生产性资本的边际收益表现出从东到西的渐进递增趋势，政府利用财政支出手段达到缓解区域差距的"公平"目标是可行的，其政策着力点不仅应放在中央财政所一贯支持的基础设施建设上，还应考虑扩大中西部贸易开放度、提高其人力资本禀赋，并在资本深化过程中改善其自主研发和引进创新能力。

人才迁移使模型中教育年限对经济增长的回归结果很不稳定，西部地区甚至出现一定程度的负相关，表明某些西部省区的高素质人才难以同当地的产业结构和增长方式相适应，财政人力资本支出的增长效应在全部三大区域中也是最低的。人口流动现象更直观的实证反映是，辖区人口的回归系数绝对值从东到西是依次累退的，"用脚投票"引发的人才迁徙使东部地区拥挤程度最高。这意味着为缓解拥挤成本所造成的一系列不利影响，东部财政所要付出的管制、疏导、维护、治理等消耗性支出成本将逐步增加，而财政生产性支出与消耗性支出的最优配置比例问题也将随之成为东、中部地区日益关注的焦点。

三、生产性支出影响因素分析

为考察财政基建、科技和文教医卫三种生产性支出的影响因素及其作用效果，我们在（5.8）式基础上做两点考虑：一是由于辖区人口规模对财政支出的影响未必是线性的，应将人口平方项引入模型作非线性检验，同时也可分析人口增长率对财政支出的边际影响；二是相关系数矩阵表明中央补助和国债转贷收入同当期地方生产性支出的相关性都较弱，考虑到地方运用非税资金可能存在的认知、行政、决策、执行等政策性时滞，可考察滞后一年的中央补助和国债转贷对财政支出的影响。在计量方法上，我们采取三种模型形式分别予以检验：一是直接用面板最小二乘法（PLS）估计固定效应或随机效应模型；二是采用不包含个体差异的混合估计模型（PLS G.D.）；三是用面板两阶段广义最小二乘法（EGLS）对估计系数进行了异方差修正。表 5-5 报告了检验结果。

表 5-5　财政生产性支出的影响因素估计结果

财政支出	基建支出			科技支出			文教医卫支出		
	PLS	PLS G.D.	EGLS	PLS	PLS G.D.	EGLS	PLS	PLS G.D.	EGLS
常数项	19.887	—	66.587	4.603	—	-0.935	-78.130	—	-48.209
	（0.218）		（1.090）	（0.370）		（-0.226）	（-1.188）		（-1.244）
L	-1.476	-0.577*	-1.910	-0.118	0.095*	0.008	4.602*	1.653**	3.030*
	（-0.446）	（-1.687）	（-0.851）	（-0.261）	（1.867）	（0.053）	（1.908）	（8.384）	（1.919）
GL	-38.733	-76.255	-10.464	14.638	15.704	1.345	11.589	111.490*	31.590
	（-0.542）	（-0.676）	（-0.218）	（1.498）	（0.936）	（0.372）	（0.224）	（1.715）	（0.859）
L²	-0.005	0.001	-0.001	0.002	-0.001*	0.001	-0.026*	-0.006**	-0.019*
	（-0.245）	（0.301）	（-0.066）	（1.071）	（-1.827）	（0.874）	（-1.877）	（-4.110）	（-1.664）
TAX	0.087**	0.081**	0.067**	0.026**	0.029**	0.025**	0.180**	0.183**	0.191**
	（5.682）	（4.829）	（6.134）	（12.567）	（11.978）	（26.554）	（16.305）	（19.081）	（21.085）
TRANS（-1）	0.043*	0.186**	0.036**	-0.005*	0.001	-0.001*	0.178**	0.093**	0.176**
	（1.784）	（4.829）	（2.193）	（-1.772）	（0.441）	（-1.725）	（10.262）	（5.624）	（14.959）
DEBT（-1）	0.318	0.726**	-0.146	-0.123**	0.069	-0.024	-0.933**	-1.298**	-0.552**
	（0.964）	（2.032）	（-0.714）	（-2.734）	（1.302）	（-1.569）	（-3.903）	（-6.299）	（-3.884）
TRADE	0.716**	0.419**	0.447**	-0.025	0.021	0.003	-0.345**	0.069	-0.195**
	（4.389）	（3.638）	（4.288）	（-1.123）	（1.236）	（0.526）	（-2.927）	（1.046）	（-2.468）
GOV	0.957	0.928*	0.879**	-0.027	0.230**	0.036*	0.746	0.907**	0.531**
	（1.306）	（1.940）	（2.129）	（-0.273）	（3.229）	（1.734）	（1.409）	（0.275）	（2.392）
EDU	4.198*	-2.506*	2.355*	-0.235	-0.907**	-0.040	-2.242	-2.041**	-1.097
	（1.827）	（-1.740）	（1.783）	（-0.748）	（-4.236）	（-0.462）	（-1.350）	（-2.458）	（-1.310）
Adj-R²	0.936	0.726	0.934	0.971	0.854	0.991	0.986	0.962	0.993
S.E.	12.915	26.761	12.039	1.766	3.981	1.425	9.333	15.429	8.870
H-Test	53.398	—	—	36.935	—	—	47.140	—	—
Akaike crit.	8.121	9.454	—	4.147	5.643	—	7.471	8.352	—
Schwarz crit.	8.742	9.597	—	4.763	5.786	—	8.092	8.495	—
样本数	240	240	240	240	240	240	240	240	240

注：Akaike crit.和 Schwarz crit.为评价模型优劣度的赤池信息准则和施瓦茨准则，其余数据解释同表 5-3、表 5-4。

　　回归结果显示豪斯曼检验同样排除了随机效应模型的适用性，因此面板最小二乘法和广义最小二乘法的运用全部基于固定效应模型。辖区人口在三种模型形式下均同财政基建支出负相关，同文教医卫支出显著正相关；在混合估计和广义最小二乘估计模型中同财政科技支出正相关。人口规模与文教医卫支出的正向关联是显然的，随着辖区人口数目的不断扩张及其生活条件的不断改善，居民对教育、文化、医疗、卫生等公共事业的消费需求也将持续增长，而财政文教医卫支出有助于通过提高工作能力、培养精神风貌、提供健康保障等方式改善人力资本禀赋。财政科技支出与人口规模没有形成稳健的正向或负向关联，也许是由于地方政府的科技投入更多考虑的是本地经济实力和科技事业发展需要，科技从业人员并未同辖区人口形成稳定的比例关系。但随着科技水平对地方经济发展的瓶颈制约力度逐步扩大，以及地方培育、引进高素质人才意识的增强，辖区人口规模对财政科技支出的正向冲击效应将趋于稳定化。财政基建支出与辖区人口规模呈现出稳健的负相关，是由于人口规模较大的东部沿海省份所获得的中央支持力度放缓，落后省区财政对基本建设投入较大；同时也表明超越辖区人口最优规模后的拥挤负效应已经对财政基建支出带来了不利影响，基建项目难以迎合同高人口规模相伴生的公共产品与服务需求。

　　在公共融资变量中，税收与三种类型的生产性支出均表现出正的强关联，即各省区生产性支出的融资方式主要依赖地方税，这与相关系数矩阵的分析结果保持一致。由于样本期间各地生产性支出同地方税保持了基本稳定的配置比例，[①] 有理由相信消耗性支出与地方税的比例关系也是趋近稳定的。但随着人口规模的增长，消耗性支出压力必将对地方财政带来更严峻的考验。滞后一期的中央补助同财政基建、文教医卫支出具备稳健的正相关，表明地方更注重将中央补助资金用于广义资本积累，较少用于科技能力的提升。从以往补助政策的适用方向来看，地方科技水平和研发创新能力并未成为中央拨付资金时首

---

① 这一结论是针对全国总体而言的。如果作分区域考察，我们获取的数据显示东部地区由于人口规模扩增带来的消耗性支出压力逐步显现，生产性支出同地方税收的比例关系已经普遍下调；而中西部地区在积极财政政策扶持下则维持了微弱的提升幅度。

要考虑的因素，即中央调控区域平衡发展的政策重点并未放在缓解区域技术差距的不断扩散上。滞后一期国债转贷对基建支出的影响仍是不稳定的，甚至对科技支出和文教医卫支出形成了负向冲击，从而再次印证了样本期间积极财政政策从实施到淡出的阶段性调整。

第六节　结论与政策含义

本章用融合财政支出与辖区人口规模相互内生性的实证框架，考察了财政支出、公共融资、人口迁移、市场环境等因素对经济增长的影响。实证结果表明，融合辖区人口规模因素后的三类财政生产性支出均显著推进了经济增长，其中财政科技支出取得最优增长绩效，但相比而言所获得的资金配置比例最低；以筹资、调节、分配为主要目的的公共融资手段同经济增长基本不存在稳健正向关联；非生产性支出中的政府消费则显著阻滞了经济增长。分区域来看，中西部地区的资本积累与技术进步更依赖于财政资金支持，三种生产性支出的边际影响均高于东部地区；但东部地区凭借优越的投融资环境、对人才的吸引和接纳以及市场竞争所推动的研发创新能力提升，赢得了更高增长速度。劳动、资本、技术要素从西到东的集聚过程有利于增进资源配置效率，但同时也诱发了地区经济差距扩散现象，使东、中、西部三大区域形成异质性显著的"发展俱乐部"。

本章的政策含义是显然的。为促进各地经济增长，财政应考虑通过优化支出结构的途径，将显著阻滞增长的政府消费支出优先配置于生产性财政支出，从而继续支持基础设施建设、文教医卫事业发展、创新能力培育和产业结构调整。[1] 其中地方财政基建投资应避免重复

---

[1] 在国际金融危机冲击下，东部沿海众多劳动密集型企业一度出现"倒闭潮"，其长期处于国际产业链条低端、产品科技附加值低、国际竞争力低下、研发创新能力薄弱应是深层次诱因。这表明，尽管东部地区通过要素集聚在国内引领了技术前沿，但同国际资本密集型、科技密集型产业基地相比仍难具竞争优势。中国目前已进入一个面临增长、转型和结构优化调整多重压力的关键时期，以财政手段激励企业技术改造、兼并重组和结构调整的政策取向将是非常必要的。

建设导致隐性债务风险不断累积扩张的局面，而且注重提供与辖区规模相适应的区域性公共产品，在投资项目合理化论证的前提下满足公共需求；财政对科技与人力资本的支持力度应有所提高，以便完成从单纯强调增长事实到兼顾增长绩效的调控理念的转换。如果政府致力于缓解区域发展差距，那么通过财政支出手段进行调控是可行的，但政策着力点不能停留在以往所长期坚持的基础设施建设上，扶持中西部技术水平提升的财政政策取向也非常必要。中西部在资本深化进程中，需依赖财政政策支持加速吸收同自身要素禀赋相适应的"适宜技术"，并辅助采取一些鼓励人才培育、发展和流动的政策，改善其资源利用效率；由于京、津、沪、渝均存在比较明显的技术外溢，完善区域科技中心城市技术市场、促进二级市场交易是加快技术转移与扩散的有效途径。整体看来，如果说民间资本在追逐高边际收益的过程中形成从西到东的流转趋势，那么公共资本似应形成从东到西渐进递增的逆向配置格局，这既符合效率原则，又能促成公平目标；而以财政生产性支出平衡公共产品供给规模、构建中央对地方考虑技术差距因素后的转移支付制度、促进人力资本培育和技术区域外溢的政策举措，能够为缓解区域差距、促进长期持续增长奠定坚实基础。

本章参考文献

[1] 黄玖立，李坤望. 出口开放、地区市场规模与经济增长. 经济研究，2006（6）：27～37

[2] 贾俊雪，郭庆旺. 政府间财政收支责任安排的地区经济增长效应. 经济研究，2008（6）：37～49

[3] 陈钊，路铭. 中国区域经济发展中的市场整合与工业积聚. 上海人民出版社，2006

[4] 周文兴，章铮. 中国财政分权对经济增长的影响：一个假说及检验. 制度经济学研究，2006（2）：135～144

[5] 张军，周黎安. 为增长而竞争——中国增长的政治经济学. 上海人民出版社，2008

[6] Agion, P., Howitt, P., 1998, "Endogenous Growth Theory," MIT

Press.

[7] Barro, R.J., Sala-I-Martin, X., 1995, "Economic Growth," New York: McGraw-Hill.

[8] Devarajan,S., Swaroop, V., and Zou H.F., 1996, "The Composition of Public Expenditure and Economic Growth," *Journal of Monetary Economics*, 37, pp.313～344.

[9] Gordon, R., 1983, "An Optimal Taxation Approach to Fiscal Federalism," *Quarterly Journal of Economics*, 95, pp.567～586.

[10] Gupta, S., Clements B., and Baldacci, E., 2002, "Expenditure Composition, Fiscal Adjustment and Growth in Low-Income Countries," IMF Working Paper WP/02/77.

[11] Henderson D.J. and Russell R.R., 2005, "Human Capital and Convergence: A Production-Frontier Approach," *International Economic Review*, 46 (4), pp.1167～1205.

[12] Hulten, C.R. and Schwab, R.M., 1997, "A Fiscal Federalism Approach to Infrastructure Policy," *Regional Science and Urban Economics*, 27, pp.139～160.

[13] Hsiao, C., 1986, "Analysis of Panel Data," Cambridge University Press, Cambridge.

[14] Inman, R.P. and Rubinfeld, D.L., 1996, "Design Tax Policy in Federalist Economies: An Overview," *Journal of Public Economics*, 60, pp.307～334.

[15] Kolluri, B.R., Panik, M.J., and Wahab, M.S., 2000, "Government Expenditure and Economic Growth: Evidence from G7 Countries," *Applied Economics*, 32, pp.1059～1068.

[16] Loizides, J. and Vomvoukas, G., 2005, "Government Expenditure and Economic Growth: Evidence from Trivariate Causality Testing," *Journal of Applied Economics*, 1, pp.125～152.

[17] Intriligator, M.D., Bodkin, R.G., and Hsiao, C., 1996, "Econometric Models," *Techniques and Applications*, Prentice Hall, Inc.

[18] Mello, L.D., 2002, "Public Finance, Government Spending and Economic Growth: The Case of Local Governments in Brazil," *Applied Economics*, 34, pp.1871~1883.

[19] Redding, 1996, "The Low-Skill, Low-Quality Trap: Strategic Complementarities Between Human Capital and R&D," *The Economic Journal*, 106, pp.458~470.

[20] Salanié,B., 2003, "The Economics of Taxation," MIT press.

[21] Shelton, C.A., "The Size and Composition of Government Expenditure," *Journal of Public Economics*, 91, pp.125~146.

[22] Tanzi, V., and Zee, H.H., 1996, "Fiscal Policy and Long-run Growth," IMF Working Paper No. WP/96/119.

[23] Tiebout, C.M., 1956, "The Pure Theory of Local Expenditure," *Journal of Political Economy*, 64, pp.416~424.

[24] Wildasin, D., 1991, "Some Rudimentary 'Duopolity' Theory," *Regional Science and Urban Economics*, 21, pp.393~421.

[25] Zhang, T. and Zou, H-F, 1998, "Fiscal Decentralization, Public Spending and Economic Growth in China," *Journal of Public Economics*, 67, pp.221~240.

第六章　出口退税、出口扩大与经济增长之间的关系

本章主要利用计量模型考察出口退税、出口扩大与经济增长之间的相互影响关系。得出的主要结论是：（1）汇率的变化对出口扩大的影响最大，离岸价格变化的影响次之，出口退税率的影响最小；（2）消费扩大对经济增长的影响最大，固定资本形成变化率的影响次之，出口扩大的影响最小；（3）出口退税率调整（调高或调低）对出口扩大的影响都不是很大，但是东部地区由于对外贸易加工比较密集，受到出口退税政策调整的影响相对大些。

第一节　引　言

出口退税的目的在于使本国产品以不含税的价格进入国际市场，从而提高本国产品在国际市场上的竞争力。所以，通过出口退税政策的实施，如果企业能顺利实现对外出口，赚取利润，则企业增加出口的积极性会提高。很多理论和实证分析认为，出口退税的增加对出口和经济增长的影响为正。从理论上看，出口退税可以降低企业的生产成本和价格，提高企业出口产品的国际竞争力，增加出口。但是，如果在实行"先征后退"的政策中，办理退税的手续繁杂、花费的时间很长，或者干脆拖欠应退税款，则企业资金被占用，企业管理（财务）费用会增加，从而导致企业出口利润减少。另外，出口退税率的过频调整，会影响出口企业的合理预期，加上国际市场上的诸多变化，从

而会对出口企业产生消极的影响。如果退税率过高，企业预期利润增加，其努力降低生产成本的动力会减小。相反，如果退税率过低，企业预期利润减少，为了保证实现利润目标，在变更已签订的出口合同不可行或比较困难的情况下，企业会努力挖掘内部潜力，降低生产成本。如果成本降低率（加上出口退税直接便捷、没有拖欠等外部因素的影响）高于退税率的降低程度，退税率的降低反而会带来出口企业利润的增加。反之，如果成本降低率最终低于退税率的降低程度，退税率的降低会带来出口企业利润的减少。

所以，出口退税对出口和经济增长的影响变得非常复杂，本章将主要利用计量模型研究它们之间的相互影响关系。

第二节　博弈分析

下面用一个简单的静态博弈模型来分析出口退税政策调整与出口增长的关系。假设博弈的参与者有两个：税务部门与出口企业。对于税务部门，可采取的策略有三个：调高出口退税率、保持原来的出口退税率不变和调低出口退税率。对于出口企业，可采取的策略有三个：扩大出口、维持原来的出口水平不变和减少出口。假设不管怎样，出口企业通过出口能赚取利润，否则退出博弈。假设出口企业的收益包括基本利润和出口退税两部分。如果考虑税务部门提高出口退税率和企业扩大出口的情况，一方面税务部门在企业出口前征得的税收收益提高，另一方面出口退税也增多，其综合影响取决于两方面作用的平衡结果。如果税务部门降低出口退税率，企业减少出口，该情况与上面的情况相反。同样，我们可以进行其他动态分析，这将变得比较复杂。为简单起见，我们假定税务部门在出口前征得的税收收益不变。比照名义退税率，税务部门与出口企业的收益组合设定如下：

一、假设税务部门维持原来的出口退税率不变

企业可采取三种不同的策略，这时税务部门与出口企业的收益情

况分析如下：

（1）如果出口企业维持原来的出口水平不变，税务部分的收益减少即为出口退税部分，假定为-7；出口企业收益则增加，其收益即为获得的出口退税部分，即为 7。

（2）如果出口企业采取扩大出口策略，其基本利润和出口退税两个收益部分都增加，所以出口企业的收益大于出口企业维持原来的出口水平不变时的收益，假设为 9；税务部门的收益比出口企业维持原来的出口水平不变时的收益减少更多，假定为-8。

（3）如果出口企业减少出口，税务部门的收益减少比出口企业维持原来出口水平不变时的收益减少更少些，假设为-6；出口企业因为减少出口而基础利润部分也减少，所以出口企业的收益小于税务部门出口退税部分，假定为 5。

二、假设税务部门调高出口退税率

企业同样可采取三种不同的策略，这时税务部门与出口企业的收益情况分析如下：

（1）如果出口企业维持原来的出口水平不变，税务部门因为调高退税率而减少收益，假定其调高退税率后的收益为-12；出口企业收益则增加，其收益即为获得的出口退税部分 12。

（2）如果出口企业采取扩大出口策略，其基本利润和出口退税两个收益部分都增加，所以出口企业的收益大于出口企业维持原来的出口水平不变时的收益，假设为 15；税务部门的收益比出口企业维持原来的出口水平不变时其收益要更少些，假定为-13。

（3）如果出口企业减少出口，税务部门的收益减少比出口企业维持原来出口水平不变时的收益减少更少些，假设为-11；出口企业因为减少出口而基础利润部分也减少，所以出口企业的收益小于税务部门出口退税部分，假定为 10。

三、假设税务部门调低出口退税率

同样，企业可采取三种不同的策略，这时税务部门与出口企业的收益情况分析如下：

（1）如果出口企业维持原来的出口水平不变，税务部门因为调低退税率而收益增加，假定其调低退税率后的收益为-3；出口企业收益则增加，其收益即为获得的出口退税部分 3。

（2）如果出口企业采取扩大出口策略，其基本利润增加而出口退税减少，如果前者增加的幅度大于后者的减少幅度，出口企业的收益大于其维持原来的出口水平不变时的收益，假设为 4；税务部门的收益比出口企业维持原来的出口水平不变时的收益要更少些，假定为-5。如果出口企业采取扩大出口策略，其基本利润增加而出口退税减少，如果前者增加的幅度小于后者的减少幅度，出口企业的收益将小于其维持原来的出口水平不变时的收益，假设为 2。

（3）如果出口企业减少出口，税务部门的收益减少比出口企业维持原来的出口水平不变时的收益减少更少些，假设为-2；出口企业因为减少出口而基础利润部分也减少，所以出口企业的收益小于税务部门出口退税部分，假定为 1。

博弈的两个参与者在不同情况下的收益组合总结如表 6-1 所示。

表 6-1　税务部门与出口企业之间博弈的收益矩阵

		出口企业		
		扩大	不变	减少
税务部门	调高	-13，15	-12，12	-11，10
	不变	-8，9	-7，7	-6，5
	调低	-5，4（2）	-3，3	-2，1

从表 6-1 可以看出，只有组合（-5，4）或（-3，3）（即税务部门采取调低出口退税率的策略，出口企业采取扩大出口或保持出口水平不变的策略）符合纳什均衡的定义，即任何一方在给定另一方的策略选择时，不能通过单方面的策略改变来提高自己的效用水准。而其他任何一个组合都不是纳什均衡解。因为任何一方在给定另一方的策略选择时，可以通过单方面改变策略来提高自己的效用水准。税务部门存在一个优势策略，即不管出口企业选择什么策略，税务部门选择调低出口退税率的策略总是最优。在实际中，当财政收入状况良好时，

税务部门可能倾向于调高出口退税率；否则，则相反。

第三节　数据分析

为了进一步考察出口退税政策调整对出口和经济增长的影响，我们利用 1985～2007 年间的统计数据来进行实证分析。数据来源于中国统计年鉴。表 6-2 表示的是出口额、汇率、退税额、离岸价、平均退税率、固定资本形成、消费和 *GDP* 等原始数据的基本统计值（我们分别用 *chukou*、*huilv*、*tuishui*、*lianjia*、*tuishuilv*、*touzi*、*xiaofei* 和 *gdp* 来表示上述各变量）。

表 6-2　原始数据的基本统计值

	GDP（亿元）	固定资本形成（亿元）	消费额（亿元）	出口额（亿元）	汇率（100 美元）	离岸价（亿美元）	退税额（亿元）
均值	81284.22	33206.56	46673.72	21502.16	670.7243	27.5291	1089.563
中位数	71176.59	28784.9	43919.5	12576.4	819.17	15.1264	450
最大值	249529.9	110250.8	128332	93457.3	861.87	122.9054	5273.287
最小值	9016.037	3457.5	5986.3	808.9	293.66	2.7545	19.7
标准差	69251.84	30472.72	36199.71	25796.35	205.0868	32.1994	1428.197

数据来源：《中国统计年鉴2008》，国家税务总局网站，商务部网站和财政部网站。

为了避免直接用最小二乘法估计带来的谬回归问题，我们先通过单位根检验来分析数据的平稳性。通常，单位根检验采用 *ADF*（Augmented Dickey-Fuller）和 *P−P*（Phillips-Perron）检验方法。利用这两种方法进行检验的结果如表 6-3 所示。

从表 6-3 可以看出，除了退税率以外，其他变量都不是 $I(0)$ 序列变量。其中，汇率是 $I(1)$，退税额和固定资本形成是 $I(2)$，而其他变量取两次差分后进行检验仍然不能拒绝变量存在单位根的原假设。

表 6-3　ADF 和 P-P 单位根检验结果

变量		ADF test		P-P test	
		t-statistic	Prob.	Adj. t-statistic	Prob.
chukou	In level	10.5359	1.0000	9.2387	1.000
	In 1st difference	0.1999	0.9658	0.5508	0.9844
	In 2nd difference	-4.9932***	0.0008	-5.0019***	0.0008
huilv	In level	-1.9505	0.3048	-1.9892	0.2889
	In 1st difference	-4.3262**	0.0031	-4.3262**	0.0031
	In 2nd difference	/	/	/	/
tuishui	In level	4.7417	1.0000	7.5988	1.0000
	In 1st difference	0.0922	0.9567	-1.8364	0.3538
	In 2nd difference	-9.7555***	0.0000	-10.8726***	0.0000
lianjia	In level	15.8505	1.0000	14.0230	1.0000
	In 1st difference	1.8988	0.9996	3.6231	1.0000
	In 2nd difference	-0.6910	0.8249	-3.9962*	0.0067
tuishuilv	In level	-3.0608**	0.0447	-3.0611**	0.0447
	In 1st difference	/	/	/	/
	In 2nd difference	/	/	/	/
touzi	In level	1.4778	0.9986	5.9998	1.0000
	In 1st difference	0.6063	0.9863	0.5042	0.9826
	In 2nd difference	-3.6224***	0.0148	-3.6224***	0.0148
xiaofei	In level	1.8970	0.9995	4.8728	1.0000
	In 1st difference	1.4520	0.9984	1.4520	0.9984
	In 2nd difference	-1.9995	0.2846	-1.9741	0.2947
gdp	In level	2.6944	0.9999	6.6296	1.0000
	In 1st difference	2.0120	0.9997	1.8145	0.9994
	In 2nd difference	-2.0860	0.2516	-2.0654	0.2592

注：***、**和*分别表示在 1%、5%和 10%统计水平下显著。

　　由于上述原因，我们不能直接利用上述变量进行最小二乘法估计。我们计算出口额、离岸价、汇率、GDP、消费和固定资本形成的对前期变化率，即各变量的环比增长率，分别用 *chukou*1、*lianjia*1、 *huilv*1、*gdp*1、*xiaofei*1 和 *touzi*1 来表示，如图 6-1 所示。

从图 6-1 可以看出，各变量基本呈线性关系（由于 1994 年政策调整的原因，该年度的出口增长率畸形提高，达到 97%），而且呈现相同的变化趋势。

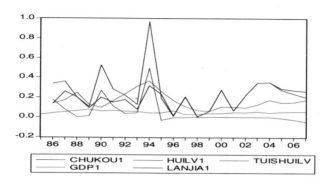

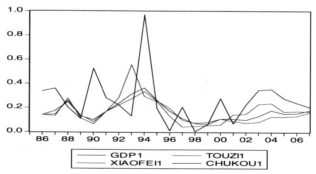

图 6-1　各变量变化趋势（环比增长率，1985～2007）

表 6-4 和表 6-5 表示的是各变量之间的相关系数矩阵。从表 6-4 可以看出，除了汇率的变化率、离岸价的变化率与出口额的变化率之间的相关系数大于 0.5 之外，其他各变量之间的相关程度较小（相关系数低于 0.5），其中退税率与其他各变量之间存在负的相关关系。从表 6-5 可以看出，除了固定资本形成的变化率与消费的变化率之间、GDP 变化率与消费的变化率、固定资本形成的变化率之间存在正的较

强的相关关系外，其他变量之间的相关程度较小。

表 6-4　各变量之间的相关系数矩阵

	CHUKOU1	GDP1	HUILV1	LIANJIA1	TUISHUILV
CHUKOU1	1.0000				
GDP1	0.4608	1.0000			
HUILV1	0.8557	0.4130	1.0000		
LIANJIA1	0.6436	0.2485	0.1568	1.0000	
TUISHUILV	-0.0556	0.2268	-0.0177	-0.0646	1.0000

表 6-5　各变量之间的相关系数矩阵

	GDP1	XIAOFEI1	TOUZI1	CHUKOU1
GDP1	1			
XIAOFEI1	0.9652	1		
TOUZI1	0.8277	0.7328	1	
CHUKOU1	0.4608	0.3570	0.1729	1

在进行最小二乘法估计之前，我们对各变量进行单位根检验，结果如表 6-6 所示。从表 6-6 可以看出，*chukou*1、*huilv*1 和 *lianjia*1 为 $I(0)$ 序列变量，*touzi*1、*xiaofei*1 和 *gdp*1 为 $I(1)$ 序列变量。

表 6-6　ADF 和 P-P 单位根检验结果

变量		ADF test		P-P test	
		t-statistic	Prob.	Adj. t-statistic	Prob.
*chukou*1	In level	-4.6683***	0.0015	-4.6945***	0.0014
	In 1st difference	/	/	/	/
*huilv*1	In level	-4.2558***	0.0036	-4.2544***	0.0036
	In 1st difference	/	/	/	/
*lianjia*1	In level	-3.7486***	0.0109	-3.7497***	0.0109
	In 1st difference	/	/	/	/
*touzi*1	In level	-2.4224	0.1479	-2.4920	0.1314
	In 1st difference	-4.6498***	0.0017	-4.6494***	0.0017
*xiaofei*1	In level	-2.2273	0.2034	-1.8710	0.3384
	In 1st difference	-3.8024***	0.0101	-3.7525***	0.0113
*gdp*1	In level	-2.7112*	0.0896	-2.0215	0.2761
	In 1st difference	-3.1104**	0.0420	-3.0863**	0.0440

注：***、**和*分别表示在1%、5%和10%统计水平下显著。

我们利用 Johansen 方法对上述三个 $I(1)$ 序列变量进行协整关系检验。检验结果如表 6-7 所示。Johansen 协整关系检验表明：在 5%的显著水平下，$H_0:R=0$（不存在协整关系）的原假设被舍弃，因为根据 Trace-统计值（概率）和 $Max\text{-}Eigen$（概率）统计值，原假设成立的概率皆小于 0.05（=5%），这表明 $touzi1$、$xiaofei1$ 和 $gdp1$ 之间存在协整关系，它们之间存在长期均衡关系。

表 6-7　Johansen 协整关系检验的结果

原假设	*Max-Eigen* Statistic	0.05 critical value	Prob.	Trace Statistic	0.05 critical value	Prob.
$H_0:R=0$（不存在协整关系）	35.0393*	21.1316	0.0003	44.1953*	29.7971	0.0006
$H_0:R<=1$（至多存在一个协整关系）	5.9393	14.2646	0.6210	9.1561	15.4947	0.3512

因此，我们可以直接利用最小二乘法对考察上述变量之间关系的模型进行估计。我们将利用多元回归模型、联立方程组模型和 PANEL 模型来进行分析。

第四节　计量模型及其估计结果

一、多元回归模型分析

为了考察出口退税政策调整对外贸出口的影响，我们建立如下的多元回归模型：

$$chukou1_t = a(0) + a(1) \times lianjia1_t + a(2) \times huilv1_t + a(3) \times tuishuilv_t \\ + a(4) \times gdp1 + a(5) \times dum1 + a(6) \times dum2 + \varepsilon_t \tag{6.1}$$

其中，$chukou1$、$lianjia1$、$huilv1$ 和 $gdp1$ 分别表示出口额、离岸价格、汇率和 GDP 的环比增长率；$tuishuilv$ 表示出口退税率。$dum1$ 和 $dum2$ 表示两个虚拟变量，目的分别是要考察 1994 年至 1997 年期间出口退税率逐步调低和 1998 年以后出口退税率逐步调高的影响。对于 1994 年至 1997 年 $dum1=1$，对于其他 $dum1=0$；对于 1998 年以后（包括 1998 年）$dum2=1$，对于其他 $dum2=0$。我国出口增长率在 1994 年畸形提高，而 2000 年以后我国出口增长率（除 2001 年外）一直维持在 20% 以上的水平。通过这两个虚拟变量也可以考察这种结构性变化的成因。

我们假设：在估计方程式（6.1）中，$a(1)>0, a(2)>0, a(3)>0$ 或 $a(3)<0$，$a(4)>0$。即：（1）离岸价中的附加价值越高，出口额越大；（2）汇率越高，可换取外汇越多，从而出口额也越大；（3）从理论上看，退税率提高越多，企业收益越大，但是其对出口额增长的影响不确定，因为企业增加出口的根本原因在于满足扩大的出口需求，进而实现其利润目标，而不仅仅是获取与退税率一样大小的收益，如果退税额很低，退税额加上利润额低于其实际承担的税收负担额，则企业可能不会增加出口；（4）一国 GDP 越大，其出口能力越强。

我们利用最小二乘法对（6.1）式进行估计，估计结果如表 6-8 所示。估计结果表明，估计误差项之间不存在自相关关系也不存在异方差关系（相关检验结果见表 6-8 最下方）。

表 6-8　出口退税政策调整对外贸出口的影响

变量	系数值	标准差	t-统计值	概率
常数	-0.0%59	0.0115	-%.2442	0.0415
GDP1	0.0559	0.0282	1.9878	0.0668
LIANJIA1	0.9988	0.0134	74.4505	0.0000
HUILV1	1.2796	0.0161	79.2883	0.0000
TUISHUILV	0.1003	0.1723	0.5819	0.5699
DUM1	0.0145	0.0052	2.7780	0.0148
DUM2	0.0151	0.0053	2.8357	0.0132

R-squared	0.9993	Mean dependent var	0.2569
Adjusted R-squared	0.9990	S.D. dependent var	0.2085
Log likelihood	80.2150	F-statistic	3426.878
Durbin-Watson stat	2.0329	Prob（F-statistic）	0.0000

Breusch-Godfrey Serial Correlation LM Test: F-statistic（Prob.）=0.1582（0.8554）
White Heteroskedasticity Test: F-statistic（Prob.）=1.8986（0.1634）

从表 6-8 可以看出，模型拟合程度很高，判定系数值为 0.9993。除了出口退税率变化率外，各变量系数估计值在 10%统计水平下均显著。我们可以得出：

（1）汇率的变化对出口的影响最大，汇率的变化率每提高 1%，出口额的变化率将增加 1.28%；

（2）离岸价格变化的影响次之，离岸价的变化率每提高 1%，出口额的变化率将增加近 1%；

（3）出口退税率的系数估计值为正，但在统计上不显著；

（4）出口退税率政策的调整对出口额变化的影响为正，调高的影响比调低的影响稍微大些，说明由于国内外价格差异等因素的影响，外贸出口不管是调高出口退税率还是调低出口退税率，都呈现增长的态势。但是，出口退税率调整（调高或调低）对出口增长的影响都不是很大。

二、联立方程模型分析

为了综合考察出口退税政策对外贸出口的影响以及外贸出口对经济增长的影响，我们还建立以下联立方程组模型：

$$chukou1_t = b(0) + b(1) \times gdp1_t + b(2) \times huilv1_t + b(3) \times tuishuilv_t$$
$$+ b(4) \times lianjia1_t + b(5) \times dum1 + b(6) \times dum2 + u_t \quad (6.2)$$

$$gdp1_t = b(7) + b(8) \times chukou1_t + b(9) \times xiaofei1_t + b(10) \times touzi1_t + v_t \quad (6.3)$$

其中，$chukou1$、$gdp1$、$huilv1$ 和 $lianjia1$ 分别表示出口额、国内生产总值、汇率和离岸价格的环比增长率，$tuishuilv$ 表示出口退税率。出口、消费和固定资本形成是 GDP 的重要组成部分，它们的变化率提高越大，GDP 增长也越快。

在上述联立方程组中，内生变量的个数为 2，前定变量的个数为 7。各方程式的可识别情况如表 6-9 所示。

从表 6-9 可以看出，联立方程组中的各个方程为过度识别。考虑不可识别或不足识别的方程没有意义，因为这时无论数据多广泛，结构方程都是不可估计的。而过度识别和恰好识别的方程中的参数都是能估计的。

表 6-9 联立方程式的可识别情况

	被排除的前定变量个数	被包含的内生变量个数减 1	识别情况
方程式（6.2）	2	1	过度识别
方程式（6.3）	5	1	过度识别

由于 *chukou*1 和 *gdp*1 之间可能存在联立性问题，我们首先建立 *gdp*1 对所有前定变量的回归（即诱导型回归）：

$$gdp1_t = e(0) + e(1) \times huilv1_t + e(2) \times tuishuilv_t + e(3) \times lianjia1_t + e(4) \\ \times dum1 + e(5) \times dum2 + e(6) \times xiaofei1 + e(6) \times touzi1 + resid1_t \quad (6.4)$$

利用最小二乘法对（6.4）式进行回归分析，可以求得估计误差项 *resid*1$_t$ 。

其次，我们求 *chukou*1 对 *gdp*1、*huilv*1、*lianjia*1、*tuishuilv*、*dum*1、*dum*2 和 *resid*1$_t$ 的回归：

$$chukou1_t = b(0) + b(1) \times gdp1_t + b(2) \times huilv1_t + b(3) \times tuishuilv_t + b(4) \\ \times lianjia1_t + b(5) \times dum1 + b(6) \times dum2 + b(11) \times resid1_t + u_t \quad (6.5)$$

利用最小二乘法对（6.5）式进行回归分析，估计结果如表 6-10 所示。

表 6-10 考虑联立性时方程式（6.5）的估计结果

变量	系数值	标准差	t-统计值	概率
常数	-0.0255	0.0088	-2.8986	0.0124
GDP1	0.0509	0.0237	2.1483	0.0511
HUILV1	1.2801	0.0131	97.7699	0.0000
TUISHUILV	0.1052	0.1349	0.7800	0.4494
LANJIA1	0.9999	0.0148	67.5436	0.0000
DUM1	0.0147	0.0044	3.3674	0.0050
DUM2	0.0148	0.0042	3.5103	0.0038
RESID1	0.3314	0.1940	1.7085	0.1113

R-squared	0.9994	Mean dependent var	0.2569
Adjusted R-squared	0.9991	S.D. dependent var	0.2085
Log likelihood	82.3419	F-statistic	3340.355
Durbin-Watson stat	1.66613	Prob（F-statistic）	0.0000

从表 6-10 可以看出，在 10% 显著水平下 $resid1_t$ 的系数估计值在统计上不显著，因此，$chukou1$ 和 $gdp1$ 之间不存在联立性问题。

对于过度识别方程式，我们可以采用二阶段最小二乘法（$2SLS$）来进行估计。

第一阶段，我们建立一个方程式（6.2）中的因变量（$chukou1$）对联立方程组中的所有前定变量的回归（即诱导型回归）：

$$chukou1_t = d(0) + d(1) \times huilv1_t + d(2) \times tuishuilv_t + d(3) \times lianjia1_t + d(4)$$
$$\times dum1 + d(5) \times dum2 + d(6) \times xaiofei1 + d(7) \times touzi1 + \eta_t$$

$$(6.6)$$

利用最小二乘法对（6.6）式进行估计，结果如表 6-11 所示。

表 6-11 诱导回归方程式的估计结果

变量	系数值	标准差	t-统计值	概率
常数	-0.0284	0.0093	-3.0537	0.0092
HUILV1	1.2759	0.0140	91.1626	0.0000
TUISHUILV	0.0866	0.1407	0.6159	0.5486
LANJIA1	1.0073	0.0148	68.2957	0.0000
DUM1	0.0109	0.0052	2.0960	0.0562
DUM2	0.0165	0.0045	3.6634	0.0029
XIAOFEI1	0.1026	0.0441	2.3272	0.0368
TOUZI1	-0.0253	0.0221	-1.1424	0.2739

R-squared	0.9994	Mean dependent var		0.2569
Adjusted R-squared	0.9991	S.D. dependent var		0.2085
Log likelihood	81.559	F-statistic		3100.290
Durbin-Watson stat	2.0938	Prob（F-statistic）		0.0000

第二阶段，我们把方程式（6.3）中的 $chukou1$ 换成利用（6.6）式得出的估计值：

$$gdp1_t = b(7) + b(8) \times chukou1f_t + d(9) \times xiaofei1 + b(10) \times touzi1 + \xi_t \quad (6.7)$$

其中，$chukou1f$ 表示由（6.6）式得出的 $chukou1$ 的估计值，

$\xi_t = v_t + b(8) \times u_t$。

利用最小二乘法对（6.7）式进行估计，结果如表 6-12 所示。

表 6-12　过度识别方程式（6.7）的估计结果

变量	系数值	标准差	t-统计值	概率
常数	0.0067	0.0051	1.2953	0.2125
CHUKOU1F	0.0623	0.0117	5.3055	0.0001
XIAOFEI1	0.7113	0.0461	15.4148	0.0000
TOUZI1	0.1956	0.0282	6.9253	0.0000
R-squared	0.9861	Mean dependent var		0.1647
Adjusted R-squared	0.9837	S.D. dependent var		0.0791
Log likelihood	68.9158	F-statistic		403.1520
Durbin-Watson stat	2.1826	Prob（F-statistic）		0.0000

在第一阶段诱导型回归估计得出的判定系数值很高（0.9994），所以一般最小二乘法（OLS）估计将与二阶段最小二乘法（2SLS）估计没有什么差别。因为第一阶段的判定系数值很高，这意味着内生变量（chukou1）的估计值与它们的真实值非常接近，从而知道方程式（6.3）中的 chukou1 与误差项 v 存在较小的相关关系。我们对联立方程组（6.2）和（6.3）进行最小二乘法估计，结果如表 6-13 所示。

从表 6-13 可以看出，该方程组的拟合程度较高，具有较强的说明能力。一般最小二乘法（OLS）估计与二阶段最小二乘法（2SLS）估计确实没有什么差别。从出口额变化率方程式的估计结果可以看出，联立方程组估计的结果支持前面的多元回归估计分析得出的结论。从 GDP 变化率方程式的估计结果可以看出：（1）消费变化率的影响最大，该值每提高 1%，国内生产总值增长率将增加 0.71%；（2）固定资本形成变化率的影响次之，该值每提高 1%，国内生产总值增长率将增加 0.19%；（3）出口额变化率的影响最小，该值每提高 1%，国内生产总值增长率将增加 0.06%。

表 6-13 联立方程组的估计结果

变量	系数值	标准差	t-统计值	概率
C（1）	-0.0259	0.0094	-2.7630	0.0094
C（2）	0.0559	0.0251	2.2271	0.0331
C（3）	1.2796	0.0140	91.6753	0.0000
C（4）	0.1003	0.1438	0.6973	0.4907
C（5）	0.9988	0.0158	63.3310	0.0000
C（6）	0.0145	0.0046	3.1122	0.0039
C（7）	0.0151	0.0045	3.3577	0.0020
C（8）	0.0071	0.0051	1.3981	0.1717
C（9）	0.0618	0.0116	5.3240	0.0000
C（10）	0.7145	0.0456	15.6562	0.0000
C（11）	0.1940	0.0280	6.9355	0.0000

Equation: CHUKOU1=C（1）+C（2）×GDP1+C（3）×HUILV1+C（4）×TUISHUILV+C（5）×LANJIA1+C（6）×DUM1+C（7）×DUM2

R-squared	0.9992	Mean dependent var	0.2569
Adjusted R-squared	0.9990	S.D. dependent var	0.2085
Durbin-Watson stat	2.0330		

Equation: GDP1=C（8）+C（9）×CHUKOU1+C（10）×XIAOFEI1+C（11）×TOUZI1

R-squared	0.9856	Mean dependent var	0.1653
Adjusted R-squared	0.9832	S.D. dependent var	0.0773
Durbin-Watson stat	2.0321		

三、面板数据模型分析

由于上述分析所用样本数量不是很多，下面我们利用面板数据来进一步分析出口退税政策变化对外贸出口增长的影响。我们选择我国31个省、市、自治区2003～2006年间的数据进行分析。这样,样本数量由上述分析的经调整后的21个增加到155个,从而可以大大提高估计结果的可信程度。

$$chukou1_{it} = c(0) + +c(1) \times lianjia1_{it} + c(2) \times tuishuilv_{it}$$
$$+c(3) \times huilv_{it} + \psi_i + \zeta_t + \xi_{it}$$
(6.8)

其中，$i = 1, 2, \cdots, 31$，表示全国各省、市、自治区；$t = 2002$、2003、2004、2005、2006，表示各年份；$c(0)$ 表示常数；ψ_i 表示个体固定（变动）效果；ζ_t 表示时间固定（变动）效果；ξ_{it} 表示误差项。根据 Hausmen 检验，我们对全国样本的估计选择固定效果模型，而对分地区样本的估计选择变动效果模型。利用最小二乘法的估计结果如表 6-14 所示。

表 6-14　出口退税政策调整对外贸出口的影响

	东部	中部	西部	全国
	变动效果模型	变动效果模型	变动效果模型	固定效果模型
常数	-0.9153***	-0.9638***	-0.9676***	-0.9202***
lianjia	0.9970***	0.9955***	0.9986***	0.9990***
huilv	0.1105***	0.1164***	0.1168***	0.1154***
tuishuilv	0.0116	0.0073	0.0099	0.0130
R-squared	0.9998	0.9999 ·	0.9999	0.9999
样本数	55	40	60	155

注：***、**和*分别表示在 1%、5%和 10%统计水平下显著。

同样，我们可以利用面板数据来分析出口退税政策变化对加工贸易出口增长的影响。估计结果如表 6-15 所示。

表 6-15　出口退税政策调整对外贸加工出口的影响

	东部	中部	西部	全国
	变动效果模型	变动效果模型	变动效果模型	固定效果模型
常数	-0.8817***	-1.0065***	-0.8342***	-0.8724***
jglianjia1	0.9941***	0.9939***	0.9981***	0.9972***
huilv	0.1063***	0.1214***	0.1008***	0.1051***
tuishuilv	0.0485*	0.0328	0.0039	0.0308*
R-squared	0.9998	0.9999	0.9999	0.9998
样本数	55	40	60	155

注：***、**和*分别表示在 1%、5%和 10%统计水平下显著。

从表 6-14 可以看出，退税率变化的影响对出口增长的影响为正（系数估计值），但是在统计上不显著。从表 6-15 可以看出，退税率变化的影响对外贸加工出口增长的影响也为正，但是系数估计值也很小。其中，对于东部地区和全国的样本，退税率的系数估计值分别为 0.05 和 0.03，在 10% 的统计水平下皆显著。这说明，东部对外贸易加工比较密集，受到出口退税政策的影响比较大。

第五节　结　论

本章主要利用多元回归、联立方程组和面板数据等模型考察了出口退税、出口扩大与经济增长之间的相互影响关系。得出的主要结论是：（1）汇率的变化对出口扩大的影响最大，离岸价格变化的影响次之，出口退税率的影响最小（系数估计值为正，但在统计上不显著）；（2）消费扩大对经济增长的影响最大，固定资本形成变化率的影响次之，出口扩大的影响最小；（3）出口退税率调整（调高或调低）对出口扩大的影响都不是很大，东部地区由于对外贸易加工比较密集，受到出口退税政策的影响相对大些。从上述分析可以得出，出口退税率调整对出口扩大的影响不显著，出口增加可以刺激经济增长，但是国内消费和固定资本形成对经济增长的刺激作用更大。

本章参考文献

[1] 丁晓锋.我国出口退税政策：分析与选择.税务研究，2004（10）：48～50

[2] 董浩，陈飞翔.我国出口退税政策的鼓励效应.国际贸易问题，2004（7）：13～16

[3] 国家税务总局网站：http://www.chinatax.gov.cn.

[4] 古扎拉蒂著，林少宫译. 计量经济学（第三版，下册）.中国人民大学出版社，2002

[5] 隆国强.调整出口退税政策的效应分析.国际贸易，1998（7）：

22～24

[6] 倪红日. 我国出口退税政策和制度面临严峻挑战. 税务研究，2003（8）：6～10

[7] 孙瑞华，刘广生.我国出口退税政策的主要问题与基本取向.经济问题探索，2001（1）：45～48

[8] 孙玉琴.我国出口退税政策与出口贸易发展的关系.统计观察，2005（7）：84～85

[9] 许南.出口退税政策调整对进出口贸易和汇率影响的实证分析.长沙大学学报，2005（19卷）（1）：18～22

[10] 阎坤，陈昌盛.出口退税、扩大出口和财政效应.管理世界，2003（11）：42～51

[11] 中国统计年鉴（2008）

[12] 万莹.中国出口退税政策绩效的实证分析.经济评论，2007（4）：62～67

[13] Chao, Chi-Chur, W.L.Chou, Eden S.H. YU (2001), "Export duty rebates and export performance: theory and China's experience," *Journal of Comparative Economics*, 29, pp.314～326

[14] Chao, Chi-Chur, Eden S.H., Wusheng YU (2006), "China's import duty drawback and VAT rebate policies: a general equilibrium analysis," *China Economic Review*, 17, pp.432～448

[15] CHEN, Chien-Hsun, Chao-Cheng MAI, Hui-Chuan YU (2006), "The effect of export tax rebates on export performance: theory and evidence from China," *China Economic Review*, 17, pp.226～235

第七章 中国财政科教支出的
动态经济效应分析

财政科技与教育支出的经济增长效应是经济学界研究的重要问题。通过构建以资本、知识和产出为研究对象的动态理论模型，我们发现财政科教支出对三者的稳定增长路径及经济体系稳态点均具有重要影响。在理论模型基础上我们构建了动态计量模型，实证结论是中国财政科教支出对资本形成、产出增长及全要素生产率提高均产生了积极影响，但作用力度和影响方式存在区别。因此应进一步增加财政科教支出，并通过改进支出结构和进度，使之对经济转轨和长期经济增长起到更为重要的促进作用。

第一节 引 言

经济增长理论研究表明，现代经济增长越来越多地依靠知识积累与技术进步，或称资本和劳动增长不能解释的全要素生产率，而全要素生产率增长的重要途径是政府的财政科技和教育经费投入。国内外很多文献研究了财政科教支出的经济增长效应问题，从分析方法看，大多通过构建内生增长模型，研究财政科技与教育支出对内生化知识、资本存量和经济增长率的影响。例如 Romer（1990）、Grossman 和 Helpman（1991）以及 Aghion 和 Howitt（1992）通过构建研究和开发与内生增长的简化模型，说明每工人平均产出的长期增长率同经济体系中的知识存量成正相关，并且知识存量增加将带来产出增长率的长期变化。Derek Chen 和 Hiau Kee（2003）进一步将人力资本引入上述模型，分析了两部门经济体系达到均衡时，人力资本变化对资本存量和长期经济增长率的影响。李治堂（2004）扩展了 Lucas（1988）、Johns（1995）的内生经济增长模型，结论是，平衡经济增长速度快于知识和技术积累速度，知识技术积累速度又快于人力资本积累速度，因此政府的经济增长政策应集中于促进人力资本的积累和研究开发活动，完成从依靠资本积累增长向依靠技术进步增长的转轨。在这些国内外内生增长模型的研究中不难发现，知识存量和人力资本存量变化对长期经济增长有重要影响，而一些学者的研究结果表明，财政科教支出对知识存量和人力资本存量的增加具有重要作用。例如，Park（1998）通过扩展 Romer（1990）的模型发现，随着政府科技和教育支出规模的提高，公共知识存量和私人知识存量的比率发生速率递减的增长，并且使得平衡经济增长率也逐步以递减速率上升。但他的分析是建立在世代交叠模型基础上的静态分析方法，通过最优化跨时条件，确定出各变量的均衡增长结果，至于变量达到这一均衡状态时所经过的路径则并没有过多描述。马拴友（2003）通过修改 Park（1998）的模型，利用中国 1983～1998 年 GDP、资本存量、劳动、知识存量和人力资本相关数据，得出中国知识存量和人力资本对经济增长影响的实证分析结果，但他同样没有分析财政科教支出对经济变量的动态影响过程。

　　这样就引出一个问题：现有文献大多只是从静态角度对知识、资本、财政科教支出与经济增长之间的关系进行探讨，通过这种分析方法虽能得到经济增长与科教支出的相关关系，以及科教支出增加对经济的最终影响结果，但无法反映出各个经济变量如何随科教支出的变化逐渐变动的动态过程，而动态过程对于政府制定相应经济政策是非常重要的。比如：财政科教支出对经济增长的影响是否有较长的滞后期？是否导致资本积累的持续上升或存在一定时间范围内的波动？对全要素生产率在未来各年内有何影响？如果财政科教支出虽能影响上述指标的长期增长率，但时滞较长，短期内无法观测到实际效果或效果不明显，那么政策制定上可能会出现一些偏误。为弥补静态分析"只重结果、不重过程"的缺陷，必须在已有模型基础上，通过考察经济变量间的相互影响,寻求经济体系达到稳态时各变量的动态变化路径,使之成为政府制定宏观经济政策的重要理论依据。

基于以上分析思路,我们在 Romer(1990)的两部门内生经济增长模型基础上,考虑财政科教支出对知识积累、资本形成和经济增长的动态影响,以及各经济变量逐步达到稳定增长时所经过的路径。在理论分析的基础上,通过构建动态计量模型,从实证角度分析中国财政科技与教育支出对经济变量影响的动态过程。

第二节　财政科教支出动态经济效应的理论解释:两部门内生增长模型

我们扩展了 Romer(1990)的两部门内生增长模型,在其基础上引入人力资本,并研究财政科教支出对经济体系的影响。为简化考虑,模型没有分析除资本、劳动、人力资本、知识以外影响产出的其他因素,并且没有考虑折旧对投资或资本增量的影响。

一、模型的假设

假定一个经济体系满足 5 个假设条件:

假设 1:经济体系中共有两个部门:产品生产部门和研究开发部门,经济增长由两部门的相互作用决定,产品生产部门生产最终产品,研究开发部门增加知识存量,政府部门设定为外生。

假设 2:影响最终产出(Y)的主要变量包括劳动(L)、资本(K)、知识(A)、人力资本(H),整个模型处于连续时间之中。劳动力中的 α_L 比例用于研究开发部门,$1-\alpha_L$ 比例用于产品生产部门;资本中的 α_K 比例用于研究开发部门,$1-\alpha_K$ 比例用于产品生产部门;人力资本中的 α_H 比例用于研究开发部门,$1-\alpha_H$ 比例用于产品生产部门。

假设 3:政府一方面通过财政科技支出(ET)扶持企业、大学和基础科研机构进行研发活动,从而增加知识存量;一方面通过财政教育支出(ED)提高劳动力素质、生产能力和受教育水平,从而增加人力资本存量。由于影响过程具有一定的滞后性，我们用滞后一期的财政科技和教育支出构造方程，即：

$$A_t = f(A_{t-1}, ET_{t-1}), \quad \partial A_t / \partial ET_{t-1} > 0 \tag{7.1}$$

$$H_t = h(H_{t-1}, ED_{t-1}), \quad \partial H_t / \partial ED_{t-1} > 0 \tag{7.2}$$

假设 4：知识具有非竞争性，因此 A 是指两个部门中共同拥有的内生化知识。Romer（1990）分析了知识与人力资本两个概念之间的区别，认为人力资本是特定工人的能力或技能，具有排他性和一定程度的竞争性；而知识是共有的，经济体系中的各个部门可以同时使用且不构成妨碍，具有较高程度的非排他性和非竞争性。正因如此，财政教育投入对内生化知识增长具有重要作用。

假设 5：人口增长率和人力资本增长率为外生和不变：

$$\dot{L}_t = nL_t, \quad n \geqslant 0 \tag{7.3}$$

$$\dot{H}_t = mH_t, \quad m \geqslant 0 \tag{7.4}$$

设定不变的人力资本增长率，是考虑到人的生产技能会随教育水平、知识积累的提高而有一个逐步增长的过程。但由于人力资本存量受到财政教育支出影响，因此当教育支出增加时，m 值将变大，人力资本增长呈现出一定的加速趋势。

二、资本、知识、产出的动态均衡路径

由于 Cobb-Douglas 形式的生产函数具有新古典生产函数的一切良好性质，我们用其表述经济体系中的总产出。在 Romer（1990）的总产出表述公式中，由于没有分析人力资本配置于经济体系两部门的具体比例，因此最终结果中没有得出人力资本对产出和物质资本存量的影响。根据我们的模型假定，引入人力资本及其配置于两部门的比例后，经济体系中的产出为：

$$Y_t = [(1-\alpha_K)K_t]^\alpha [(1-\alpha_H)H_t]^\beta [A_t(1-\alpha_L)L_t]^{1-\alpha-\beta}$$

$$0 < \alpha < 1, 0 < \beta < 1, \alpha + \beta < 1 \tag{7.5}$$

方程（7.5）意味着资本、人力资本和有效劳动的规模报酬不变，即若技术给定，则投入品数量翻倍时，产出也会翻倍。另外，新知识

的生产取决于研究开发部门的劳动力、资本、人力资本数量以及知识存量，我们同样用 Cobb-Douglas 生产函数对知识增量进行描述：

$$\dot{A} = B(\alpha_K K_t)^a (\alpha_H H_t)^b (\alpha_L L_t)^c A_t^\theta, \ B > 0, a \geqslant 0, b \geqslant 0, c \geqslant 0, \theta \geqslant 0 \quad (7.6)$$

应注意的是，此处并未假定知识生产函数对资本、劳动、人力资本和知识存量的规模报酬不变。Grossman 和 Helpman（1991）认为，在知识生产过程中，研究人员之间的相互作用、固定的基本设施成本等因素在研发过程中可能非常重要，当资本和劳动翻倍时，很可能新知识的产出要比翻倍后更多，因此我们没有假定规模报酬不变的新知识生产函数。另外，知识存量对新知识的生产具有重要影响，当知识存量增加时，研究人员有可能利用已有的知识创造出更多的新知识，即使 θ 值变大。在我们对模型的假定中，由于认为财政科技支出对知识存量具有直接影响，因此同教育支出影响 m 值相对应，当财政科技支出增加时，将使模型参数 θ 值增大。

同 Solow 模型（1957）一样，储蓄率是外生和不变的。由于为简化模型没有考虑资本折旧，因此投资或资本增量公式为：

$$\dot{K}_t = sY_t, \quad 0 \leqslant s \leqslant 1 \quad (7.7)$$

这样产出、知识增量和资本增量的表述方程便全部得出。由于变量增量除以变量本身即为该变量的增长率，于是从知识和资本增量方程中又可以得到知识增长率 g_A 和资本增长率 g_K，这样我们便可以知识增长率和资本增长率为研究对象对经济体系进行描述。

1. 资本的动态均衡路径

将生产函数（7.5）式代入（7.7）式得：

$$\dot{K} = s(1-\alpha_K)^\alpha (1-\alpha_H)^\beta (1-\alpha_L)^{1-\alpha-\beta} K_t^\alpha H_t^\beta A_t^{1-\alpha-\beta} L_t^{1-\alpha-\beta} \quad (7.8)$$

令 g_K 为资本增长率，则：

$$g_K = \frac{\dot{K}}{K} = s(1-\alpha_K)^\alpha (1-\alpha_H)^\beta (1-\alpha_L)^{1-\alpha-\beta} K_t^{\alpha-1} H_t^\beta A_t^{1-\alpha-\beta} L_t^{1-\alpha-\beta}$$

定义 $C_K \equiv s(1-\alpha_K)^\alpha (1-\alpha_H)^\beta (1-\alpha_L)^{1-\alpha-\beta}$，并将上式两边取对数，得到：

$$Ing_K = InC_K + \beta In(\frac{H_t}{K_t}) + (1-\alpha-\beta)In(\frac{A_tL_t}{K_t}) \quad (7.9)$$

对（7.9）式两边求关于时间的导数，可得：

$$\dot{g}_K = \frac{\partial(Ing_K)}{\partial t} = \beta(\frac{1}{H_t}\frac{\partial H_t}{\partial t} - \frac{1}{K_t}\frac{\partial K_t}{\partial t}) + (1-\alpha-\beta)(\frac{1}{A_t}\frac{\partial A_t}{\partial t} + \frac{1}{L_t}\frac{\partial L_t}{\partial t} - \frac{1}{K_t}\frac{\partial K_t}{\partial t})$$

$$= \beta(m-g_K) + (1-\alpha-\beta)(g_A + n - g_K)$$

当资本达到动态均衡路径时，应有 $\dot{g}_K = 0$，从而：

$$\beta(m-g^*_K) + (1-\alpha-\beta)(g^*_A + n - g^*_K) = 0 \quad (7.10)$$

（7.10）式调整后得：

$$g^*_K = (\frac{1-\alpha-\beta}{1-\alpha})n + (\frac{1-\alpha-\beta}{1-\alpha})g^*_A + (\frac{\beta}{1-\alpha})m \quad (7.11)$$

由（7.10）式可见，如果初始 $g_K > g^*_K$，那么 $\dot{g}_K < 0$，意味着 g_K 将不断降低，直到 $g_K = g^*_K$ 为止；相反，如果初始 $g_K < g^*_K$，那么 $\dot{g}_K > 0$，同样意味着 g_K 将被不断调整到 $g_K = g^*_K$ 为止。

2．知识的动态均衡路径

由（7.6）式可得：

$$g_A = \frac{\dot{A}}{A} = B\alpha_K{}^a\alpha_H{}^b\alpha_L{}^c K_t{}^a H_t{}^b L_t{}^c A_t{}^{\theta-1}$$

定义 $C_A \equiv B\alpha_K{}^a\alpha_H{}^b\alpha_L{}^c$，并将上式两边取对数，得到：

$$Ing_A = InC_A + aInK_t + bInH_t + cInL_t + (\theta-1)InA_t \quad (7.12)$$

对（7.12）式两边求关于时间的导数，可得：

$$\dot{g}_A = \frac{\partial Ing_A}{\partial t} = a\frac{1}{K_t}\frac{\partial K_t}{\partial t} + b\frac{1}{H_t}\frac{\partial H_t}{\partial t} + c\frac{1}{L_t}\frac{\partial L_t}{\partial t} + (\theta-1)\frac{1}{A_t}\frac{\partial A_t}{\partial t}$$

$$= ag_K + bm + cn + (\theta-1)g_A$$

当知识达到动态均衡路径时，应满足 $\dot{g}_A = 0$，从而：

$$ag^{*}_{K} + bm + cn + (\theta - 1)g^{*}_{A} = 0 \tag{7.13}$$

（7.13）式调整后得：

$$g^{*}_{K} = -\frac{b}{a}m - \frac{c}{a}n + (\frac{1-\theta}{a})g^{*}_{A} \tag{7.14}$$

3. 经济体系动态均衡点

由（7.11）、（7.14）式可见，当$\frac{1-\theta}{a} < \frac{1-\alpha-\beta}{1-\beta}$时，$\dot{g}_{A} = 0$线斜率小于$\dot{g}_{K} = 0$线斜率，前者恒处于后者下方，永远不会有相交点，意味着经济体系无法达到动态均衡；当$\frac{1-\theta}{a} = \frac{1-\alpha-\beta}{1-\beta}$时，$\dot{g}_{A} = 0$线斜率等于$\dot{g}_{K} = 0$线斜率，两条线斜率相同，同样意味着经济体系无法达到动态均衡，对这两种情况不作过多分析。当$\frac{1-\theta}{a} > \frac{1-\alpha-\beta}{1-\beta}$时，$\dot{g}_{A} = 0$线斜率大于$\dot{g}_{K} = 0$线斜率，两者有且仅有一个相交点，即经济体系的动态均衡点。无论初始点处于何处，资本增长率和知识增长率都将逐渐收敛到各自的动态均衡路径，并最终形成稳定增长率。如图 7-1 所示，资本与知识将最终在 E 点达到动态均衡，各自的增长率也逐渐趋于稳定。

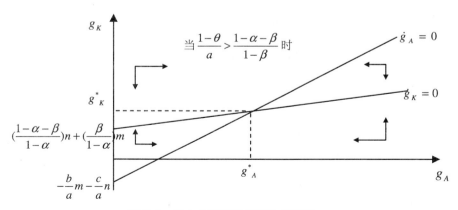

图 7-1　资本与知识的动态均衡路径

4．产出动态均衡路径

我们可求出当资本与知识在 E 点达到动态均衡时，产出的稳定增长率。通过对（7.5）式两边求对数，可得：

$$InY_t = In(1-\alpha_K)^{\alpha}(1-\alpha_H)^{\beta}(1-\alpha_L)^{1-\alpha-\beta} +$$
$$\alpha InK_t + \beta InH_t + (1-\alpha-\beta)InA_t + (1-\alpha-\beta)InL_t \quad (7.16)$$

将（7.16）式两边求关于时间的导数，得：

$$g_Y = \frac{\partial InY_t}{\partial t} = \alpha\frac{1}{K_t}\frac{\partial K_t}{\partial t} + \beta\frac{1}{H_t}\frac{\partial H_t}{\partial t} + (1-\alpha-\beta)\frac{1}{A_t}\frac{\partial A_t}{\partial t} + (1-\alpha-\beta)\frac{1}{L_t}\frac{\partial L_t}{\partial t}$$

$$= \alpha g_K + \beta m + (1-\alpha-\beta)g_A + (1-\alpha-\beta)n \quad (7.17)$$

由（7.11）、（7.15）和（7.17）式，可得产出的稳态增长率为：

$$g_Y^* = \frac{[\beta(1-\theta) + b(1-\alpha-\beta)]m + (1-\alpha-\beta)(1-\theta+c)n}{(1-\theta)(1-\alpha) - a(1-\alpha-\beta)} \quad (7.18)$$

三、财政科教支出对动态均衡路径的影响

1．财政科技支出对动态均衡路径的影响

在对模型的基本描述中，我们认为财政科技支出与知识存量正相关，从而增加科技支出将使知识存量对知识增长的贡献变大，即使 θ 增大。由（7.14）式可见，$\dot{g}_A = 0$ 线的斜率为 $\frac{1-\theta}{a}$，因此当 θ 由 θ_0 增至 θ_1 时，$\dot{g}_A = 0$ 线斜率将变小，但在纵轴上的截距并不发生变化。由图 7-2 可见，新的 $\dot{g}_A = 0$ 线与原 $\dot{g}_K = 0$ 线决定了新的动态均衡点 E_1，资本和知识的稳定增长率将比以前更高，决定了产出的稳定增长率也将进一步提高。实际影响过程是，财政科技支出增加后，由于创新性研发活动得到政府支持，使经济体系中的知识存量增加，知识存量增加又引起技术和创新活动的不断涌现。速率不断上升的科技增长导致产出增加，产出增加又使得经济体系中的资本存量增长速度提高，最终财政科技支出增加使经济体系中资本、知识和产出的稳定增长率都得到提高。

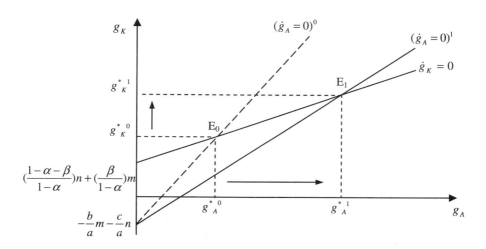

图 7-2 财政科技支出增加对动态均衡路径的影响

2. 财政教育支出对动态均衡路径的影响

在对模型的基本描述中，我们认为财政教育支出与人力资本存量正相关，从而增加教育支出将使人力资本积累速率提高，即使 m 增大。由于 $\dot{g}_A = 0$ 线和 $\dot{g}_K = 0$ 线的斜率与 m 无关，m 值变化不会改变两条线的斜率；由于 $\dot{g}_K = 0$ 线的纵截距为 $(\frac{1-\alpha-\beta}{1-\alpha})n + (\frac{\beta}{1-\alpha})m$，财政教育支出增加将使 $\dot{g}_K = 0$ 线的纵截距变大，即使之向上平移；由于 $\dot{g}_A = 0$ 线的纵截距为 $-\frac{b}{a}m - \frac{c}{a}n$，财政教育支出增加将使 $\dot{g}_A = 0$ 线纵截距进一步变小，即使之向下平移。由图 7-3 可见，当财政教育支出增加，使 m 由 m_0 增至 m_1 时，新的 $\dot{g}_A = 0$ 线与新的 $\dot{g}_K = 0$ 线决定了新的动态均衡点 E_1，资本和知识的稳定增长率将比以前更高，同样决定了产出的稳定增长率将进一步提高。实际影响过程是，财政教育支出增加时，经济体系的人力资本存量首先增加，由于人力资本分配到研发部门中的比例没有变化，因此研发部门中人力资本存量的增加导致了更多的创新和发明活动，从而使知识存量的增长速度加快。同时人力资本存量的增长也使得分配到产品生产部门的部分增加，因此伴随着知识存量增长速度的提高，产出增长速度也同时提高，并进一步引发资本存量增长速度的加快。最终效果同财政科技支出增加的动态经济效应相似，财政教育支出增加通过影响模型中人力资本的内生增长速度，使资本、知识和产出的稳定增长率都得到提高。

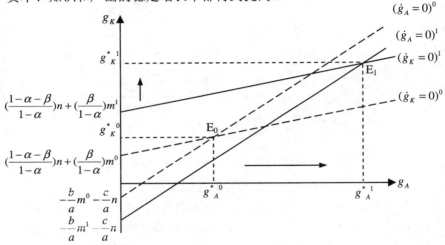

图 7-3　财政教育支出增加对动态均衡路径的影响

第三节　中国财政科教支出的
动态经济效应：实证分析

通过构建以资本、知识和产出为研究对象的动态理论模型，可得出的基本结论是财政科教支出对资本、知识和产出的动态均衡路径均有重要影响，但长期看来，教育支出似乎比科技支出具有更大的经济增长促进效应。下面以中国 1980～2004 年财政科教支出、GDP、资本存量、全要素生产率增长率等数据为分析对象，对财政科教支出的动态经济效应问题作实证研究，分析中国财政科教支出是否确如理论模型的推导结论一样，引致了产出、资本存量和全要素生产率的动态增长，以及这些经济变量经历了何种增长路径和冲击轨迹。

一、方法选取

本章主要运用向量自回归（VAR）和脉冲响应函数（IRF）的计量模型，对科教支出对产出、资本存量和全要素生产率的动态经济效应进行实证研究。向量自回归（VAR）模型用于相关时间序列系统的预测和随机扰动对变量系统的动态影响。这种方法以数据为导向，避免了预先对模型添加一些不必要的假定约束，能够充分详尽地描绘出变量之间相互作用的动态轨迹，但需要进行序列平稳性和协整检验。广义脉冲响应函数（IRF）用于衡量来自随机扰动项的新息（Innovation）冲击对系统内生变量当前和未来取值的影响。通过上述两种计量经济模型，我们可以测算出中国财政科教支出和经济变量之间互相作用的动态过程，同时还可以显示任一变量的扰动如何通过模型影响其他变量，最终又反馈到自身的过程。如果数据序列存在协整关系，可通过建立向量误差修正模型（VEC）进行分析；反之，则可基于向量自回归模型进行脉冲响应测算。

二、数据来源

我们选取了 1980～2004 年中国 GDP、资本存量（K）、全要素生产率增长率（RTFP）、财政科技支出（ET）、财政教育支出（ED）五个时序数列。

（1）名义 GDP、财政科教支出数据来自《新中国五十年统计资料汇编》以及《中国统计年鉴》（1986～2005）。财政科技支出包括科技三项费、科学支出、科技基建费、其他科技事业费；教育支出包括教育事业费、教育基建投资、各部门事业费中用于教育的支出、其他教育附加支出。

（2）由于没有真实资本存量数据，我们根据投资流量数据和永续盘存法估量各年度的资本存量，计算公式为：$K_t = (1-\delta)K_{t-1} + I_t / P_t$，其中 K_t 和 I_t 分别为 t 期的资本存量和投资，δ 为折旧率，P_t 为固定资产投资价格指数。基期资本存量按以下公式计算：$K_0 = I_0 / [P_0(g + \delta)]$，其中 g 是样本期投资的年平均增长率（马栓友，2003）。我们根据张军、章元（2003）估算的固定资产投资价格指数，折算出样本期的固定资产投资价格指数；按照樊纲、王小鲁（2000）对物质资本折旧率的测算及中国实际情况，以 5% 作为折旧水平，得到实际资本存量数据。

（3）由于"知识"和"人力资本"是比较抽象的概念，而且目前还没有关于知识存量和人力资本存量的数据以及衡量两者增长率水平的恰当方法，我们以"全要素生产率（TFP）"[①]作为衡量两者增长情况的指标。在对全要素生产率的估算方面，张军、施少华（2003）利用生产函数法，郭庆旺、贾俊雪（2005）利用索洛残差法、隐性变量法和潜在产出法，分别估算了中国 1979～2004 年的全要素生产率增长率数据。按照他们的分析方法，我们推导出样本期内中国各年度的全要素生产率增长率（RTFP）。

（4）为剔除通货膨胀因素的影响，所有数据均用 GDP 价格指数调整至 1980 年（RTFP 除外）。

经过上述方法获得的基础数据如表 7-1 所示。

表 7-1　　中国财政科教支出与经济增长数据（1980～2004）（单位：亿元）

年份	GDP	K	ET	ED	RTFP（%）
1980	4517.80	5152.7	64.59	114.15	1.007
1981	4755.37	5835.5	60.22	120.09	0.89
1982	5183.79	6700.4	63.92	134.73	0.988
1983	5748.51	7794.1	76.55	150.37	1.213
1984	6620.91	9123.9	87.45	167.00	1.155
1985	7512.79	10893.4	85.98	190.10	1.373
1986	8178.78	12877.9	90.24	220.23	1.339
1987	9125.18	14889.5	86.80	224.21	1.116
1988	10153.4	16957.5	82.38	242.58	0.97

---

① 以全要素生产率代替知识和人力资本存量，相当于将产出方程（7.1）中的 H 和 A 统一用全要素生产率代表，变为形如 $Y = TFP[(1 - \alpha_K)K^{\alpha}(1 - \alpha_L)L^{1-\alpha}]$ 的简化方程，这样可以通过分析财政科技与教育支出对全要素生产率的影响，得出两者分别对知识和人力资本存量产生的整体影响。

年份	GDP	K	ET	ED	RTFP（%）
1989	10566.2	18431.3	79.90	257.69	0.626
1990	10971.2	19783.6	82.29	273.54	-0.704
1991	11980.0	21248.6	89.05	295.04	0.634
1992	13685.8	23813.8	97.24	319.42	0.902
1993	15531.9	27064.5	101.18	338.54	1.109
1994	17498.7	30770.9	100.39	381.26	1.113
1995	19337.0	34712.5	99.98	395.70	1.051
1996	21190.8	38966.8	108.83	441.93	0.983
1997	23064.1	43547.6	126.64	478.80	0.963
1998	24867.4	48916.7	139.22	547.94	1.067
1999	26643.3	54518.2	176.58	625.71	0.955
2000	28773.7	60400.8	185.12	700.95	0.907
2001	30931.4	67044.9	223.54	838.12	0.752
2002	33497.9	74964.9	259.97	989.27	0.978
2003	36679.9	84902.1	305.17	1048.39	1.105
2004	40165.6	95584.3	342.92	1107.23	1.012

三、序列平稳性及协整检验

为消除序列异方差的影响，对各个变量的实际值取自然对数（RTFP 除外）。在建立 VAR 模型之前，首先要对数列进行 ADF 单位根检验，验证科教支出和经济变量两两之间是否存在协整关系，检验结果如表 7-2 所示。

表 7-2　自然对数序列 ADF 检验结果

变量	模型选择	检验统计量	1%临界值	5%临界值	10%临界值
InGDP	（c,t,1）	-3.78	-4.42	-3.62	-3.25
InK	（c,t,1）	-4.80	-4.42	-3.62	-3.25
InET	（c,t,2）	-0.52	-4.44	-3.63	-3.25
InED	（c,t,1）	-1.45	-4.42	-3.62	-3.25
RTFP	（c,1）	-2.70	-3.75	-2.99	-2.64

注：（c,t,1）表示带有常数项和趋势、一阶滞后的 ADF 检验模型，根据 AIC 原则进行模型选择。

由表 7-2 可见，$lnGDP_t$、lnK_t 和 $RTFP$ 的 ADF 检验统计量分别为（-3.78）、（-4.80）和（-2.70），分别小于显著性水平 5%、1% 和 10% 时的临界值，因此 $lnGDP_t$、lnK_t 和 $RTFP$ 均为 $I(0)$ 序列。$lnET_t$、$lnED_t$ 的 ADF 检验统计量（-0.52）、（-1.45）大于各临界值，表明原序列为非平稳的。

对 $lnET_t$、$lnED_t$ 序列作差分，并对差分序列进行 ADF 单位根检验，检验结果如表 7-3 所示。

表 7-3　差分序列 ADF 检验结果

变量	模型选择	检验统计量	1%临界值	5%临界值	10%临界值
ilnET	（c,t,3）	-3.67	-4.50	-3.65	-3.26
iilnED	（c,t,1）	-4.16	-4.47	-3.65	-3.26

由表 7-3 可见，$lnET_t$ 的一阶差分序列 $ilnET_t$ 的检验统计量（-3.30）小于显著性水平为 10% 的临界值，为 $I(1)$ 序列；$lnED_t$ 的二阶差分序列 $iilnED_t$ 的检验统计量（-4.16）小于显著性水平为 5% 的临界值，为 $I(2)$ 序列。上述检验结果说明财政科教支出和宏观经济变量之间不存在两两协整关系。

四、脉冲响应结果

由于财政科教支出和宏观经济变量之间不存在两两协整关系，我们以各变量的一阶差分序列（RTFP 除外）来构造模型，考察财政科教支出的动态经济效应。变量自然对数的一阶差分序列为该变量增长率的衡量指标，这也同理论模型的分析设定完全符合。根据 AIC 和 SC 最小原则，我们建立了财政科技、教育支出增长率与经济变量增长率的 6 个 VAR（2）模型，分别估算出 GDP 增长率、资本存量增长率和 RTFP 对财政科教支出增长率的脉冲响应值，结果如表 7-4 所示。

表 7-4　经济变量对财政科教支出的脉冲响应结果

年	ilnGDP 对 ilnET	ilnK 对 ilnET	RTFP 对 ilnET	ilnGDP 对 ilnED	ilnK 对 ilnED	RTFP 对 ilnED
1	0	0	0	0	0	0.000653
2	0.005719	0.003188	0.000877	2.84E-05	0.000443	0.001164
3	0.001592	0.005263	0.001304	0.003961	0.003603	0.001003
4	-0.000569	0.005514	0.000938	0.004043	0.004785	0.000459
5	-0.002174	0.004266	0.000531	0.001871	0.004273	0.000152
6	-0.001308	0.002295	0.000190	-0.000205	0.002686	4.05E-05
7	-0.000139	0.00035	-6.91E-06	-0.000995	0.000891	1.44E-05
8	0.000632	-0.001058	-8.50E-05	-0.000719	-0.000498	8.22E-06
9	0.000553	-0.001725	-8.99E-05	-0.000134	-0.001211	4.80E-06
10	0.000124	-0.001711	-6.36E-05	0.000221	-0.001285	2.29E-06
11	-0.000217	-0.00124	-3.29E-05	0.000246	-0.000938	9.03E-07
12	-0.000257	-0.000588	-1.01E-05	0.000102	-0.000435	3.25E-07
13	-0.000107	1.15E-05	2.39E-06	-2.85E-05	1.20E-05	1.26E-07
14	4.73E-05	0.000414	6.70E-06	-7.06E-05	0.000287	5.71E-08
15	9.61E-05	0.000575	6.34E-06	-4.54E-05	0.000371	2.77E-08

　　图 7-4 给出了 GDP 增长率对财政科技、教育支出增长率的脉冲响应路径。从中我们可以看到，科技支出增长率提高 1 个百分点，GDP 增长率出现明显正向反应，大约在第 2 年后达到最大值。此后，冲击力度逐渐减小并在第 4 年转为负向，响应周期为 7 年左右。教育支出增长率增长 1 个百分点，经过 1 年的滞后期，GDP 增长率的脉冲响应开始呈现出明显的正向反应，且在第 4 年达到最大值。此后响应力度逐渐减弱，在第 6 年转为负向并逐渐消失。比较两条脉冲响应轨迹不难发现，财政教育支出对 GDP 的影响滞后于科技支出，但总体看来，教育支出对 GDP 的长期影响要大于科技支出。为考察教育支出长期影响高于科技支出的原因，必须进一步分析两者对资本和全要素生产

率的动态影响轨迹。

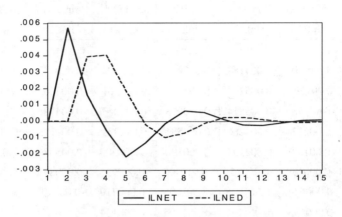

图 7-4 产出增长率对财政科教支出增长率的脉冲响应

我们首先进一步考察资本存量增长率对财政科技、教育支出增长率的脉冲响应路径。由图 7-5 可见，科技支出增长率增长 1 个百分点，资本存量增长率呈现出明显的正向反应，且在第 4 年达到最大值，此后，响应力度逐渐减弱并在第 7 年转为负向，周期为 13 年左右。资本存量增长率对教育支出增长的脉冲响应曲线同对科技支出增长率的响应曲线形状相似，但对冲击的响应强度不同。教育支出增长率增长 1 个百分点，经过 1 年的滞后期，资本存量增长率的脉冲响应呈现出明显的正向反应，且在第 4 年达到最大值。此后，响应力度逐渐减弱并在第 8 年转为负向，响应周期同样为 13 年左右。比较两条响应轨迹，可见教育支出对资本存量的影响同样滞后于科技支出，而且总体看来，教育支出对资本存量的长期影响要小于科技支出，由此可见，我国财政科技支出对资本存量增长具有重要促进作用，教育支出并非主要通过对资本存量的影响作用于宏观经济。

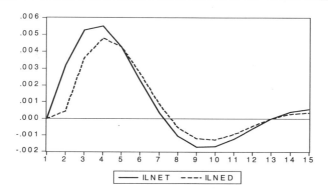

图 7-5　资本存量增长率对财政科教支出增长率的脉冲响应

其次，我们进一步考察全要素生产率增长率对财政科技、教育支出增长率的脉冲响应路径。

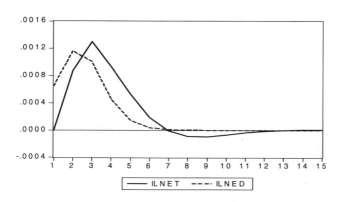

图 7-6　RTFP 对财政科教支出增长率的脉冲响应

如图 7-6 所示，科技支出增长率增长 1 个百分点，RTFP 的脉冲响应呈现出明显的正向反应，并在第 3 年达到峰值 0.001304，此后 RTFP 对科技支出增长率的响应转为负向，并逐渐消失。教育支出增长率增长 1 个百分点，RTFP 的脉冲响应呈现出明显的正向反应，并在第 2 年达到峰值 0.001164，整个正向响应周期大约为 7 年，此后响应逐渐减弱并消失。比较两者响应轨迹不难发现，教育支出对全要素生产率具有显著直接影响，科技支出无论在作用时滞还是总体效应方面，都比教育支出略差。说明财政教育支出通过对全要素生产率的影响，产生了长期稳定的经济增长效应，并优于科技支出的整体影响效果。这一点对实际部门制定支出政策非常重要。

第四节　结论与政策建议

本章在构建内生化知识模型的基础上，分析了财政科教支出对经济变量动态均衡路径的影响过程；通过构建以资本、产出和全要素生产率为对象的动态计量模型，得出中国财政科教支出对三者影响的实证分析结果。主要结论和政策建议如下：

第一，中国财政科教支出对经济增长、资本生成和全要素生产率提高均具有重要作用，特别是从两者对全要素生产率的影响来看，财政科教支出无疑对提高资源利用效率、增加全社会知识和人力资本存量起到重要作用。由于中国目前正处于经济转轨的关键时期，充分利用后发优势，实行"科教兴国"战略、建设"创新型国家"、走资源节约之路是可选择的重要发展模式。因此应通过加大财政科技和教育支出力度，不断提升知识资本存量和人力资本储备，实现经济增长方式由粗放型向集约型的转轨。

第二，中国财政科技和教育支出对宏观经济作用的力度不同。无论 GDP、资本存量和全要素生产率，其对科技支出的正向和负向最大响应值均大于教育支出，说明科技支出对宏观经济的冲击力度大于教育支出，而教育支出对宏观经济表现出更为平稳的拉动趋势。因此实际安排支出时，应充分考虑科技、教育支出的不同影响方式，通过改进支出结构和支出进度，使之对长期经济增长发挥更佳促进效果。

第三，中国财政科技支出和教育支出在作用时效上具有明显区别。教育支出对 GDP 和资本存量的影响均滞后于科技支出，但对全要素生产率的作用时滞短于科技支出，而且对 GDP 和全要素生产率的正向影响周期略长于科技支出。因此进行政策制定时，应充分考虑两者的作用时滞，防止为追求短期效果，出现盲目扩大科技支出而轻教育支出的倾向。

第四，在宏观经济效应的产生路径方面，教育支出主要是通过影响全要素生产率实现的，科技支出主要是通过影响资本存量实现的，而全要素生产率提高比资本存量提高更具有经济增长的长期促进作用。说明着眼于长远，增加教育支出比增加科技支出对经济增长的影响更为重要，这既与理论模型的分析结论完全一致，也为"十一五"期间进一步加大财政性教育支出力度、确保"教育财政拨款增长幅度高于财政经常性收入增长幅度"[①] 的制度规定提供了理论依据。

本章参考文献

[1] 戴维·罗默. 高级宏观经济学[M]. 商务印书馆，2003. 126～152 页

[2] R.G.D.艾伦. 数理经济学[M]. 商务印书馆，2005

[3] 郭庆旺，贾俊雪. 2005，中国全要素生产率的估算（1979～2004）[J]. 经济研究（6）

[4] 郭庆旺等. 积极财政政策及其与货币政策配合研究[M]. 中国人民大学出版社，2004

[5] 郭庆旺，赵志耘. 财政理论与政策[M]. 经济科学出版社，2003

[6] 易单辉. 数据分析与 EVIWS 应用[M]. 中国统计出版社，2005

[7] 马拴友. 财政政策与经济增长[D]. 经济科学出版社，2003

[8] 马拴友. 公共教育支出与经济增长[J]. 社会科学家，2002（3）

[9] 张军，施少华. 中国经济全要素生产率变动（1952～1998）[J]. 世界经济文汇，2003（2）

[10] 张军，章元. 对资本存量 K 的再估计[J]. 经济研究，2003（7）

[11] 李治堂. 人力资本积累、研究开发与内生经济增长[J]. 北京印刷学院学报，2005（5）

[12] Aghion, Philippe, and Howitt, Peter, 1992, "A Model of Grow

---

①参见《中华人民共和国教育法》第五十五条。

through Creative Destruction"[J], *Econometrica* 60 (March):323~351.

[13] Charles Jones, 1995, "R&D-Based Models of Economic Growth"[J], *The Journal of Political Economy* 103 (4):759~784.

[14] Clarida, R.H, 1993, "International Capital Mobility, Public Investment and Economic Growth," *NBER Working Paper, National Bureau of Economic Research.*

[15] Dere H.C. Chen and Hiau Looi Kee, 2003, "A Model on Knowledge and Endogenous Growth"[J], *World Bank Policy Research Working Paper* 3935.

[16] Grossman, Gene M.and Helpman, 1991, "Endogenous Product Cycles"[J], *Economic Journal* 101 (September):1214~1229.

[17] Grossman, Gene and Elhanan Helpman, 1991, "Innovation and Growth in the Global Economy"[M], *MIT Press.*

[18] Hall, Robert E. and Charles I. Jones, 1999, "Why Do Some Countries Produce So Much More Output per Worker than Others ?"[J], *Quarterly Journal of Economics.* Vol. 114, February, pp. 83~116.

[19] Howitt, Peter and Philippe Aghion, 1998,"Capital Accumulation and Innovation as Complementary Factors in Long-Run Growth"[J], *Journal of Economic Growth.* Vol. 3 (June), pp. 111~130.

[20] Jones, Charles, 1995,"R&D-Based Models of Economic Growth"[J], *Journal of Political Economy.* Vol. 103, pp. 759~784.

[21] Jones, Charles, 1999,"Growth: With or Without Scale Effects?"[J], *American Economic Review.* Vol. 89, No. 2 (May), pp. 139~144.

[22] Jorgenson, Dale W. and Kevin Stiroh, 2000, "Raising the Speed Limit: U.S. Economic Growth in the Information Age"[J], *Brookings Papers on Economic Activity.* Vol. 1, pp. 125~211.

[23] Kortum, Samuel, 1997, "Research, Patenting and Technological Change"[J], *Econometrica.* Vol. 65, No. 6, pp. 1389~1419.

[24] Krueger, Allan B. and Mikael Lindahl, 2000, "Education for

Growth: Why and For Whom?"[J], *National Bureau of Economic Research Working Paper* No. 7591.

[25] McMillin and Smyth, 1994, "A Multivariate Time Series Analysis of the United State Aggregate Production Function," *Empirical Economics*, (3).

[26] Park. Watler G, 1998, "A Theoretical Model of Government Research and Growth"[J], *Journal of Economic Behavior and Organization* Vol.34, 69~85.

[27] Paul M. Romer, 1986,"Increasing Returns and Long Run Growth"[J], *The Journal of Political Economy* 94 (5): 1002~1037.

[28] Romer, Paul M, 1990, "Endogenous Technological Change"[J], *Journal of Political Economy* 98 (October, Part 2): S71-S102.

[29] Robert E. Locus, 1998, "On The Mechanics of Economic Development"[J], *Journal of Monetary Economics* 22 (3): 30-42.

第八章 公共投资对民间投资影响的实证分析

本章主要考察公共投资与民间投资之间的挤入（挤出）效应。我们对 Aschauer（1989）等的模型加以修正，把新古典投资模型和加速度模型结合起来，利用日本的统计数据（1961～1997 年）考察公共投资对民间投资的影响。分析结果表明，公共投资与民间投资之间存在替代性。

第一节 引 言

根据古典 IS-LM 模型，假定投资函数具有弹性并且货币供给为一定，公共投资越多，带来的产出越多，而产出越多利息率越高，利息率越高会导致民间投资减少。而 Aschauer（1989）等认为，公共投资可能带来民间投资的增加，因为公共投资可以提高民间投资的盈利能力。公共投资特别是道路、电力、供排水系统等基础设施的建设与维护，与民间投资互补，能提高民间部门的生产性。

本章把新古典投资模型和加速度模型结合起来，利用日本的统计数据（1961～1997 年）考察公共投资对民间投资的影响。

第二节 先行研究

Buiter（1977）提出，基础设施投资对民间投资和经济增长有影响。

他认为公共投资与民间投资之间的互补关系是很显然的（如公共投资项目大坝的建设等）。现在考虑公共资本的提供影响民间投资的决定，产业部门把其民间资本与公共资本结合起来，生产性提升导致企业价值提高。假设企业根据内部收益率决定投资项目的盈利性，由于企业价值的期望值上升，资本投资会增加。由于公共基础设施的提供，企业初始成本或原材料成本变得更低。例如，交通网络的改进使企业运输成本降低，或者说，大量基础设施投资带来企业收入增加，企业收益会提高。这样，在给定资源水平下，投资项目的净现值增加，民间投资扩大，未来实际收入将增长。

如果公共基础设施增加带来民间投资生产性的提高，在投资模型中应考虑公共投资的影响。标准的投资模型包括加速度模型、新古典投资模型、有价证券估价模型等。这些投资模型的决定因素有产出、利润、资本成本、资本收益、现金流等，都忽视了公共投资对民间投资的可能影响。通过修正这些模型可以考察公共投资对民间投资的影响。

Aschauer's（1989）认为，表面上看，公共投资增加可能导致民间投资一对一的减少，因为民间部门可能更多地依赖公共投资来满足其目的。但是，深入思考可以看到，公共基础设施投资的一个显著特点是其在民间生产与分配方面对民间投资的互补性。公共投资可能带来民间投资的增加，因为前者带来后者盈利能力的提高。实证研究表明，当挤出和挤入两个效应共同作用时，后者占上风，两者的净影响是公共投资可能带来民间投资增加。Aschauer（1989）的实证结果表明，非军事公共投资每增加 1%，挤出民间投资 0.99%。但是，Aschauer（1989）也发现公共投资、民间投资与民间投资收益率之间的重要关系。即民间投资每增加 1%，使民间投资收益率降低 27%；而非军事公共投资每增加 1%，则可以提高民间投资收益率 9%。分析结果还表明，军事投资对民间投资没有显著影响。公共投资的直接影响是减少相同数额的民间投资。但是，公共投资对民间投资收益率的正的影响将带来未来民间投资的增加，即公共投资对民间投资有挤入效应。

Munnell（1992）指出，通常人们认为公共投资通过增加可利用资源和提高现存资源的生产性，从而扩大某地区的生产能力。

Erenburg 和 Wohar（1996）认为，公共投资与民间投资之间存在高度相关性，但是这并不意味着两者之间存在因果关联。正如 Granger（1980）指出的那样，两个变量之间的高度相关性不一定就表明两者之间存在因果关联。公共投资与民间投资之间的相关关系可能包括四个相互替代的因果关系假设，即公共投资引发民间投资、民间投资引发公共投资、公共投资与民间投资相互独立、公共投资与民间投资互为因果关系。第三个假设隐含着公共投资和民间投资受其他一些因素的共同影响。Erenburg 和 Wohar（1996）对一些变量进行格兰杰因果检验，结果表明，资本收益率和税后托宾 q "格兰杰引起" 民间投资。托宾 q 对公共投资具有正的影响。分析结果表明，公共投资与民间投资之间存在滞后效应（feedback effects）。

Monadjemi（1996）对 Aschauer 的模型加以修正，把新古典模型和加速度模型结合起来，考察不同政府支出对民间投资的影响。Monadjemi（1996）利用美国与英国的数据，利用 ECM（各变量取一次差分变为平稳的，存在协整关系）分析财政支出变化对民间投资的影响，结果表明产出与企业收益是影响民间投资的最重要的变量，在这两个国家公共支出都具有边际重要性。

Argimon 和 Isabel 等（1997）根据 Barro（1981、1989 和 1990），Aschauer（1988），Aschauer 和 Greenword（1985）等的模型，建立一个考察公共支出与民间投资之间关系的模型。该模型的主要实证分析包括：（1）给定公共投资对民间资本收益的影响，公共投资对民间投资的直接影响不是正的；（2）如果民间投资随着民间资本边际生产性的提高而增加，只要民间资本和公共资本是互补的，公共投资增加对民间投资有挤入效应；（3）给定民间资本的收益率，政府消费的增加对民间投资的影响不确定。如果公共服务与民间消费是互补的，公共消费的直接收缩效应比公共投资的要大，反之亦然（如果公共消费与民间消费是互相替代的）。

Argimon 和 Isabel 等（1997）利用 14 个 OECD 国家的面板数据进行分析，结果表明，公共投资对民间投资具有挤入效应（通过公共基础设施，提高民间投资的生产性）。政府消费支出可能对民间投资具有挤出效应。所以通过削减公共投资来减少财政赤字可能严重损害民间资本积累和经济增长前景。

Voss（2002）根据新古典投资理论，利用 VAR 模型分析了民间投资和公共投资之间的短期和长期关系。该模型基于 Jorgensen（1963）的新古典投资理论，包括公共投资和民间投资两个部门，每个部门的投资决策取决于下列条件：过去和现在的总体经济（需求）状态，过去和现在的资本使用者费用，过去和（更可能）现在的另一个投资部门的投资决策。变量滞后期值的使用允许投资过程的动态调整，部门资本使用者费用包括实际利率和部门投资财的相对价格，而其他决定资本使用者费用的因素如税收和折旧率假设不变。与新古典投资理论相一致，对变量产出和资本使用者费用取一次差分。为了考察每个部门的投资，利用总产出而不是资本存量作为尺度变量，一方面是因为方便，另一方面是因为资本存量难以衡量而且不同国家的资本存量可能存在衡量质量上的差异。另外，产出和相对价格的变化采用百分比的形式（对数一次差分）。Voss（2002）利用美国和加拿大的数据进行分析，结果表明，在公共投资与民间投资之间不存在由于两者之间的互补关系而带来的挤入效应，实际上公共投资的变化倾向于挤出民间投资。

国内学者针对我国的具体情况做了大量的研究。郭庆旺和赵志耘（1999）认为在利率受到管制的条件下，政府投资不会挤出民间投资，反而会对民间投资产生挤入效应。刘溶沧和马栓友（2001）认为政府投资具有正的外部性，能提高私人投资的收益率，所以能在一定程度上"挤入"私人投资。戴园晨（2004）通过回归分析也认为政府投资没有挤出民间投资。宋福铁（2004）通过格兰杰因果检验发现我国大规模发行国债未产生挤出效应，但也没产生对私人投资的刺激作用。郭庆旺和贾俊雪（2005）利用向量自回归和脉冲响应函数的分析（基于我国 1978～2003 年的统计数据）表明，我国财政投资对经济增长具有明显的促进作用，对民间投资的拉动效应也很强。

第三节　实证分析模型及其估计

为检验公共投资和民间投资之间的挤出效应，我们给出如下实证分析模型：

$$\ln PRI_t = b_1 + b_2 \ln GDP_{t-1} + b_3 RRS_{t-1} + b_4 \ln PUB_t + e_t \qquad (8.1)$$

其中，PRI 表示民间投资额，GDP 表示国内生产总值，RRS 表示公司营业利润率，PUB 表示公共投资。$\ln()$ 表示取各变量的对数值，t 和 $t-1$ 表示相邻两个不同时期，e 表示误差项。从理论上看，我们假设 b_2 是正值（除非整个经济处于下滑时期），b_3 是正值（表示公司营业收益率越高，民间部门自身可以实现更多的投资），b_4 的符号不确定（如果公共投资和民间投资之间的关系是互补的，则 b_4 的符号为正；如果两者互为替代关系，则 b_4 的符号为负；如果两者互相独立，则 b_4 为零）。

该模型不同于 Voss（2002）的 VAR 模型。从（8.1）式的民间投资方程式可以看出，民间投资决定于过去的整体经济状况、公司实现利润和当期的公共部门投资决策。该模型也不同于 Tobin 的 q 理论。自从 Keynes（1936）指出企业投资变化基本源于企业家的投资前景预期，经济学家普遍认识到在企业投资决策中投资预期的重要性。Tobin（1969）认为，如果股票市场机能正常，Tobin 的 q（定义为公司的市场价值和其资本存量的重置价值之比）可以反映投资的预期收益。Tobin 的分析方法引发其后大量的相关研究。但是，现有的证据不能提供满意的结果支持 Tobin 的分析方法。如果仅仅使用 Tobin 的 q 进行分析，有时导致对投资函数较弱的解释能力和自相关问题。如果把现金流或利润加进投资函数，通常估计结果在统计上是显著的（Ogawa 等，1999）。在绝大多数关于民间投资模型的分析中，公共投资变量被加进去以考察其对民间投资的影响。

本章分析所用数据来源于日本"国民经济核算"（1988、1999 年版）、"公共投资调查"和"企业统计"（1990、1997～1999年版）。我们首先检验数据的平稳性。正如 Granger 和 Newbold（1974）指出的那样，普通最小二乘法可能导致谬回归（当一个随机变量和另一个随机变量相互独立，估计结果却显示较高的 R^2 和 t 统计值，这显然极易误导分析者）。单位根检验通常使用 ADF（Augmented Dickey-Fuller）和 P-P（Phillips-Perron）两种互为补充的检验方法。检验结果如表 8-1 所示。

表 8-1　单位根检验的结果

变量	ADF　统计值（概率）	P-P 调整后的统计值（概率）
LNPRI	-2.9818（0.0465）[2]	-3.0608（0.0385）
LNGDP	-3.6160（0.0104）[2]	-6.2260（0.0000）
RRS	-2.5713（0.1087）[3]	-2.4833（0.1276）
LNPUB	-2.6118（0.1000）[1]	-4.2530（0.0019）

注：[ ] 的数值表示选择的滞后期，最大为 9；（ ）中的数值表示原假设"变量存在单位根"成立的概率。

从表 8-1 可以看出，民间投资和 GDP 的对数值在 5% 的显著水平下 "变量存在单位根" 的原假设不成立；而公司营业利润率和公共投资的对数值在 5% 的显著水平下"变量存在单位根"的原假设成立（但是 P-P 单位根检验表明，公共投资的对数值在 1% 的显著水平下"变量存在单位根"的原假设不成立；ADF 单位根检验表明，在 10% 左右的显著水平下公司利润率和公共投资的对数值不存在单位根）。

我们首先把样本分为 1961～1979 年、1980～1997 年两个不同的时期，对这两个样本和全部样本进行 OLS 估计。估计结果如表 8-2 至表 8-4 所示。

从表 8-2 至表 8-4 的估计结果可以看出，对于不同的样本不存在结构变化，所有的系数估计值在 10% 的显著水平下（大部分在 1% 的水平下）都显著，并且在不同样本的估计中其符号没有发生变化。在前一个样本区间内公共投资对民间投资的挤出效应远远大于后一个样本区间的估计值。

表 8-2   *OLS* 估计的结果（1961~1979）

变量	系数估计值	t-统计值	概率
CONSTANT	-8.9929	-2.2382	0.0408
LNGDP（-1）	1.9071	3.7617	0.0019
RRS（-1）	0.1671	3.8411	0.0016
LNPUB	-0.8025	-1.8800	0.0797
R-squared	0.9874	*F*-statistic	391.9215
Adjusted *R*-squared	0.9849	Prob（*F*-statistic）	0.0000
S.E. of regression	0.0901	Durbin-Watson stat	1.8990

表 8-3   *OLS* 估计的结果（1980-1997）

变量	系数估计值	t-统计值	概率
CONSTANT	-4.5432	-8.9521	0.0000
LNGDP（-1）	1.2778	19.6213	0.0000
RRS（-1）	0.2108	13.0293	0.0000
LNPUB	-0.2291	-3.2250	0.0061
R-squared	0.9922	Durbin-Watson stat	1.6143
Adjusted *R*-squared	0.9906	*F*-statistic	596.5114
S.E. of regression	0.0281	Prob（*F*-statistic）	0.0000

从表 8-4 可以看出，对于全体样本估计误差项为均方差的原假设成立的概率很小（*LM* 异方差检验统计值 = 5.5791[0.018]，Breusch-Pagan 异方差检验统计值 = 5.5298[0.019]）。根据 Breusch/Godfrey *LM* 自相关检验，我们发现，估计误差项之间存在滞后三期的自相关关系（Breusch/Godfrey *LM: AR/MA3* = 8.8148 [0.032]）。这表明 *OLS* 估计（具有较高 R^2 和 t-统计值）可能是缪回归（单位根检验表明在 5%统计水平下，公司营业利润率和公共投资的对数值存在单位根，这同样表明利用 *OLS* 估计可能不合适）。为了改进 *OLS* 估计，我们进一步利用 *GMM*（Generalized Method of Moments）方法进行估计。我们选择的工具变量包括常数、时间趋势、滞后二期

的 *LNGDP*、滞后二期的 *RRS* 和滞后二期的 *LNPUB*。

表 8-4   *OLS* 估计的结果（1961～1997）

变量	系数估计值	t-统计值	概率
CONSTANT	-3.0612	-4.2804	0.0002
LNGDP（-1）	1.1598	11.8751	0.0000
RRS（-1）	0.1892	7.2191	0.0000
LNPUB	-0.1856	-1.9691	0.0574
R-squared	0.9951	Durbin-Watson stat	1.7157
Adjusted R-squared	0.9947	F-statistic	2244.133
S.E. of regression	0.0715	Prob（F-statistic）	0.0000

异方差检验:

White het. test = 8.4557 [0.489]，*LM* het. test = 5.5791 [0.018]，

Breusch-Pagan het. test = 5.5298 [0.019]。

自相关检验:

Breusch/Godfrey *LM: AR/MA1* = .49939 [0.480]，

Breusch/Godfrey *LM: AR/MA2* = 1.6483 [0.439]，

Breusch/Godfrey *LM: AR/MA3* = 8.8148 [0.032].

GMM 估计的一般推导过程如下：

$$y_t = h(x_t, \alpha) + u_t \tag{8.2}$$

其中，$E(u_t|Z_t) = 0$，$u(x_t, \alpha) = y_t - h(x_t, \alpha)$。

$$m = \frac{1}{T}\sum_{t=1}^{T} Z_t u_t(x_t, \alpha) = \frac{1}{T} Z'(X, \alpha) = m(\alpha) \tag{8.3}$$

最小区间估计为 $\min_{\alpha} m'(\alpha)W^{-1}m(\alpha)$。

GMM 估计结果如表 8-5 所示。

因为工具变量个数（5 个）大于解释变量的个数（3 个），我们检验原假设 $E(u_t|Z_t) = 0$ 是否成立。过度识别制约条件的检验统计值为 0.5505 [0.458]，服从自由度为 1 的卡方（χ^2）分布。这表明原假设被接受，估计误差项和解释变量之间相互独立。我们可以得出，前期的

GDP 和公司营业利润率每提高 1%，当期的民间投资将分别增加 1.1%
和 0.2%左右；而当期的公共投资每提高 1%，当期的民间投资将减少
0.17%。

表 8-5 *GMM* 估计的结果（1961～1997）

变量	系数估计值	*t*-统计值	概率
CONSTANT	-3.1385	-4.8812	0.000
LNGDP（-1）	1.1498	12.5764	0.000
RRS（-1）	0.2182	10.9043	0.000
LNPUB	-0.1652	-1.7895	0.074

R-squared = 0.9946,　Adjusted *R*-squared = 0.9941,

Sum of squared residuals = 0.1665, Variance of residuals = 0.0052,

Std. error of regression =0.0721, Durbin-Watson = 1.8231 [0.091,0.595]

Test of overidentifying restrictions = 0.5505 [0.458], Degrees of freedom = 1

我们从所利用的统计数据发现，除了 1980 年代外，在其他时期
日本公共投资的增速要高于同期 GDP 的增速。另外，除了在高速成
长期（1960s）公共投资与民间投资两者的增速基本持平外，在其他年
代（1970s，1980s 和 1990s）民间投资的增速均低于同期公共投资和
GDP 的增速。特别是在 1970 年代为应对第一次石油危机、全球性粮
食危机和通货膨胀以及汇率制度转变（从固定汇率制转为浮动汇率
制），日本公共投资增加很多，其增速远高于同期 GDP 的增速；在 1990
年代日本泡沫经济破灭后，为刺激经济复苏，公共投资大幅度增加，
但是由于过剩设备、过剩雇用和过剩债务的存在，日本经济未能自主
恢复，反而陷入长期低迷的困境。从存量方面看，日本社会资本存量
占总社会资本存量（包含民间资本存量在内）的比重约为 25%，而美
国约为 17%，旧东德和英国等国家仅为 10%或 10%以下（太田清，
2001）。从总体上看，日本公共投资的增速高于同期民间投资的增速，
公共投资的边际生产性存在下降趋势。正如井堀利宏等（2001）指出
的那样，日本过度关心公共投资作为经济景气对策手段的凯恩斯型需
求扩张作用，而对公共投资作为社会资本的收益评价重视不够。特别

是 1980 年代以后,公共投资的边际生产性可能低于民间投资的边际生产性,公共投资规模过大,以致对民间投资产生挤出效应。

第四节　结　论

本章主要考察了公共投资与民间投资之间的挤入(挤出)效应。我们对 Aschauer(1989)等的模型加以修正,把新古典投资模型和加速度模型结合起来,利用日本的统计数据(1961～1997)考察公共投资对民间投资的影响。分析结果证实了公共投资与民间投资之间的替代性。在本文分析所用样本区间内,日本公共投资占 GDP 的比重约为 9%,而同期美国和法国约为 3%,德国约为 2%,英国约为 1%。尽管日本民间投资增速比 GDP 增速要高,但是其公共投资增速比民间投资和 GDP 增速都要高,而且民间投资占 GDP 的比重和公共投资占GDP 的比重两者之间成相反变化趋势。所以,公共投资过多,民间投资会被挤出,因为公共投资的边际生产性下降、有限的生产投入要素可能成为竞争性资源。

本章参考文献

[1]　戴园晨. "投资乘数失灵"带来的困惑与思索[J]. 经济研究,1999(8)

[2]　曾令华. 近年来的财政政策是否有挤出效应[J]. 经济研究,2000(3)

[3]　刘溶沧,马栓友. 赤字、国债与经济增长关系的实证分析——兼评积极财政政策是否有挤出效应[J]. 经济研究,2001(2)

[4]　郭庆旺,赵志耘. 论我国财政赤字的拉动效应[J]. 财贸经济,1999(6)

[5]　郭庆旺,赵志耘,何乘才. 积极财政政策及其与货币政策配合研究[M]. 中国人民大学出版社,2003:162～168

[6]　Argomon etc.(1997),"Evidence of public spending

crowding-out from a panel of *OECD* countries," *Applied Economics*, 1997, 29, 1001～1010.

[7] Aschauer, David Alan (1989), "Does Public Capital Crowd out Private Capital?" *Journal of Monetary Economics*, 24 (2), 171～188.

[8] Bairam, Erkin and Bert Ward (1993), "The Externality Effect of Government Expenditure on Investment in *OECD* Countries," *Applied Economics*, 25 (6), 711～716.

[9] Erenburg, S. J. (1993), "The Real Effects of Public Investment on Private Investment," *Applied Economics*, 25 (6), 831～837.

[10] Erenburg, S. J., Mark E. Wohar (1996), "Public and private investment: are there causal linkages?" *Journal of Macroeconomics*, 17, 1, 1～30.

[11] Hayashi, F. (1982), "Tobin's q and average q: a neoclassical interpretation," *Econometrica*, 50, 213～24.

[12] Keynes, J. M. (1936), The General Theory of Employment, Interest and Money, London: Macmillan.

[13] Monadjemi, Mehdi S. (1993), "Fiscal Policy and Private Investment Expenditure: A Study of Australia and the United States," *Applied Economics*, 25 (2), 143～148.

[14] Monadjemi, Mehdi S. (1996), "Public expenditure and private investment: a study of the UK and the USA," *Applied Economics Letters*, 1996, 3, 641～644.

[15] Ogawa, Kazuo and Shin-ichi Kitasaka (1999), "Market valuation and the q theory of investment," *The Japanese Economic Review* 50 (2), 191～211.

[16] Tobin, J. (1969), "A general equilibrium approach to monetary theory," *Journal of Money, Credit, and Banking*, 1, 15～29.

[17] Voss, Graham M. (2002), "Public and private investment in the United States and Canada," *Economic Modelling* 19, 641～66.

[18] Zou, Y. (2006), "Empirical Studies on the Relationship between

Public and Private Investment and GDP Growth," *Applied Economics*, Vol.38, No. 11, pp.1259~1270.

[19] 井堀利宏等（2001），「日本の財政政策—公共投資の評価」,『経済研究』,2001.7, pp.22~25.

[20] 太田清（2001），「増える政府の政府残高　公共投資はこのままでよいか」,『経済セミナー』, No.553, pp.22~23.

[21] 邹洋（2003），「日本における公共投資と民間投資の関係についての実証的分析」,『経済政策ジャーナル』，第 1 巻第 1-2 号（通巻第 51-52 号），pp.18~29.

第九章　中国政府消费和公债发行
对居民消费的影响

本章把欧拉方程式和"有效"消费理论结合起来，利用中国的统计数据（1985～2005 年）分析政府消费和公债发行对居民消费支出的影响。同时，考察政府收入和公债发行对政府消费支出的影响。

根据实证分析的结果，我们可以得出一些政策建议。即为了扩大居民消费支出，特别是农村居民的消费支出，可以通过政府消费支出的扩张来实现。由于政府消费支出主要以税收为财源，受到预算的很大约束，所以一方面可以考虑开辟财源以增加财政（税收）收入，另一方面可以考虑在一定时期内扩大政府债务的发行，从而实现政府消费支出的适度扩张。

第一节　引　言

本章主要是从理论和实证两个方面考察我国政府消费和公债发行对居民消费的影响。我们把欧拉方程式和扩展的"有效"消费理论结合起来，利用中国的统计数据（1985～2005 年）进行分析，同时考察政府财政收入和公债发行对政府消费支出的影响。具体我们考察：（1）政府消费支出和公债发行对居民消费支出合计及其中的城镇居民消费支出和农村居民消费支出的影响；（2）国内外债务发行及其中的国内债务发行、政府财政收入及其中的各项税收收入对政府消费支出的影响。

第二节　先行实证研究

虽然很多实证研究的目的是为了验证公债中立性命题，但是我们可以从中看出政府活动对民间消费的影响是如何估计的。

Feldstein（1982）利用下列消费支出函数进行分析，以验证公债中立性命题：

$$C_t = a_0 + a_1 Y_t + a_2 W_t + a_3 SSW_t + a_4 G_t + a_5 T_t + a_6 TR_t + a_7 D_t \qquad （9.1）$$

其中，C_t 表示 t 期的消费支出，Y_t 表示恒常所得，W_t 表示期初财富的市场价值，SSW_t 表示社会保障收益，G_t 表示政府消费支出，T_t 表示税收收入，TR_t 表示政府转移支付，D_t 表示各级政府的公债净额。

公债中立性命题隐含的主要假定为：$a_5 = 0$，$a_6 = 0$，$a_7 = -a_2$，$a_2, a_3 > 0$，$a_4 = -1$。

Feldstein（1982）并不认为在上述民间消费行为模型中利用国民收入作为收入的定义是合适的。Feldstein（1982）也利用可支配收入作为收入的定义进行了分析。

Kormendi（1983）给出可支配收入作为收入的定义，表示为：

$$YD_t = Y_t - TX_t - RE_t + TR_t + GINT_t \qquad （9.2）$$

其中，YD 表示可支配收入，TX_t 表示税收，RE_t 表示企业留利，$GINT_t$ 表示政府支付的公债利息。

民间消费函数写成一次差分的形式为：

$$\Delta PC_t = a_0 + a_{11} \Delta Y_t + a_{12} \Delta Y_{t-1} + a_2 \Delta GS_t + a_3 \Delta W_t \\ + a_4 \Delta TR_t + a_5 \Delta TX_t + a_6 \Delta RE_t + a_7 \Delta GINT_t + u_t \qquad （9.3）$$

其中，PC_t、Y_t、Y_{t-1}、GS_t、W_t、TR_t 分别表示民间消费、实际收入、滞后一期的实际收入、政府支出、不动产等财富、转移支付等。Δ 表示在实际估计时各变量取一次差分。

Kormendi（1983）也考虑政府公债对民间消费的影响（在上式中加进 $a_8 GB_t$）：

$$\Delta PC_t = a_0 + a_{11}\Delta Y_t + a_{12}\Delta Y_{t-1} + a_2\Delta GS_t + a_3\Delta W_t$$
$$+ a_4\Delta TR_t + a_5\Delta TX_t + a_6\Delta RE_t + a_7\Delta GINT_t + a_8\Delta GB_t + u_t \tag{9.4}$$

其中，GB_t 表示政府发行的债务。

Kormendi（1983）最后考察了政府支出的不同组成部分对民间消费支出的影响：

$$\Delta PC_t = a_0 + a_{11}\Delta Y_t + a_{12}\Delta Y_{t-1} + a_{21}\Delta DX_t$$
$$+ a_{22}\Delta GC_t + a_{23}\Delta GI_t + a_3\Delta W_t + a_4\Delta TR_t + u_t \tag{9.5}$$

其中，DX_t 表示国防支出，GI_t 表示政府固定资本形成净额。

Aschauer（1985）认为可以利用下列回归方程式来估计过去的政府赤字对民间消费的影响：

$$C_t = \alpha + \beta C_{t-1} + \gamma_1 D_{t-1} + \gamma_2 D_{t-2} + \gamma_3 D_{t-3} + \gamma_4 D_{t-4} + u_t \tag{9.6}$$

其中，C_t 和 D_t 分别表示人均民间消费支出和所有的政府赤字净额。

Aschauer（1985）把民间"有效"消费分为民间和政府两个部分，同时认为现期的政府消费支出可以通过过去的税收或赤字来预测：

$$C_t = \alpha + \beta C_{t-1} + \beta\theta G_{t-1} - \theta G_t^e + u_t \tag{9.7}$$

$$G_t = \gamma + \varepsilon(L)G_{t-1} + \omega(L)D_{t-1} + v_t \tag{9.8}$$

$$E_{t-1}G_t \equiv G_t^e = \gamma + \varepsilon(L)G_{t-1} + \omega(L)D_{t-1} \tag{9.9}$$

其中，G_t 表示 t 期人均政府支出，G_t^e 表示其预测值。

根据上述方程式，得到下列方程组：

$$C_t = \delta + \beta C_{t-1} + \eta(L)G_{t-1} + \mu(L)D_{t-1} + u_t \tag{9.10}$$

$$G_t = \gamma + \varepsilon(L)G_{t-1} + \omega(L)D_{t-1} + v_t \tag{9.11}$$

其中，$\varepsilon(L) = \sum_1^n \varepsilon_i L^{i-1}$，$L$ 表示滞后算子 $LX_t \equiv X_{t-1}$，$\eta(L)$、$\mu(L)$、$\omega(L)$ 为同样。u_t、v_t 表示互不存在序列相关的误差项。

过去的政府支出和赤字可能影响现期的民间消费，其制约条件表示为：

$$\delta = \alpha + \theta\gamma, \quad \eta_i = \begin{cases} \theta(\beta-\varepsilon_i), i=1 \\ -\theta\varepsilon_i, i=2\ldots,n \end{cases}, \quad \mu_j = -\theta\omega_j, j=1,2,\ldots,m. \tag{9.12}$$

Aschauer（1985）的实证分析包括民间消费自身滞后一期的值和至多滞后两期的政府（消费）支出和政府赤字的值。

　　Graham（1993）指出 Aschauer（1985）的估计结果存在脆弱性，并认为这归因于可支配收入变量在该模型中的缺省。Graham（1993）给出类似于 Campbell and Mankiw（1990）的估计式：

$$\Delta C_t = \alpha - \theta \Delta G_t + \lambda \Delta Y_t + e_t \qquad (9.13)$$

其中，C_t、G_t 和 Y_t 分别表示实际人均民间非耐用品消费、政府消费支出和可支配收入，Δ 表示一次差分算子，e_t 表示误差项。Graham（1993）的估计结果验证了 Campbell and Mankiw（1990）的结论，即消费与可支配收入密切相关，恒常所得假设并不成立。

　　Sargent（1978）、Flavin（1981）和 Hayashi（1979，1982）等的分析也拒绝了恒常所得假设，认为消费和当期所得有着更密切的关系。Mankiw（2000）确认了当期收入对消费支出的重要影响。

　　对于中国的研究，有谢建国和陈漓高（2002）及李广众（2005）等。前者采用了类似于（9.13）式的模型对中国政府支出与居民消费的关系进行了分析，他们采用对数和差分形式分别进行估计，认为在短期内，政府支出对总需求具有"挤入"效应，而在长期均衡时具有"挤出"效应。后者对 OLS 回归残差的协整分析表明，居民消费与政府支出之间不存在协整关系，据此采用差分模型对改革开放前后两个不同时期（1952~1978 年、1979~2002 年）内的政府支出与居民（分全国、城镇和农村居民）消费支出的关系进行了分析，认为政府支出与居民消费之间存在一定的互补性，改革开放之后，这种互补性得到加强，而且政府支出对城镇居民消费的影响明显大于对农村居民消费的影响，在实际中政府支出大部分集中在城镇，对农村经济的影响力相对较弱（对于改革开放前全国、城镇和农村居民三个样本，差分后的政府支出的系数估计值分别为 0.117、0.382 和 0.008，对于改革开放后对应的估计值分别为 0.878、1.735 和 0.452）。后者也分析了税收和国债变量对居民消费的影响，认为李嘉图等价定理在中国可以近似成立，即税收和国债变量不是影响居民消费的重要解释变量（这两个变量的系数估计值在绝大部分的模型中统计上不显著）。

　　综上所述，关于政府活动与民间消费之间关系的实证研究可分为欧拉方程式估计和非欧拉方程式估计两种。很多实证分析与理论模型不完全相吻合。有的根据恒常所得假设来估计财政政策对民间消费的影响，但是没有得出统一的结论。由于流动性制约的存在，恒常所得假设在决定消费者行为中不是总能成立。很多实证研究根据可支配收入的定义来进行分析，但是估计结果与可支配收入组成的符号在理论上有的不统一。还有，估计误差项的自相关问题等也没有得到很好的解决。所以，对该问题进行进一步研究具有较强的理论和实践意义。

第三节　理论模型：欧拉方程式与"有效"消费理论的结合

首先，我们来看巴洛（1981）的"有效"消费理论。巴洛认为政府提供的公共产品与服务有两种：一种是部分直接效用型，另一种是部分生产投入型。

从第一种意义上看，"有效"消费等式可写成：

$$C_t^* \equiv C_t + \theta G_t \tag{9.14}$$

其中，$0 \leqslant \theta \leqslant 1$。每个单位的公共产品与服务（$G_t$）的提供意味着家庭得到多个单位的"有效"消费（$C_t^*$），多于实际的消费（$C_t$）。这里，我们考虑 G_t 与 C_t 是互补品，而没有考虑其替代性。假设 $\bar{G}$ 一定，θ 则衡量 G_t 与 C_t 之间的边际效用替代性。

从第二种意义上看，政府提供的公共产品与服务被看作是民间生产过程的一种投入。假设公共产品与服务的变化能改变民间部门的实际收入（与公共产品与服务的边际生产性一致（MPG）），则公共产品与服务的提供对民间消费的净影响依赖于（$\theta + MPG - 1$）项。如果 $0 \leqslant \theta + MPG \leqslant 1$，则该项为非正值，但是其绝对值等于或小于 1。

其次，我们来考察欧拉方程式的推导过程。

代表性经济个体的效用函数为：

$$V = \sum_{t=0}^{\infty} (1/(1+\delta))^t u(C_t^*) \tag{9.15}$$

其中，δ 表示时间偏好系数，u ()表示凹形矩效用函数（concave momentary utility function）。

"有效"消费的预算约束式为：

$$\sum_{t=0}^{\infty}(1/(1+r))^t C_t^* =(1/(1+r))^t(A_t-D_t)+\sum_{t=0}^{\infty}(1/(1+r))^t[W_t+(\theta-1)G_t]$$

（9.16）

其中，$A_t \equiv$ 资产（包括公债），$D_t \equiv$ 当期到期公债，$W \equiv$ 工资收入，$T \equiv$ 税收（减去转移支付）。即"有效"消费的现值之和受到下列因素的制约：净资产的水平（A_t-D_t）、工资收入的现值之和、（$\theta-1$）倍的政府支出（G_t）的现值之和。

目标函数（9.15）式在约束条件（9.16）式下,最大化的一阶条件如（9.17）式（包括（9.16 式）在内）：

$$u'(C_t^*)=\lambda[(1+\delta)/(1+r)]^t,\ t=0,1,2,\dots \qquad（9.17）$$

其中，λ 代表拉格朗日系数。

考虑相邻两个时期（$t-1$ 和 t 期）的消费选择问题，得到：

$$u'(C_{t-1}^*)=\lambda[(1+\delta)/(1+r)]^{t-1} \qquad（9.18）$$

$$u'(C_t^*)=\lambda[(1+\delta)/(1+r)]^t \qquad（9.19）$$

把（9.19）和（9.18）两式合并得到：

$$u'(C_t^*)/(1+\delta)=u'(C_{t-1}^*)/(1+r) \qquad（9.20）$$

假设矩效用函数是 2 次方型：

$$u(C_{t-1}^*)=-(\overline{C}^*-C_{t-1}^*)^2/2 \qquad（9.21）$$

$$u(C_t^*)=-(\overline{C}^*-C_t^*)^2/2 \qquad（9.22）$$

其中，$\overline{C}^*$ 表示"有效"消费的最高水准。

对（9.21）式和（9.22）式分别进行微分，得到：

$$u'(C_{t-1}^*)=\overline{C}^*-C_{t-1}^* \qquad（9.23）$$

$$u'(C_t^*)=\overline{C}^*-C_t^* \qquad（9.24）$$

把（9.23）式带入（9.20）式, 得到：

$$u'(C_t^*)=[(1+\delta)/(1+r)](\overline{C}^*-C_{t-1}^*) \qquad（9.25）$$

进一步把（9.25）式带入（9.24）式，欧拉方程式可写成：

$$C_t^* = [(r-\delta)/(1+r)]\bar{C}^* + [(1+\delta)/(1+r)]C_{t-1}^* \qquad (9.26)$$

假设 $\alpha \equiv [(r-\delta)/(1+r)]\bar{C}^*$，$\beta \equiv (1+\delta)/(1+r)$，欧拉方程式可简略写为：

$$C_t^* = \alpha + \beta C_{t-1}^* \qquad (9.27)$$

考虑两个不同时期（t 和 $t-1$ 期）的"有效"消费方程式：

$$C_t^* = C_t + \theta \times G_t \qquad (9.28)$$

$$C_{t-1}^* = C_{t-1} + \theta \times G_{t-1} \qquad (9.29)$$

把（9.28）式带入欧拉方程式（9.27）式，得到：

$$C_t + \theta \times G_t = \alpha + \beta \times C_{t-1}^* \qquad (9.30)$$

进一步把（9.30）式中的 C_{t-1}^* 由（9.29）式来替代，得到：

$$C_t = \alpha + \beta \times C_{t-1} - \theta \times G_t + \theta\beta \times G_{t-1} \qquad (9.31)$$

（9.31）式实现了欧拉方程式与仅包含政府消费支出影响在内的"有效"消费方程式的结合。

进一步根据政府活动性质（资金来源及将来是否要偿还）的不同，我们将政府活动分成两类：一类为政府消费活动，如政府采购（包括货物、工程和服务三类）、公务员工资、社会保障等支出。这些活动的财源主要来自税收，由政府部门自己消费，现在和将来不需要偿还，可直接或间接增加居民福利。例如，政府采购会为民间提供巨大的商业机会，公务员工资和社会保障支出的增加可以提高人们的可支配收入水平，从而提高其效用水平。

另一类为公债发行活动，如公债一级发行市场和二级交易市场，公开市场业务操作和政府预算对公债利息支付的安排等。一方面以公债为财源的公共工程可以改善居民福利，另一方面公债利息支出直接增加居民的可支配收入，可提高其效用水平。还有，公债一级和二级市场以及公开市场业务，可以为民间经济活动主体提供良好的投融资工具和环境。但是政府举债将来要偿还，这点与以税收为财源的政府消费活动不同。

考虑到政府这两种主要活动对居民福利的影响，"有效"消费等式可改为：

$$C_t^* = C_t + \theta_1 \times GC_t + \theta_2 \times PD_t \tag{9.32}$$

（9.32）式表明居民的"有效"消费（C_t^*）因为有政府消费支出（GC）和公债发行（PD）活动的存在，其效用要大于其实际消费（C）所带来的效用。

考虑两个不同时期（t 和 $t-1$ 期）的"有效"消费等式：

$$C_t^* = C_t + \theta_1 \times GC_t + \theta_2 \times PD_t \tag{9.33}$$

$$C_{t-1}^* = C_{t-1} + \theta_1 \times GC_{t-1} + \theta_2 \times PD_{t-1} \tag{9.34}$$

把（9.33）式带入欧拉方程式（9.27），得到：

$$C_t + \theta_1 \times GC_t + \theta_2 \times PD_t = \alpha + \beta \times C_{t-1}^* \tag{9.35}$$

进一步把（9.35）式中的 C_{t-1}^* 由（9.34）式来替代，得到：

$$C_t = \alpha + \beta \times C_{t-1} - \theta_1 \times GC_t + \theta_1\beta \times GC_{t-1} - \theta_2 \times PD_t + \theta_2\beta \times PD_{t-1} \tag{9.36}$$

（9.36）式实现了欧拉方程式与包含政府消费支出和公债发行影响在内的"有效"消费方程式的结合。

第四节　数据分析

我们以我国 1985～2005 年间的数据为基础，利用上述理论模型来分析政府活动与居民消费的关系。数据来源于中国统计年鉴（2006）和中华人民共和国财政部网站财政数据栏（http://www.mof.gov.cn/lm3411_2.htm）。数据包括城乡居民消费支出总计及其中的农村居民消费支出和城镇居民消费支出、政府消费支出、国内外债务总计及其中的国内债务、国家财政总收入及其中的各项税收收入，我们分别用 pc、cpc、upc、gc、pd、npd、br 和 tr 来表示。图 9-1 至图 9-4 分别表示各变量占 GDP 的比重，分别用 rpc、rcpc、rupc、rgc、rpd、rnpd、rbr 和 rtr 表示。

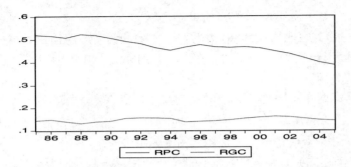

图 9-1 居民消费支出和政府消费支出占 GDP 的比重

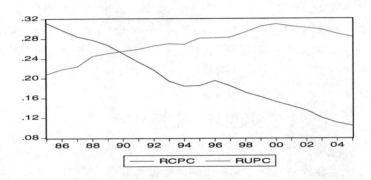

图 9-2 农村居民消费支出和城镇居民消费支出占 GDP 的比重

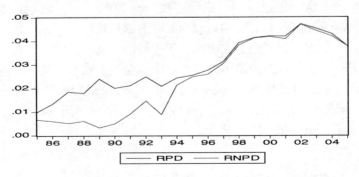

图 9-3 国内外债务总计及其中的国内债务占 GDP 的比重

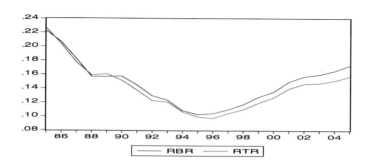

图 9-4　国家财政总收入及其中的各项税收收入占 GDP 的比重

从图 9-1 可以看出,我国居民消费支出占 GDP 的比重呈缓慢下降趋势,由 1985 年的 52%下降到 2005 年的 39%,平均下降幅度为 1.5%。政府消费支出占 GDP 的比重变动很小,一直处于 15%左右的水平。从图 9-2 可以看出,农村居民消费支出占 GDP 的比重下降幅度比较大,由 1985 年的 31%下降到 2005 年的 10%,平均下降幅度为 5%。而城镇居民消费支出占 GDP 的比重呈缓慢上升趋势,由 1985 年的 21%上升到 2005 年的 28%,平均提高幅度为 1.6%。以 1990 年为界,在这之前农村居民消费支出占 GDP 的比重大于城镇居民消费支出占 GDP 的比重,在这之后却相反,而且两者差距越来越拉大。从图 9-3 可以看出,我国国内外债务总计及其中的国内债务占 GDP 的比重呈较快增加趋势,两者均从 1985 年的不到 1%提高到 2005 年的近 4%,平均提高幅度分别为 7%和 9%。从 1995 年开始,我国举借的外债很少,基本上都为内债。从图 9-4 可以看出,以 1996 年为界,在这之前国家财政总收入及其中的各项税收收入占 GDP 的比重呈较快下降趋势,由 1985 年的约 22%下降到 1996 年的约 10%,平均下降幅度为 7%。在这之后却相反,由 1996 年的约 10%上升到 2005 年的约 16%,平均上升幅度为 6%,但仍然没有达到 1985 年的水平。我国从 1984 年 10 月 1 日起对国营企业试行第二步利改税改革,从 1985 年起实行"划分税种、核定收支、分级包干"的财政体制,财政分权让利,国家财税收入下降较多。从 1994 年 1 月 1 日起我国开始实施分税制财政体制和新税制，旨在提高国家（中央）财政收入占比，此后取得一定的成效。

图 9-5 至图 9-10 表示上述各变量的环比增长率，分别用 pc1、cpc1、upc1、gc1、pd1、npd1、br1 和 tr1 来表示。

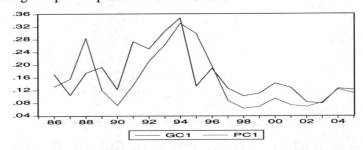

图 9-5　居民消费支出合计和政府消费支出的环比增长率

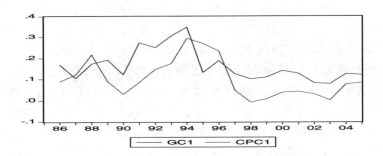

图 9-6　农村居民消费支出和政府消费支出的环比增长率

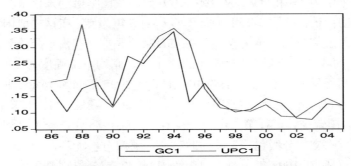

图 9-7　城镇居民消费支出和政府消费支出的环比增长率

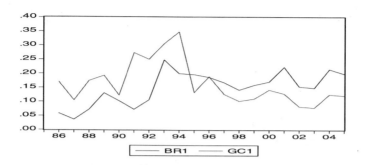

图 9-8　财政收入合计和政府消费支出的环比增长率

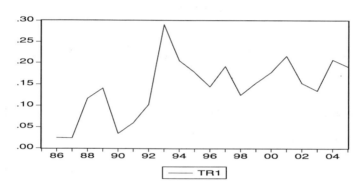

图 9-9　各项税收收入的环比增长率

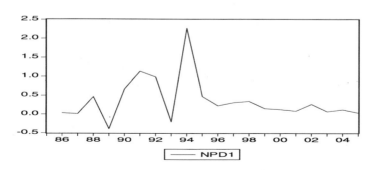

图 9-10　国内债务的环比增长率

很多宏观时间序列数据为非平稳序列，直接利用这些数据进行分析所得到的结果可信度比较低。为了避免直接利用最小2乘法估计带来的谬回归问题（估计出的可决系数和 t-统计值都很高，但变量之间实际上没有关联），我们需要先通过单位根检验来分析数据的平稳性。单位根检验通常使用 ADF（Augmented Dickey-Fuller）检验和 P-P（Phillips-Perron）检验两种方法。ADF 检验根据最小化的赤池信息标准（AIC, Akaike Information Criterion)或舒尔茨信息标准（SIC, Schwarz Information Criterion）来选择合适的滞后期，以期达到检验的有效性。我们可以采用类似 t-统计值的方法来检验原假设 H_0:被观测值 y_t 有单位根。检验单位根的另一个替代方法是 P-P（Phillips-Perron）检验。P-P 检验通过修正估计后的统计值（z-统计值，即修正后的 t-统计值）以确保搅乱项是白噪音（white noise）。所以，该检验可与 ADF 检验相互补充。

ADF 单位根检验的结果表明，各变量 br、cpc、gc、npd、pc、pd、tr 和 upc 为非平稳序列，没有变量是 I（0）或 I（1）序列变量，所以直接利用最小二乘法进行估计不合适。P-P 检验的结果相同。各变量 br、cpc、gc、npd、pc、pd、tr 和 upc 的增长率 br1、cpc1、gc1、npd1、pc1、pd1、tr1 和 upc1 是 I（0）或 I（1）序列变量，其中 br1、cpc1、gc1、pc1 和 upc1 为 I（1）序列变量，其他变量为 I（0）序列变量（具体结果可以向作者索取，下同）。

对判断出的 I（1）序列变量，通过协整关系检验可以判断各变量之间是否存在长期均衡关系。要检验两个I(1)变量之间是否具有协整关系，一个简单的方法就是对估计出的误差项进行单位根检验，若其是I(0)序列则表明这两个I(1)变量之间有协整关系存在。另一种常用的方法是 Johansen 检验法，该方法根据 Trace-统计值（概率）和 *Max-Eigen* 统计值（概率）来进行判断。如果各变量都没有单位根，或有单位根但相互之间存在协整关系，则我们可以直接利用最小2乘法来进行估计。

为了检验 I（1）序列变量之间是否存在长期均衡关系，我们利用

Johansen 法来检验各变量之间是否存在协整关系。我们分别对 gc1 和 pc1、gc1 和 cpc1、gc1 和 upc1、gc1 和 br1 各组变量（分别见图 9-5 至图 9-8，各变量组基本呈相同变化趋势）进行检验。各组变量协整关系检验的具体结果如下：

对于 gc1 和 pc1 变量组（见图 9-5），Johansen 协整关系检验表明：（1）在 5%的显著水平下，当选择滞后区间为（1 1）时，$H_0:R$ =1（至多存在一个协整关系）的原假设被舍弃，因为根据 Trace-统计值（概率）和 *Max-Eigen*（概率）统计值，原假设成立的概率均为 0.045，皆小于 0.05（=5%），这表明 gc1 和 pc1 之间存在两个协整关系；（2）在 1%的显著水平下，当选择滞后区间为（1 2）时，$H_0:R$ =0（不存在协整关系）的原假设被舍弃，因为根据 Trace-统计值（概率）和 *Max-Eigen*（概率）统计值，原假设成立的概率 0.00 和 0.00，皆小于 0.01（=1%），这表明 gc1 和 pc1 之间存在一个协整关系；（3）在 10%的显著水平下，当选择滞后区间为（1 3）时，$H_0:R$ =0（不存在协整关系）的原假设被接受，因为根据 Trace-统计值（概率）和 *Max-Eigen*（概率）统计值，原假设成立的概率 0.39 和 0.56，皆大于 0.10（=10%），这表明 gc1 和 pc1 之间不存在协整关系；（4）在 10%的显著水平下，当选择滞后区间为（1 4）时，$H_0:R$ =0（不存在协整关系）的原假设被舍弃，因为根据 Trace-统计值（概率）和 *Max-Eigen*（概率）统计值，原假设成立的概率分别为 0.044 和 0.052，皆小于 0.10（=10%），这表明 gc1 和 pc1 之间存在一个协整关系。

对于 gc1 和 cpc1 变量组（见图 9-6），Johansen 协整关系检验表明：（1）在 1%的显著水平下，当选择滞后区间为（1 1）和（1 2）时，$H_0:R$ =0（不存在协整关系）的原假设被舍弃，因为根据 Trace-统计值（概率）和 *Max-Eigen*（概率）统计值，原假设成立的概率皆小于 0.01（=1%），这表明 gc1 和 cpc1 之间存在一个协整关系；（2）在 10%的显著水平下，当选择滞后区间为（1 3）时，$H_0:R$ =0（不存在协整关系）的原假设被接受，因为根据 Trace-统计值（概率）和 *Max-Eigen*（概率）统计值，原假设成立的概率皆大于 0.10（=10%），这表明 gc1 和 cpc1 之间不存在协整关系；（3）在 5%的显著水平下，当选择滞后区间为（1 4）

时，$H_0:R = 1$（至多存在一个协整关系）的原假设被舍弃，因为根据 Trace-统计值（概率）和 *Max-Eigen*（概率）统计值，原假设成立的概率皆小于 0.05（=5%），这表明 gc1 和 cpc1 之间存在两个协整关系。

对于 gc1 和 upc1 变量组（见图 9-7），Johansen 协整关系检验表明：（1）在 10%的显著水平下，当选择滞后区间为（1 1～3）时，$H_0:R = 0$（不存在协整关系）的原假设被舍弃，因为根据 Trace-统计值（概率）和 *Max-Eigen*（概率）统计值，原假设成立的概率皆小于 0.10（=10%），这表明，gc1 和 upc1 之间存在一个协整关系；（2）当选择滞后区间为（1 4）时，$H_0:R = 0$（不存在协整关系）的原假设被接受，因为根据 Trace-统计值（概率）和 *Max-Eigen*（概率）统计值，原假设成立的概率皆大于 0.1（=10%），这表明 gc1 和 upc1 之间不存在协整关系。

对于 gc1 和 br1 变量组（见图 9-8），Johansen 协整关系检验表明：（1）在 5%的显著水平下，当选择滞后区间为（1 1）时，$H_0:R = 0$（不存在协整关系）的原假设被舍弃，因为根据 Trace-统计值（概率）和 *Max-Eigen*（概率）统计值，原假设成立的概率皆小于 0.05（=5%），这表明 gc1 和 br1 之间存在一个协整关系；（2）在 10%的显著水平下，当选择滞后区间为（1 2）时，$H_0:R = 0$（不存在协整关系）的原假设被接受，因为根据 Trace-统计值（概率）和 *Max-Eigen*（概率）统计值，原假设成立的概率皆大于 0.10（=10%），这表明 gc1 和 br1 之间不存在协整关系；（3）在 10%的显著水平下，当选择滞后区间为（1 3）时，$H_0:R = 0$（不存在协整关系）的原假设被拒绝，因为根据 Trace-统计值（概率）和 Max-Eigen（概率）统计值，原假设成立的概率为 0.096，小于 0.10（=10%），这表明 gc1 和 br1 之间存在一个协整关系（*Max-Eigen*（概率）统计值表明不存在协整关系）；（4）在 1%的显著水平下，当选择滞后区间为（1 4）时，$H_0:R = 0$（不存在协整关系）的原假设被舍弃，因为根据 Trace-统计值（概率）和 *Max-Eigen*（概率）统计值，原假设成立的概率皆为 0.00，小于 0.01（=1%），这表明 gc1 和 br1 之间存在一个协整关系。

由于受到样本数量的限制，最大滞后区间为（1 4），若可以扩大样本区间，则可以进行更长滞后区间的检验。总之，从总体上看，上述各组 I（1）序列变量之间具有协整关系，存在长期均衡关系。

第五节 实证模型及其估计

首先我们给出居民消费支出方程式。根据（9.31）式，我们给出下列三个基本的实证模型（在各模型中省略误差项，下同）：

$$pc1_t = a(0) + a(1) \times pc1_{t-1} + a(2) \times gc1_t + a(3) \times gc1_{t-1} \quad (9.37)$$

$$upc1_t = e(0) + e(1) \times upc1_{t-1} + e(2) \times gc1_t + e(3) \times gc1_{t-1} \quad (9.38)$$

$$cpc1_t = b(0) + b(1) \times cpc1_{t-1} + b(2) \times gc1_t + b(3) \times gc1_{t-1} \quad (9.39)$$

上述（9.37）至（9.39）式中的被解释变量分别为居民消费支出合计、城镇居民消费支出和农村居民消费支出的增长率。

为了进一步考察公债发行对居民消费支出的影响，根据（9.36）式，我们在（9.37）、（9.38）和（9.39）各式中加进变量 pd1（国内外债务合计）（包括滞后 1 期的值）：

$$pc1_t = a(0) + a(1) \times pc1_{t-1} + a(2) \times gc1_t + a(3) \times gc1_{t-1}$$
$$+a(4) \times pd1_t + a(5) \times pd1_{t-1} \quad (9.40)$$

$$upc1_t = e(0) + e(1) \times upc1_{t-1} + e(2) \times gc1_t + e(3) \times gc1_{t-1}$$
$$+e(4) \times pd1_t + e(5) \times pd1_{t-1} \quad (9.41)$$

$$cpc1_t = b(0) + b(1) \times cpc1_{t-1} + b(2) \times gc1_t + b(3) \times gc1_{t-1}$$
$$+b(4) \times pd1_t + b(5) \times pd1_{t-1} \quad (9.42)$$

其中，（9.40）式考虑了国内外债务发行对居民消费支出合计的影响；（9.41）和（9.42）式分别考虑了国内外债务发行对城镇和农村居民消费支出的影响。如果仅考虑国内债务发行的影响，我们在（9.37）、（9.38）和（9.39）各式中加进变量 npd1：

$$pc1_t = a(0) + a(1) \times pc1_{t-1} + a(2) \times gc1_t + a(3) \times gc1_{t-1}$$
$$+a(4) \times npd1_t + a(5) \times npd1_{t-1} \quad (9.43)$$

$$upc1_t = e(0) + e(1) \times upc1_{t-1} + e(2) \times gc1_t + e(3) \times gc1_{t-1}$$
$$+e(4) \times npd1_t + e(5) \times npd1_{t-1} \quad (9.44)$$

$$cpc1_t = b(0) + b(1) \times cpc1_{t-1} + b(2) \times gc1_t + b(3) \times gc1_{t-1}$$
$$+ b(4) \times npd1_t + b(5) \times npd1_{t-1} \tag{9.45}$$

其中，（9.43）式考虑了国内债务发行对居民消费支出合计的影响；（9.44）式和（9.45）式分别考虑了国内债务发行对城镇和农村居民消费支出的影响。

其次，我们给出政府消费支出方程式：

$$gc1_t = d(0) + d(1) \times gc1_{t-1} + d(2) \times pd1_t + d(3) \times pd1_{t-1} \tag{9.46}$$

$$gc1_t = d(0) + d(1) \times pd1_t + d(2) \times pd1_{t-1}$$
$$+ d(3) \times br1_t + d(4) \times br_{t-1} \tag{9.47}$$

$$gc1_t = d(0) + d(1) \times pd1_t + d(2) \times pd1_{t-1}$$
$$+ d(3) \times tr1_t + d(4) \times tr_{t-1} \tag{9.48}$$

其中，（9.46）式没有考虑政府财政收入对政府消费支出的影响；（9.47）式考虑了政府财政收入合计的影响；（9.48）式仅考虑各项税收收入合计的影响。如果仅考虑国内债务发行的影响，把（9.46）至（9.48）各式中的 pd1 换成 npd1：

$$gc1_t = d(0) + d(1) \times gc1(-1) + d(2) \times npd1_t + d(3) \times npd1_{t-1} \tag{9.49}$$

$$gc1_t = d(0) + d(1) \times npd1_t + d(2) \times npd1_{t-1}$$
$$+ d(3) \times br1_t + d(4) \times br_{t-1} \tag{9.50}$$

$$gc1_t = d(0) + d(1) \times npd1_t + d(2) \times npd1_{t-1}$$
$$+ d(3) \times tr1_t + d(4) \times tr_{t-1} \tag{9.51}$$

如果我们考虑滞后 2 期的政府债务发行和财政收入等变量对政府消费支出的影响：

$$gc1_t = d(0) + d(1) \times npd1_t + d(2) \times npd1_{t-1} + d(3) \times npd1_{t-2}$$
$$+ d(4) \times br1_t + d(5) \times br_{t-1} + d(6) \times br_{t-2} \tag{9.52}$$

$$gc1_t = d(0) + d(1) \times pd1_t + d(2) \times pd1_{t-1} + d(3) \times pd1_{t-2}$$
$$+ d(4) \times br1_t + d(5) \times br_{t-1} + d(6) \times br_{t-2} \tag{9.53}$$

因为单位根和协整关系检验的结果表明，各变量 br1、cpc1、gc1、npd1、pc1、pd1、tr1 和 upc1 是 I（0）或 I（1）序列变量，其中 br1、cpc1、gc1、pc1 和 upc1 为 I（1）序列变量，其他变量为 I（0）序列变量。对于各组 I（1）序列变量，利用 Johansen 检验方法进行的协整关系检验表明，gc1 和 pc1、gc1 和 cpc1、gc1 和 upc1、gc1 和 br1 各组变量具有协整关系，存在长期均衡关系。所以，我们可以利用最小 2 乘法来估计各变量之间的关系。

上述各模型的估计结果如表 9-1 至表 9-6 所示。

表 9-1　政府消费支出与居民消费支出的关系

	PC1（EQ9.37）	UPC1（EQ9.38）	CPC1（EQ9.39）
	估计值（t-统计值）[Prob.]	估计值（t-统计值）[Prob.]	估计值（t-统计值）[Prob.]
常数	-0.02（-0.66）[0.52]	-0.00（-0.04）[0.97]	-0.05（-1.51）[0.15]
PC1（-1）	0.35（1.73）[0.11]	/	/
UPC1（-1）	/	0.24（1.02）[0.32]	/
CPC1（-1）	/	/	0.48（2.53）[0.02]
GC1	0.49（2.44）[0.03]	0.55（2.24）[0.04]	0.51（2.46）[0.03]
GC1（-1）	0.24（0.97）[0.35]	0.31（1.07）[0.30]	0.15（0.60）[0.56]
R^2	0.67	0.61	0.68
调整后 R^2	0.60	0.53	0.61
F-统计值[Prob.]	10.17[0.00]	7.82[0.00]	10.49[0.00]
D-W 统计值	1.83	1.99	1.62

从表 91 可以看出，（9.37）至（9.39）式估计结果的可信度比较高（可决系数在 0.6 以上）。政府消费支出对居民消费支出合计及其中的城市和农村居民消费支出的影响为正，系数估计值分别为 0.49、0.55 和 0.51，并且在 5% 的显著水平下皆显著。滞后 1 期的政府消费支出的影响也为正，但在统计上皆不显著。

表 9-2　政府国内外债务发行与居民消费支出的关系

	PC1（EQ9.40）	UPC1（EQ9.41）	CPC1（EQ9.42）
	估计值（t-统计值）[Prob.]	估计值（t-统计值）[Prob.]	估计值（t-统计值）[Prob.]
常数	-0.06（-1.70）[0.11]	-0.06（-1.61）[0.13]	-0.09（-2.07）[0.06]
PC1（-1）	0.20（0.99）[0.34]	/	/
UPC1（-1）	/	-0.07（-0.34）[0.74]	/
CPC1（-1）	/	/	0.37（1.86）[0.09]
GC1	0.68（3.37）[0.01]	0.91（4.26）[0.00]	0.62（2.75）[0.02]
GC1（-1）	0.08（0.35）[0.74]	0.08（0.37）[0.72]	0.02（0.07）[0.94]
PD1	0.04（0.51）[0.62]	0.07（0.86）[0.41]	0.05（0.64）[0.53]
PD1（-1）	0.17（2.29）[0.04]	0.27（3.54）[0.00]	0.12（1.46）[0.17]
R^2	0.77	0.80	0.72
调整后 R^2	0.68	0.73	0.62
F-统计值 [Prob.]	8.49[0.00]	10.51[0.00]	6.92[0.00]
D-W 统计值	1.54	1.75	1.47

从表 9-2 可以看出，（9.40）至（9.42）式估计结果的可信度有了提高（可决系数在 0.7 以上）。政府消费支出对居民消费支出合计及其中的城市和农村居民消费支出的影响为正，系数估计值分别为 0.68、0.91 和 0.62，并且在 5%的显著水平下皆显著。滞后 1 期的政府消费支出的影响也为正，但在统计上不显著。另外，国内外公债发行对民间消费支出的影响为正，但其影响比较弱。其中，滞后 1 期的国内外公债发行对居民消费支出合计及其中的城镇居民消费支出的影响相对较大，系数估计值分别为 0.17 和 0.27，并且分别在 5%和 1%的显著水平下显著。

表 9-3　政府内债发行与居民消费支出的关系

	PC1（EQ9.43）估计值（t-统计值）[Prob.]	UPC1（EQ9.44）估计值（t-统计值）[Prob.]	CPC1（EQ9.45）估计值（t-统计值）[Prob.]
常数	-0.00（-0.01）[0.99]	0.02（0.34）[0.74]	-0.03（-0.69）[0.50]
PC1（-1）	0.41（1.83）[0.09]	/	/
UPC1（-1）	/	0.29（1.08）[0.30]	/
CPC1（-1）	/	/	0.53（2.63）[0.02]
GC1	0.39（1.65）[0.12]	0.47（1.53）[0.15]	0.40（1.68）[0.12]
GC1（-1）	0.01（0.02）[0.98]	0.09（0.23）[0.82]	-0.06（-0.19）[0.86]
NPD1	0.03（1.01）[0.33]	0.03（0.62）[0.55]	0.04（1.11）[0.29]
NPD1（-1）	0.03（0.91）[0.38]	0.03（0.76）[0.46]	0.02（0.71）[0.49]
R^2	0.70	0.63	0.71
调整后 R^2	0.59	0.49	0.59
F-统计值[Prob.]	6.09[0.00]	4.42[0.01]	6.28[0.00]
D-W 统计值	1.53	1.81	1.31

从表 9-3 可以看出，（9.43）至（9.45）式估计结果的可信度虽然不低（可决系数在 0.6 以上），但是各系数的估计值在统计上大都不显著。

表 9-4　政府消费支出方程式的估计（1）

	EQ（9.46）估计值（t-统计值）[Prob.]	EQ（9.47）估计值（t-统计值）[Prob.]	EQ（9.48）估计值（t-统计值）[Prob.]
常数	0.09（2.37）[0.03]	0.12（1.06）[0.31]	0.11（1.66）[0.12]
GC1（-1）	0.59（2.49）[0.03]	/	/
PD1	0.04（0.48）[0.64]	0.19（1.26）[0.23]	0.18（1.89）[0.08]
PD1（-1）	-0.1（-1.66）[0.12]	-0.09（-1.11）[0.28]	-0.07（-0.78）[0.45]
BR1	/	0.69（1.23）[0.24]	/
BR1（-1）	/	-0.59（-1.73）[0.11]	/
TR1	/	/	0.51（1.63）[0.13]
TR1（-1）	/	/	-0.33（-1.13）[0.28]
R^2	0.4	0.31	0.3
调整后 R^2	0.28	0.11	0.1
F-统计值[Prob.]	3.37[0.05]	1.57[0.24]	1.48[0.26]
D-W 统计值	1.96	1.14	0.93

从表 9-4 可以看出，（9.46）至（9.48）式估计结果的可信度较差（可决系数很小，仅为 0.3 或 0.4），而且各系数的估计值在统计上大都不显著。

表 9-5 政府消费支出方程式的估计（2）

	EQ（9.49） 估计值（t-统计值） [Prob.]	EQ（9.50） 估计值（t-统计值） [Prob.]	EQ（9.51） 估计值（t-统计值） [Prob.]
常数	0.09（2.29）[0.04]	0.12（3.88）[0.00]	0.10（2.88）[0.01]
GC1（-1）	0.29（0.98）[0.34]	/	/
NPD1	0.06（1.87）[0.08]	0.12（6.92）[0.00]	0.11（4.83）[0.00]
NPD1（-1）	0.01（0.20）[0.84]	0.01（0.44）[0.67]	0.01（0.54）[0.60]
BR1	/	1.02（2.87）[0.01]	/
BR1（-1）	/	-1.07（-3.50）[0.00]	/
TR1	/	/	0.72（3.13）[0.01]
TR1（-1）	/	/	-0.61（-2.84）[0.01]
R^2	0.43	0.71	0.66
调整后 R^2	0.31	0.63	0.57
F-统计值[Prob.]	3.71[0.04]	8.80[0.00]	6.92[0.00]
D-W 统计值	2.11	2.73	2.24

从表 9-5 可以看出，（9.50）式和（9.51）式估计结果的可信度有了提高（可决系数在 0.7 左右），而且各系数的估计值在统计上大都显著。其中，根据（9.51）式的估计结果（D-W 统计值更接近于 2），当期的内债发行和当期的税收收入对政府消费支出的影响为正，系数估计值分别为 0.11 和 0.72；滞后 1 期的税收收入对政府消费支出的影响为负，系数估计值为-0.61；它们在 1%的显著水平下皆显著。

表 9-6　政府消费支出方程式的估计（3）

	EQ（52）	EQ（53）
	估计值（t-统计值）[Prob.]	估计值（t-统计值）[Prob.]
常数	0.16（12.88）[0.00]	0.15（2.42）[0.04]
PD1	/	0.34（4.73）[0.00]
PD1（-1）	/	0.02（0.32）[0.76]
PD1（-2）	/	0.10（1.38）[0.20]
NPD1	0.12（11.05）[0.00]	/
NPD1（-1）	0.02（1.60）[0.14]	/
NPD1（-2）	0.05（5.69）[0.00]	/
BR1	0.62（4.93）[0.00]	0.92（2.37）[0.05]
BR1（-1）	-0.67（-3.77）[0.00]	-0.60（-1.71）[0.13]
BR1（-2）	-0.46（-3.84）[0.00]	-0.96（-3.43）[0.01]
AR（1）	-0.92（-6.69）[0.00]	/
AR（2）	/	-0.32（-1.27）[0.24]
R^2	0.97	0.84
调整后 R^2	0.94	0.70
F-统计值[Prob.]	36.26[0.00]	6.04[0.01]
D-W 统计值	2.47	2.19

　　从表 9-6 可以看出，对于（9.52）式和（9.53）式的估计考虑了估计误差项存在自相关的问题，估计结果的可信度有了极大的提高（可决系数在 0.8 以上），而且各系数的估计值在统计上大都显著。根据（9.52）式的估计结果，当期的内债发行和当期的政府财政收入对政府消费支出的影响为正，系数估计值分别为 0.12 和 0.62，在 1% 的显著水平下皆显著。滞后 1 期和滞后 2 期的内债发行对政府消费支出的影响为正，其中滞后 2 期的影响在 1% 的显著水平下显著。滞后 1 期和滞后 2 期的政府财政收入对政府消费支出的影响为负，系数估计值分别为-0.67 和-0.46，在 1% 的显著水平下皆显著。根据（9.53）式的估计结果，当期的国内外公债发行和当期的政府财政收入对政府消费支出的影响为正，系数估计值分别为 0.34 和 0.92，分别在 1% 和 5% 的显

著水平下显著。滞后 1 期和滞后 2 期的国内外债务发行对政府消费支出的影响为正，但是在统计上皆不显著。滞后 1 期和滞后 2 期的政府财政收入对政府消费支出的影响为负，系数估计值分别为-0.6 和-0.96，其中滞后 2 期的影响在 1% 的显著水平下显著。

第六节 结 论

本章把欧拉方程式和"有效"消费理论结合起来，利用中国的统计数据（1985～2005）分析了政府活动对居民消费支出的影响。具体考察了政府消费支出和公债发行对居民消费支出合计及其中的城镇居民消费支出和农村居民消费支出的影响，国内外债务发行及其中的国内债务发行、政府财政收入及其中的税收收入对政府消费支出的影响。实证分析的结果表明：（1）当期的政府消费支出对居民消费支出的影响较大（系数估计值为正，在 0.5 左右）；（2）当期的国内外公债发行对居民消费支出的影响较小（系数估计值为正，在 0.05 左右，而且在统计上不显著），但是滞后 1 期的国内外公债发行对居民消费支出合计及其中的城镇居民消费支出的影响较大（系数估计值分别为 0.17 和 0.27），这说明居民在某种程度上视政府公债为财富；**（3）政府消费支出受政府财政收入的影响比较大，而受国内外公债发行的影响比较小（系数估计值分别为 1 和 0.1 左右）。**

从上述的实证分析结果，我们可以得出一些政策建议。即为了扩大居民的消费支出，特别是农村居民的消费支出，可以通过扩张政府消费支出来实现。例如，通过政府采购中间产品，鼓励和引导居民积极创业和不断创新，从而实现城乡居民收入的持续增长；扩大失业、养老和医疗等社会保障的范围，提高社会保障的质量，为城乡居民提供基本的生存权利；不断提高政府提供公共产品和服务的水平和质量，特别是要向农村倾斜，实现城乡公共产品和服务的均等化。由于政府消费支出主要以税收为财源，受到预算的很大约束，所以一方面可以考虑开辟财源以增加财政收入（更多地应依赖于税收，而减少其他的财政收入来源），另一方面可以考虑在一定时期内增加政府债务的发行，以实现政府消费支出的适度扩张。由于受到样本数量的限制，估计结果和政策建议需审慎使用，并有待进一步改进分析方法（如考虑系数之间的制约关系等）。

本章参考文献

[1] 李广众. 政府支出与居民消费:替代还是互补. 世界经济, 2005（5）: 38～45.

[2] 谢建国, 陈漓高. 政府支出与居民消费——一个基于跨期替代模型的中国经验分析. 经济科学, 2002（6）: 5～12.

[3] 邹洋. An Empirical Study on the Neutrality of Public Debt.日本兵库：日本经济政策学会第 61 回全国大会报告论文, 2004, 5

[4] 邹洋. Euler Equation and 'Effective'Consumption Theory: Evidences from Japan. 日本东京：日本经济政策学会第 5 回国际会议报告论文, 2006, 12

[5] 邹洋. Effects of Government Activities on Private Consumption: Evidence from Japan. 国际公共政策研究（日本）, 2008a, 12（2）: 93～109.

[6] 邹洋. 中国政府活动对居民消费的影响. 中国北京：财政与收入预测研究国际学术研讨会报告论文, 于北京大学, 2008, 10

[7] 邹洋. 中国政府活动与居民消费之间关系的理论与实证分析. 中国澳门: 第三届 21 世纪的公共管理机遇与挑战国际学术研讨会报告论文, 于澳门大学, 2008, 10

[8] Aiyagari, S. R. and M. Gertler (1985), "The backing of government bonds and monetarism," *Journal of Monetary Economics* 16: 19～44.

[9] Aschauer, David Alan (1985), "Fiscal Policy and Aggregate Demand," *American Economic Review* 75 (1): 117～127.

[10] Barro, R. J. (1974), "Are government bonds net wealth," *Journal of Political Economy*, 82: 1095～117.

[11] Barro, R, J. (1976), "Reply to Feldstein and Buchanan," *Journal of Political Economy*, 84: 343～9.

[12] Barro, R," J. (1979), "On the determination of the public debt," *Journal of Political Economy*, 87 (5): 940～71.

[13] Barro, R. J. (1981), "Out effects of government purchases," *Journal of Political Economy*, 89 (6): 1086～121.

[14] Barth, J. R. (1986), "Government debt, government spending, and private sector behavior: comment," *American Economic Review*, 76 (5): 1158～67.

[15] Bernheim, B. D. and K. Bagwell (1988), "Is everything neutral?" *Journal of Political Economy*, 96: 308～38.

[16] Bierwag, G. O., M. A. Grore and C. khang (1969), "National debt in a neo-classical growth model: comment," *American Economic Review*, 59: 205～10.

[17] Blanchard, O., J. (1985), "Debt, deficits and finite horizons," *Journal of Political Economy*, 93: 223～247.

[18] Buchanan, J. M. (1976), "Barro on the Ricardian equivalence theorem," *Journal of Political Economy*, 84: 337～342.

[19] Buiter, W. H., and J. Carmichael (1984), "Government debt: comment," *American Economic Review*, 74: 762～5.

[20] Campbell, J. Y. and Mankiw, N.G. (1990), "Permanent income, current income, and consumption," *Journal of business & Economic Statistics*, 8 (3): 265～279.

[21] Carmichel, J. (1982), "On Barro's theorem of debt neutrality: the irrelevance of net wealth," *American Economic Review*, 72: 202～213.

[22] Cardia, Emanuela (1997), "Replicating Ricardian Equivalence Tests with Simulated Series," *American Economic Review*, 87 (1): 65～79.

[23] Darby, Michael R. (1974), "The permanent income theory of consumption～a restatement," *Quarterly Journal of Economics*, 88: 228～250.

[24] Evans, Paul (1988), "Are Consumers Recardian? Evidence for the United States," *The Journal of Political Economy*, 96 (5): 983~1004.

[25] Evans, Paul and Iftekhar Hasan (1994), "Are consumers Recardian? Evidence for Canada," *The Quarterly Review of Economics and Finance*, 34 (1): 25~40.

[26] Feldstein, Martin (1982), "Government deficits and aggregate demand," *Journal of Monetary Economics*, 9: 1~20.

[27] Flavin, Marjorie A. (1981), "The adjustment of consumption to changing expectations about future income," *Journal of Political Economy*, 89 (51): 974~1009.

[28] Graham, F. C. and D. Himarios (1991), "Fiscal policy and private consumption: instrumental variables tests of the 'Consolidated Approach'," *Journal of Money, Credit, and Banking*, 23 (1): 53~67.

[29] Graham, F. C. (1993), "Fiscal Policy and Aggregate Demand: Comment," *American Economic Review*, 83 (3): 659~666.

[30] Graham, F. C. and D. Himarios (1996), "Consumption, wealth, and finite horizons: tests of Ricardian equivalence," *Economic Inquiry*, vol.XXXIV: 527~544.

[31] Graham, F. C. (1995), "Government debt, government spending, and private~sector behavior: comment," *American Economic Review*, 85 (5): 1348~1356.

[32] Granger,C.W.J. and Newbold, Paul (1974), "Spurious regressions in econometrics," *Journal of Econometrics*, 2: 111~120.

[33] Hall, Robert E. (1978), "Stochastic implications of the life cycle ~ permanent income hypothesis: theory and evidence," *Journal of Political Economy*, 86 (6): 971~987,

[34] Haug, A.A. (1990), "Ricardian equivalence, rational expectations, and the permanent income hypothesis," *Journal of Money, Credit, and Banking*, 22 (3): 305~326.

[35] Hayashi, Fumio (1979), "A new estimation procedure under

rational expectations," *Economic Letters*, 4 (1): 41~43.

[36] Hayashi, Fumio (1982), "The permanent income hypothesis: estimation and testing by instrumental variables," *Journal of Political Economy*, 90 (5): 895~916.

[37] Homma etc. (1987), "The neutrality of public debt: its theory and empirical analysis," *Economic Analysis*, 106: 34~35.

[38] Karras, G. (1994), "Government spending and private consumption: some international evidence," *Journal of Money, Credit and banking*, 26: 9~22.

[39] Katsatis, O. and M. Angastiniotis (1990), "On the impact of government spending on consumption patterns: some exploratory results," *Economics Letters*, 33: 271~275.

[40] Kormendi, R. C. (1983), "Government debt, government spending and private sector behaviour," *American Economic Review*, 73 (5): 994~1010.

[41] Kormendi, R. C. and P. Meguire (1986), "Government debt, government s pending and private sector behavior: reply," *American Economic Review*, 76 (5): 1180~1187.

[42] Kormendi, R. C. and P. Meguire (1990), "Government debt, government spending and private sector behavior: reply and update," *American Economic Review*, 80 (3): 604~617.

[43] Kormendi, R. C. and P. Meguire (1995), "Government debt, government spending and private sector behavior: reply," *American Economic Review*, 85 (5): 1357~1361.

[44] Mankiw, N. Gregory (2000), "The savers-spenders theory of fiscal policy," *American Economic Review*, 90 (2): 120~125.

[45] Seater, J. J. (1981), "The market value of outstanding government debt," *Journal of Monetary Economics*, 8: 85~101.

[46] Seater, J. J. (1993), "Recardian equivalence," *Journal of Economic Literature*, Vol.XXXI: 142~190.

[47] Modigliani, F. and A. Sterling (1986), "Government debt, government spending and private sector behavior: comment," *American Economic Review*, 76 (5): 1168～1179.

[48] Tridimas, G. (2002), "The dependence of private consumer demand on public consumption expenditures: theory and evidence," *Public Finance Review*, 30 (4): 251～272.

[49] Yamada, Masatoshi (2002), "An elucidation of debt neutrality and equivalence with tax finance," *Discussion Papers in Economics and Business*: 1～19.

[50] ZOU, Y. (2005), "Effects of Government Activities on Private Consumption: An Euler Equation Estimation," Japan: the Japan Economic Policy Association 4th International Conference at Awaji Yumebutai International Conference Center, Kobe，CD-ROM

第十章　我国财政支出对居民消费的影响

本章利用我国 31 个省、市、自治区 2001～2006 年的数据，应用面板数据模型分析我国财政支出对城镇居民消费支出和农村居民消费支出的影响。结果显示：基本建设费支出和行政管理费支出对城乡居民消费均产生"挤出"效应；支农支出对城镇居民消费支出产生"挤出"效应，但对农村居民消费支出产生"挤入"效应；科教文卫支出对城乡居民消费均产生显著的"挤入"效应。基于以上结果及其分析，本章提出了调整基本建设支出、加大教育支出、严格控制行政管理支出以及提高社会保障支出力度等方面的政策建议，以促进居民消费支出的增加。

第一节　引　言

在改革开放三十年之后的今天，我国经济社会发展取得了显著的成就，政府对宏观调控的能力也得到了不断提高。公共财政作为分配公共资源的主要工具发挥着不可替代的作用。众所周知，我国拉动经济增长的三大动力——投资、消费和进出口，由于各种原因出现了失衡。多年来，消费一直处于相对滞后的状况，这种情况不利于经济的长期发展。从 1990 年到 2005 年，我国政府支出的平均增长速度达到 18.08%，远远高于经济增长速度，但是居民消费率却一直很低。据世界银行统计，2002 年世界平均消费率为 80.1%，其中高收入国家为 81.0%，中等收入国家为 74.3%，低收入国家为 80.7%。我国 2002 年的最终消费率只有 58.2%，而与我国发展水平相当的发展中国家（人均 GDP 在 1000 美元左右的国家）如菲律宾为 81.2%、印度尼西亚为 78.8%、泰国为 68.9%。我国的最终消费率 2006 年跌到 38.9%，不仅大大低于发达国家的平均水平，而且低于发展中国家的平均水平，在世界正常经济体中是最低的。国际经验表明，在现代市场经济条件下，只有当最终消费率超过 60%时，才能支撑国民经济的长期健康发展。随着世界经济全球化程度的加深，国际贸易市场风险的加剧，我国国际经济贸易条件已经趋于紧张，依靠外向型经济增长方式已经越来越行不通。而我国地域辽阔，经济发展不平衡，人民生活进入小康水平，国内市场容量十分巨大，立足庞大的国内市场才符合经济发展的规律。再者，随着社会主义市场经济体制的逐步建立，市场改革的深化，国内市场进一步扩大，所以拉动经济增长的最主要力量仍然是国内需求。

政府支出的增长有利于政府提高公共物品和服务的供给水平，改善居民的消费环境，能在一定程度上刺激居民的消费。尤其是目前，美国次贷危机引发的世界金融危机日趋严峻，我国也不可避免地要受到影响，作为一个人口众多的发展中国家，经济增长更应立足于扩大国内需求，而扩大居民消费需求则应当成为内需扩张的重点，因为投资需求最终还是需要依靠居民消费来支撑和拉动的。为了扩大内需拉动经济增长，我国也采取了一些积极措施，但是我国提出的刺激内需的政策措施，大多是增加政府消费的，直接涉及居民消费的很少。因此，研究财政支出对居民消费的影响，并以此为依据提出刺激居民消费的财政政策，是十分必要的。由于在研究方法上，多数学者运用时间序列来进行分析，本文将利用面板数据模型来进行研究。跟时间序列数据相比较而言，面板数据有着更明显的优势，通过对不同截面单元不同时间观察值的结合，使得面板数据成为"更多信息、变量之间更少共线性、更多自由度、更有效"的数据，同时面板数据对同一截面单元集进行重复观察，能更好地研究经济行为变化的动态性。

第二节　国内外研究综述

　　一直以来，财政支出与居民消费之间的关系都是经济学家研究的热点问题。早期对政府消费和居民消费的关系进行研究的是 Bailey（1971），他构造了一个有效消费函数，对政府支出和个人消费支出之间可能存在的挤入或挤出关系进行了分析，结果发现财政支出对居民消费可能存在一定的替代关系，即存在挤出效应。Barro（1985）拓展了 Bailey 的研究，他建立了一个一般均衡宏观经济模型，研究政府在消费和服务上的支出对居民消费的影响。他认为，政府的公共支出就像私人生产过程的一种投入一样，具有正的消费与产出效应，政府支出的短期增加，将导致产出与消费的暂时增加，但产出与消费增加的幅度小于政府支出增加的幅度。而政府支出的长期增加虽然仍具有正的产出与消费效应，但这种产出与消费效应比政府短期支出增加的产出与消费效应更低，即在长期中政府支出对消费与产出产生了一定的挤出效应。Kormendi（1983）和 Aschauer（1985）使用一个长期收入决定模型对美国的数据进行了研究，发现美国的政府支出同居民消费之间存在明显的替代关系。Ahmed（1986）用跨时期替代模型对英国的数据进行了研究，得到相同结论。Aiyagari、Christiano 和 Eichenbaum（1992）使用单部门新古典增长模型，在规模报酬不变和可变劳动力供给的假设前提下，考察了政府支出冲击的影响，发现政府支出的增加必定导致私人消费的下降。Ho（2001）利用面板数据对亚太经合组织24 个工业国政府支出与居民消费之间的关系进行了研究，发现在单一的国家中政府支出与居民消费之间并不存在规律性的结果，但对多国数据进行协整时，发现政府支出与居民消费之间存在明显的替代关系，即挤出关系。Coenen 和 Straub（2005）在非李嘉图型家庭和新凯恩斯动态随机均衡模型（DSGE model）的框架下分析了欧洲地区政府支出冲击对私人消费的影响，运用贝叶斯推断的方法发现在有政府支出冲击的情况下非李嘉图型家庭更倾向于增加消费。

　　但是，也有一些实证研究与上面的研究结论相反。Karras（1994）用多国数据研究了居民消费与政府支出的关系，发现政府支出同居民消费之间存在一种互补关系，政府支出增加将提高居民的消费支出水平。Devereus、Head 和 Lapharn（1996）在规模报酬递增、寡头竞争假设前提下研究了政府支出对宏观经济的影响，发现政府支出的增加将导致总产量水平的上升，进而导致实际工资的上升，于是政府支出的增加会导致居民消费的增加。Tagkalakis（2005）运用 1970～2001年 19 个经合组织国家（OECD）的面板数据分析了经济萧条和经济繁荣时期的财政政策对私人消费的影响，他发现，在经济萧条时期扩张性的财政政策更能刺激私人消费，这种效应在那些消费信贷市场不发达的国家显得尤为明显。Galí 等（2005）使用了具有价格粘性和非竞争性劳动力市场特征的新凯恩斯模型，论证了政府支出对居民消费的正向影响。其传导机制是，在价格粘性的条件下，政府支出的增加导致总需求增加，企业的劳动力需求相应增加。由于劳动力市场的垄断特征，这将导致实际工资水平的明显上涨，高的工资收入会提升依照经验规则进行决策的家庭的消费水平，如果这部分消费者在总人口中所占的比重足够大的话，那么消费总量就会增加。

　　我国学者也对政府消费与居民消费的关系从不同的角度进行了研究。胡书东（2002）从一般的理论框架出发，对我国政府支出和居民消费之间的关系进行了较为深入的探讨。结论为：从整体上看，政府支出变动与居民消费呈正相关关系，是互补的关系，政府支出增加对民间消费的作用是挤进的，而不是挤出的。他认为，在社会主义市场经济新形势下能够有效刺激民间消费的政府财政支出项目应该是基础设施建设投资，实施以扩大财政支出用于加快基础设施建设为重点的积极财政政策能够对民间消费起到拉动作用。谢建国与陈漓高（2002）通过建立一个居民消费的跨期替代模型，运用计量经济方法分析了中国的政府支出与居民消费之间的关系，认为在短期内，中国政府可能通过增加政府支出的方式增加总需求，但在长期均衡时政府支出完全挤占了消费支出。马栓友（2003）认为，财政支出与社会总需求存在正相关关系，实施积极财政政策对促进消费增长有重要作用。

郭杰（2004）对我国政府支出的乘数效应和挤出效应进行了分析。分析结果表明，我国具备乘数原理发挥作用的基本客观经济条件，只是由于一些限制，我国政府支出乘数较小；同时我国的政府支出并不会挤占私人的消费和投资，政府支出与私人消费和投资是一种互补关系，而不是替代关系。李广众（2005）在消费者最优消费选择欧拉方程基础上推出用于分析政府支出与居民消费之间关系的模型，对全国、城镇以及农村样本进行了估计，结果说明，尽管政府支出与居民消费之间不存在长期协整关系，但从短期看，由于政府支出增加有助于提高居民消费的边际消费，因此政府支出与居民消费之间具有互补性，表现为政府支出增加将导致居民消费增加。黄赜琳（2005）利用 RBC 模型引入政府支出变量考察了中国宏观经济波动的周期特征及财政政策的效应问题，实证结果表明，政府支出的增加导致居民消费的减少，二者存在一定的替代关系，即财政政策存在一定的挤出效应。李友永、丛树海（2006）从财政政策有效性的微观基础即居民消费入手，在基于居民最优决策行为的基础上，构建了中国加总社会消费函数，并利用经验数据，对改革开放以来中国居民的消费行为进行了经验分析。分析得出的结论是，改革开放以来，致力于总需求管理的财政政策调整，不仅没有对私人部门的消费产生挤出效应，反而对私人部门的消费产生挤入效应。石柱鲜等人（2005）分析了我国政府支出与居民消费的关系，认为从政府消费支出和投资支出的划分来看，无论是长期还是短期上政府消费支出对居民消费均是挤出的；政府投资支出则是挤入的。从政府支出的功能性质划分来看，无论是长期还是短期上经济建设支出对居民消费都是挤出的，而教育文化支出、行政管理支出则是挤入的；其他项目支出在长期上对居民消费是挤出的，在短期上是挤入的。张治觉（2006）利用可变参数模型对我国 1978～2004 年的数据进行了动态分析，结果表明：整体上，政府支出对农村居民消费和城镇居民消费产生引致效应；结构上，在 1994～2004 年间，政府投资性支出对居民消费产生挤出效应，政府消费性支出和转移支出对居民消费产生引致效应。为了进一步引导居民消费，启动内需，促进经济增长，政府应进一步调整政府支出结构，减少政府投资性支出的比例，增加政府消费性支出和转移性支出的比例。楚尔鸣和鲁旭（2007）利用 1998～2005 年的地方相关数据，在线性有效消费函数的基础上，构造一个政府支出与居民消费的跨期替代理论模型，对政府支出和居民消费的关系进行了实证分析。结论表明，经济建设支出和行政支出挤出了居民消费；社会文教支出挤入了居民消费。

综上所述，国内外学者就政府支出对居民消费的效应进行了大量的实证研究，但并未得出一致的结论。这既有数据选择的问题，也有研究方法的问题。从研究方法来看，多数文献运用的是时间序列数据，因而对数据进行的是时间序列的单位根检验和协整检验，但协整检验存在一个明显的缺陷，这就是在样本比较小的情况下，检验力度低，可能导致长期关系计算出现偏误，Pedroni（1995）、Shiller 和 Perron（1985）、Perron（1989、1991）、Pierse 和 Snell（1995）指出上述检验对时间维度非常敏感。换句话说，在较短的时间序列中 Johansen 协整检验可能是不可靠的，因此只能通过增加样本容量来提高检验力度。基于此，本章在研究中采用面板数据，即在较短时间序列内，依靠引入省际面板形成自由度比较大的样本观测值，对我国政府支出与居民消费的关系进行检验。

第三节　我国居民消费的现状与乏力原因

改革开放以来，我国经济社会发展取得了显著的成就。但是，一直以来，我国拉动经济增长的三大动力——投资、消费和进出口，由于各种原因出现了失衡，多年来，消费一直处于相对滞后的状况。本节通过对近几年来我国居民消费率变动趋势的计算和城乡居民消费水平的对比，描述我国居民消费率不断降低和城乡居民消费水平差异较大的特征，并分析导致我国居民消费乏力在制度与观念等方面的原因。

一、我国居民消费现状的特征

长期以来，在我国的国民经济中，投资需求和出口需求是拉动经济增长的两大主要因素，本应成为经济增长主导因素的消费需求，却总是显得动力不足，最终消费率一直持续偏低。国际经验表明，在现代市场经济条件下，只有当最终消费率超60%时，才能支撑国民经济的长期健康发展。统计年鉴的数据显示，2006年我国的最终消费率为49.9%，不仅大大低于发达国家的平均水平，而且低于发展中国家的平均水平，在世界正常经济体中是最低的。

最终消费支出又包括居民消费与政府消费两个部分，居民消费是最终消费的主要部分，我国居民消费率持续下降是造成最终消费率过低的主要原因。据统计年鉴显示，自1996年至2006年政府消费在整个最终消费支出中的比重，由22.7%上升到27.44%，居民消费率却由77.3%下降到72.56%。

进入新世纪以来，我国的财政支出持续上升，单从2001年到2006年，我国的行政管理费用，便由3512.49亿元增加到7571.05亿元，六年中增加了115.547%，占政府消费的比重也由19.88%上升到24.99%。从表10-1和图10-1中可以看出，从1996年至2006年期间，居民消费率总体上来说是呈现降低趋势。虽然2000年之后情况有所好转，居民消费率下降的速度与1996年到2000年之间的下降速度相比有所减缓，但是不断下降的趋势没有得到根本改变。

表10-1　居民消费与政府消费占最终消费比重

年份	居民消费支出占最终消费比重	政府消费支出占最终消费比重
1996	77.3%	22.7%
1997	76.7%	23.3%
1998	76.0%	24.0%
1999	75.3%	24.7%
2000	74.5%	25.5%
2001	73.6%	26.4%
2002	73.3%	26.7%
2003	73.4%	26.6%
2004	73.3%	26.7%
2005	72.8%	27.2%
2006	72.6%	27.4%

数据来源：《中国统计年鉴》（2007年版），国家统计局网站

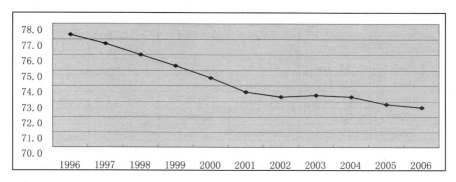

图 10-1　1996～2006 年我国居民消费率的变化趋势

数据来源：《中国统计年鉴》（2007 年版），国家统计局网站

　　尽管农民在中国人口总量中占相当大的比重，但是其消费额却占相对较小的比重。从经济发展的趋势看，农业是典型的弱势产业，但是长期以来，就是这样一个弱势产业，却支持了中国的快速工业化和城市化。长期以来，农村消费占整个中国消费总量的比重非常小，消费增速低于城市消费，城乡之间消费差距较大。根据中国统计年鉴数据，2006 年度的社会消费品零售总额达到 76410 亿元，其中城市总额 51542.6 亿元，县级地方总额为 8477.9 亿元，县以下地方总额 16389.5 亿元，如表 10-2 所示。由图 10-2 可以看出，农村消费的比重总体上呈下降趋势，尤其是从 1994 年以来该比重一直在不断下降，从 1994 年的 35.85%一直下降为 2006 年的 21.45%。统计年鉴数据显示，从居民消费水平来看，2006 年，城镇居民为 10359 元，农村居民为 2848 元，城乡消费水平对比为 3.6∶1。2001 年到 2006 年间，城乡消费水平对比一直都在 3.6 至 3.8 之间，由此可以看出，农民的生活水平明显低于城镇居民。

表 10-2　社会消费品零售总额情况

年份	合计（亿元）	市（亿元）	县（亿元）	县以下（亿元）	县以下所占比重
1991	9415.6	4529.8	1491.2	3394.6	36.05%
1992	10993.7	5470.3	1689.8	3833.6	34.87%
1993	14270.4	7138.1	2090.1	5042.2	35.33%
1994	18622.9	9387.8	2558.7	6676.4	35.85%
1995	23613.8	12979.4	3366.3	7268.1	30.78%
1996	28360.2	16199.2	3759.7	8401.3	29.62%
1997	31252.9	18499.5	4011.6	8741.8	27.97%
1998	33378.1	20294.1	4220.2	8863.8	26.56%
1999	35647.9	22201.8	4460.8	8985.3	25.21%
2000	39105.7	24555.2	4831.1	9719.4	24.85%
2001	43055.4	27379.1	5251.4	10424.9	24.21%
2002	48135.9	31376.5	5566.5	11192.9	23.25%
2003	52516.3	34608.3	6011.8	11896.2	22.65%
2004	59501.0	39695.7	6636.0	13169.3	22.13%
2005	67176.6	45094.3	7485.4	14596.9	21.73%
2006	76410.0	51542.6	8477.9	16389.5	21.45%

数据来源：《中国统计年鉴》（2007 年版），国家统计局网站

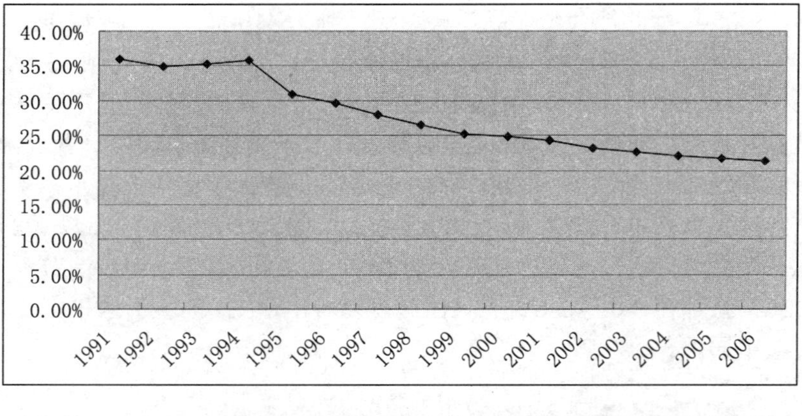

图 10-2　1991～2006 年我国县以下社会消费品零售额所占比重变化趋势

数据来源：《中国统计年鉴》（2007 年版），国家统计局网站

二、我国居民消费乏力的原因

由前面分析可知，多年来我国居民消费率一直很低而且还在持续下降，造成这一现象的原因主要有以下几点：

第一，居民收入增长速度滞后于经济增长速度。1978～2005年，我国国内生产总值年均增长9.6%，而农村居民家庭人均纯收入年均增长6.8%，城镇居民人均可支配收入年均增长6.5%，比经济增长速度分别低2.8个和3.1个百分点。2005年城乡居民收入占GDP的比重下降到1978年以来的最低水平45%，比改革开放以来最高水平1985年的56%低了11个百分点。职工工资占GDP比重从1978年的16%降为2005年的11%，而且65%的职工收入水平低于平均线。经济增长和居民收入的提高应该是同步的，而我们的收入增长不仅慢，而且不稳定，随意性较大，使居民消费需求增长缺乏有力的收入增长支持和保证，从而造成居民消费需求不足。

第二，收入差距扩大，贫富差距悬殊。国际上用基尼系数来衡量一国的贫富差距。一般认为，基尼系数小于0.2为高度平均，在0.3～0.4之间为基本合理，在0.4～0.5之间为差距较大，超过0.5为差距悬殊，超过0.6则为高度不平均，国际上通常将0.4作为警戒线。我国在改革开放前，居民收入差距的基尼系数仅为0.16，1983年扩大为0.28，1994年为0.434，1998年为0.456，2003年达0.458，2004年为0.465，2005年已为0.47，早已远超了国际公认的0.4的警戒线，表明我国已属于收入差距较为突出的国家。一般从凯恩斯的边际消费倾向递减规律可以看出，现期收入差距过大也是导致消费需求减少的一个重要原因。居民收入差距过大，必然使平均消费倾向降低。高收入阶层由于基本消费需求已得到满足，因而其消费倾向偏低。低收入阶层由于没有足够的可支配收入，虽有消费欲望但购买力不足，其潜在消费需求难以转化为有效需求。可见，分配越是不公，社会消费率就越低。

第三，城乡二元经济结构没有得到根本改变。我国城乡二元经济结构一直没有得到根本改变，城乡居民收入差距不断扩大。近年来，政府和社会支农资金呈现增长的态势，但与农业需求的矛盾仍很突出。

按照 WTO 农业协议口径统计，国家财政对农业的支持总量占当年农业总产值的比例不足 10%，而发达国家却达到了 30%～50%，即使印度、巴西、泰国等发展中国家也达到了 15%～20%。城乡发展失衡、工农业发展失衡日益明显。如果农民购买力不足，内需是很难真正扩大的，只有几亿农民腰袋鼓了，才会释放一个庞大的消费群体。

第四，城镇社会保障制度不健全，农村居民缺乏最基本的保障条件。随着我国社会主义市场经济体制的建立，社会保障体系的改革也取得了很大成效，初步建立起了现代社会保障体系。但从整体上看，仍然还是低层次、不完备的。目前我国社会保险的覆盖面小，且发展不均衡。在城市，国有企业下岗职工基本生活保障制度、失业保险制度、城镇居民最低生活保障制度三条保障线未能覆盖到全体社会成员，没有覆盖整个城市；养老保险、失业保险主要覆盖了国家行政事业单位、国有企业和部分集体企业，民营经济、个体经济尚未覆盖。加之缴纳的统筹款少，标准低，职工领取的退休金少，难以维持家庭基本生活，这些都限制了养老保险和失业保险的社会保障功能的发挥，致使相当一部分城市贫困人口享受不到应有的养老、失业保险待遇；职工医疗保障制度起步晚，覆盖面狭窄，部分城镇人口由于无力承受巨额医疗费而导致贫困。城乡差别过大，农村居民基本享受不到社会保障。近几年国家大力推行了农村养老保险和新型合作医疗制度，但由于各种原因，到目前为止，覆盖面仍然较小。到 2005 年年底，全国参加农村养老保险的人数为 5442 万人，仅占农村总人口的 7.1% 左右；参加新型农村合作医疗的人数为 1.79 亿人，仅占农村总人口的 24% 左右。总体来讲，农村的社会保障体系还处于比较低的层次。社会保障制度不完善，社会保障功能弱化，居民承担了相当大的改革成本，致使相当一部分消费基金被分流，对居民的支出预期产生了很大影响，进而制约着居民的消费需求。

第五，我国传统消费观念的影响。我国居民有量入为出、勤俭节约的消费习惯，绝大多数人还是本着"无债一身轻"的原则，忌讳"寅吃卯粮"。应该说上述观念的形成有它的客观社会基础，即长时期的低收入生活水平。在社会主义市场经济体制日趋完善的今天，许多人的消费观念还留在"计划经济"时期，日渐成为消费市场的无形桎梏。据中国经济景气监测中心对北京、上海两地居民的抽样调查显示，对消费信贷感兴趣的居民仅占31%；不愿意接受或表示担忧的居民所占比重达69%，其中25%的居民明确表示不接受消费信贷，17%的居民对消费信贷存在疑虑，15%的居民认为其经济状况无力进行信用消费。

　　因此，要想保持经济发展后劲，就必须解决国内消费需求偏低的问题。而内需又分为政府消费需求和居民消费需求，作为一个人口众多的发展中国家，经济增长更应立足于扩大国内需求，而扩大居民消费需求则应当成为内需扩张的重点。然而到目前为止，我国提出的刺激内需的政策措施，大多是增加政府消费的，直接涉及居民消费的很少。相比财政支出对于经济增长的研究，财政支出对居民消费的影响的研究关注较少，尤其是在复式预算的支出体制下考察不同类型的财政支出对于居民消费的影响方面关注更少。所以，在新形势下，要想使经济又好又快发展，更应重视财政支出对居民消费的刺激作用，采取刺激居民消费支出的财政政策。

第四节　理论与计量分析模型

　　目前，大多数国内学者是利用时序数据来研究政府支出与居民消费的关系，而很少有用面板数据进行研究的。面板数据（panel data）作为一种研究工具，在建模过程中，面板数据与纯时间序列或截面数据相比有许多优点。本节介绍 Frenkel 和 Razin（1996）研究政府支出对居民消费支出影响的理论模型，并在此基础上建立一个面板数据实证分析模型。

一、理论模型

　　Frenkel 和 Razin（1996）认为政府支出主要通过两个渠道影响居民消费：消费倾斜渠道和资源撤出渠道。根据他们的研究，在考虑政府支出的条件下，跨期代表性消费者的个人效用函数被定义为由居民消费和政府的公共支出决定，在生命存续期内（0 期与 1 期），代表性消费者将在居民消费和政府提供的公共品的消费中最大化其效用：

$$\underset{C_0,C_0}{Max}U(C_0,G_0)+\delta U(C_1,G_1) \tag{10.1}$$

$$s.t.C_0+\alpha_1^P C_1=(\bar{Y}_0-T_0)+\alpha_1^p(\bar{Y}_1-T_1)-(1+r_{-1}^P)B_{-1}^P=W_0 \tag{10.2}$$

在（10.1）式中，C_0 与 C_1 分别表示代表性消费者在时期 0 和时期 1 的消费支出；G_0 与 G_1 分别表示政府在时期 0 和时期 1 的支出；δ 表示主观折现因子。在（10.2）式中，α_1^P 表示私人部门的市场折现因子（经过价格指数的百分比变化调整后的折现因子）；$\bar{Y}_0-T_0$ 与 $\bar{Y}_1-T_1$ 表示消费者在时期 0 和时期 1 纳税后的实际可支配收入；$(1+r_{-1}^P)B_{-1}^P$ 为消费者历史债务负担的折现总额，B_{-1}^P 为消费者的初始债务；r_{-1}^P 为初始实际利率水平；W_0 为折现后的实际财富总额。（10.2）式表示消费者的一生约束条件，由前面分析可知，其一生消费的折现总额等于一生可支配收入减去初始债务的折现总额。

通过对（10.1）式和（10.2）式求消费者效用最大化的一阶条件可以得到（10.3）式：

$$\frac{U_C(C_0,\ G_0)}{\delta U_C(C_1,G_1)}=\frac{1}{\alpha_1^P} \tag{10.3}$$

该式表明，均衡时相邻两个时期消费的边际替代率应等于私人部门市场折现因子的倒数。

首先分析政府支出影响居民消费的消费倾斜渠道。假设私人效用函数为常数跨期替代弹性（CRRA）形式：

$$U(C_t,G_t)=z(G_t)+h(G_t)(C_t)^{\frac{-\sigma}{1-\sigma}} \tag{10.4}$$

在（10.4）式中，$z(G_t)>0$, 表示消费固定时政府支出为私人消费带来的满足程度。$\sigma>0$，表示消费的跨期替代弹性。由（10.4）式可以得出政府支出对居民消费的边际效用的影响，其表达式如下：

$$U_{CG}=\left(1-\frac{\sigma}{1-\sigma}\right)h_G(G_T)(C_t)^{\frac{-\sigma}{1-\sigma}} \tag{10.5}$$

在（10.5）式中，U_{CG} 表示居民消费的边际效用对政府支出的一阶导数。由（10.5）式可以看出，如果 $h(G_t) > 0$，则有 $U_{CG} > 0$，意味着当期政府支出增加将导致当期居民消费的边际效用上升，进而导致当期消费的边际替代率上升，因此居民消费向当期倾斜，即当期居民消费增加；如果 $h(G_t) < 0$，则有 $U_{CG} < 0$，意味着当期政府支出增加将导致当期居民消费的边际效用下降，进而导致当期消费的边际替代率下降，因此居民消费向未来倾斜，即当期消费下降；如果 $h(G_t) = 0$，则有 $U_{CG} = 0$，意味着当期政府支出增加对当期居民消费的边际效用不产生影响，所以当期消费不会变化。也就是说，当 $h(G_t) > 0$ 时，政府支出与居民消费之间呈现互补关系；当 $h(G_t) < 0$ 时，政府支出与居民消费之间呈现替代关系；当 $h(G_t) = 0$ 时，政府支出对居民消费的影响是中性的。

下面考察政府支出对居民消费影响的资源撤出渠道。由于政府支出活动是在一定的预算约束下进行的，因此在两时期模型中，政府支出面临的约束如下：

$$G_0 = B_0^g + T_0 - (1 + r_{-1}^g) B_{-1}^g \tag{10.6}$$

$$G_1 = T_1 - \frac{1}{\alpha_1^g} B_0^g \tag{10.7}$$

在（10.6）式和（10.7）式中，B^g 代表政府债务，$(1 + r_{-1}^g) B_{-1}^g$ 为政府在 0 时期初始债务的折现额，r_{-1}^g 为初始的政府债务利率，α_1^g 为适用于政府支出的折现因子。

假定在信息充分条件下，消费者具有理性预期，他们认识到政府支出活动对自己消费的影响，会将政府预算约束的影响纳入其预算约束。因此，我们将政府预算约束（10.6）式和（10.7）式同时代入消费者的预算约束（10.2）式，整理可得：

$$\begin{aligned} C_0 + \alpha_1^P C_1 &= (\overline{Y}_0 + \alpha_1^P \overline{Y}_1) - (C_0 + \alpha_1^P G_1) - (\alpha_1^g - \alpha_1^P)(G_1 - T_1) + \\ &\quad (r_{-1}^P - r_{-1}^g) B_{-1}^g - (1 + r_{-1}^P) B_{-1} \end{aligned} \tag{10.8}$$

在（10.8）式中，B_{-1} 表示该经济体过去形成的外债额（即 $B_{-1} = B_{-1}^P - B_{-1}^g$）。（10.8）式等号右边部分表示消费者的财富约束，可以看出消费者的财富由扣除政府支出后的国民收入折现总额等三部分组成。进一步假定 $\alpha_{-1}^{P}=\alpha_{-1}^{g}=\alpha_{-1}$，$r_{-1}^{P}=r_{-1}^{g}=r_{-1}$ 则（10.8）式可以转化为如下形式：

$$C_0+\alpha_1 C_1=(\overline{Y_0}-G_0)+\alpha_1(\overline{Y_1}-G_1)-(1+r_{-1})B_{-1} \qquad (10.9)$$

（10.9）式表明，如果消费者和政府部门可以以同一利率水平在世界资本市场上自由借贷，则消费者的财富等于扣除政府支出后的国民收入折现总额与初始外债额之差。从（10.9）式可以看出，政府的支出活动要占用资源，而这些资源原本可以由消费者使用，因此政府的支出活动会减少消费者能够利用的资源数量，从而导致居民消费下降。我们将政府支出对于居民消费的这种影响称为资源撤出渠道。

通过细分政府支出影响居民消费的渠道，我们认为除中性情况外，政府支出对于居民消费的影响是通过消费倾斜渠道和资源撤出渠道所产生的影响的总和。在中性情况下，相邻两个时期的边际消费替代率与政府支出无关，政府支出只通过资源撤出渠道对居民消费产生影响。

二、实证模型

在分析中国政府支出通过消费倾斜渠道对居民消费产生的影响时，我们采用面板数据模型分析时使用如下模型进行估计：

$$\ln C_{it}=\beta_{0i}+\beta_1\ln G_{1it}+\beta_2\ln G_{2it}+\beta_3\ln G_{3it}+\beta_4\ln G_{4it}+ \\ \beta_5\ln Y_{it}+\beta_6 D_i+u_{it} \qquad (10.10)$$

其中，C_{it} 表示居民消费支出，G_{1it} 表示基本建设支出，G_{2it} 表示支农支出，G_{3it} 表示文教科学卫生事业费支出，G_{4it} 表示行政管理费支出，Y_{it} 表示居民家庭人均收入。β_j（j=1，2，3，4）表示在其他变量不变时该项政府支出变动对居民消费的影响。如果 β_j 为正，则意味着这项政府支出对居民消费产生了互补性的影响（即这项支出的增加会促进居民消费）；如果 β_j 为负，则意味着这项政府支出对居民消费产生了替代性的影响（即它的增加会挤出居民消费）。Y_{it} 表示人均可支配收入，D_i 表示个体固定（变动）效果。由于受到数据完整性的限制，本文采用的时间较短，所以暂不考虑时间固定（变动）效果。

由于不同的分类方式会导致研究结果也大不相同，在进行面板数据模型分析时，我们直接从统计年鉴上按用途分的十六项支出中选取用于研究的财政支出项目。统计年鉴上的这十六项支出分别为基本建设费、企业挖潜改造资金、科技三项费用、支农支出、文体广播事业费、教育事业费、科学事业费、卫生经费、行政管理费、公检法司支出、其他部门事业费、抚恤和社会福利救济费、行政事业单位离退休经费、社会保障补助支出、政策性补贴支出和其他支出。鉴于这种划分方法过于复杂，并且很多项目与居民消费支出联系不密切，再考虑到模型构建及计量方面的因素，我们重点考察与居民消费支出密切相关且广受关注的项目并进行分析，主要包括基本建设费、支农支出、科教文卫费、行政管理费。

政府的基础设施建设支出能够增加和改善与居民消费呈互补关系的公共品供给，降低居民消费的外在成本，有助于社会经济的发展，提高人民收入和生活水平，对居民消费将产生挤入效应。但是过多的经济建设支出就会排挤私人部门支出，并与私人部门争夺有限的社会资源，阻碍经济的增长；再者，如果基础设施建设领域投入结构不够合理，特别是与人民生活息息相关的公共物品的供给不足，就会使国民经济的发展遭遇"瓶颈"，不利于人民收入与生活水平的提高，这便会对居民消费产生挤出效应。

支农支出能改善农业生产条件，不仅能提高农业的综合生产能力，改善生态环境，增加农民收入，在长期，农业这一国民经济的基础得到发展，而且还有利于整个国民经济的协调发展和我国生产力水平的全面提高，从而提高城乡居民的消费水平。由于农业基础设施对农业产生作用是有时滞的，所以从短期来看，可能暂时没有明显作用，如果支农资金的使用效率低且不尽合理，无法实现改善农业生产条件的初衷，构成资金的浪费，就可能对居民消费表现出挤出效应。

教育投入属于人力资本投资性支出，随着经济的发展，世界各国都注意到教育的重要性，认识到人的知识和技能对一国经济发展的重要性。教育投入的扩大，可以促使国民素质不断提高、劳动力知识水平不断提高，提高劳动生产率，增加社会财富，促使居民消费增加。另外，教育支出弥补了居民由于认知和流动性约束而带来的消费不足问题，因此从一定程度上说是对居民消费的补充。但是，如果教育资金没有得到合理利用，使有限的政府资金在各级教育中的投入比例失调，教育资源配置不够公平，及资金的浪费严重，都可能导致对居民消费产生挤出效应。

行政管理费是国家执行其基本职能、进行社会公共事务管理活动的财力保证，如果行政管理费支出规模科学合理，才会有利于政府把财政支出的大部分用于公共建设和为社会提供公共产品，政府对社会事物的管理才会有效率，才会有利于居民消费的增长。如果行政管理支出的增长速度过快，远远超过经济增长和居民收入的增长，就会加重财政负担，弱化财政的资源配置职能，对经济增长和居民消费的增长产生消极影响。

第五节　我国财政支出对居民消费影响的实证分析

近年来，为了扩大内需，我国也采取了一些积极的措施。但是这些政策措施是否会对居民消费起到刺激作用，或者能在多大程度上起到作用，还需加以实证研究。本节先对使用的数据进行说明和统计描述，然后对数据的平稳性和协整关系进行检验，并对面板数据模型的形式进行选择，最后利用我国 31 个省级单位最近 6 年的面板数据，对我国财政支出对城乡居民消费支出的影响进行回归估计，并对结果进行分析。

一、数据说明

1. 数据来源及统计描述

本文收集了我国 31 个省、自治区、直辖市作为研究样本，在理论上能够很好地反映实际经济现象的发生本质。在时间上选择了 2001年至 2006 年的连续数据，使总样本容量达到 186 个。数据均由《中国

统计年鉴》（2001～2007）和《中国财政年鉴》（2001～2007）整理而
来。本文采用 Eviews6.0 软件对面板数据进行计量分析。所用变量具
体包括各地区历年的城镇居民消费支出、农村居民消费支出、城镇居
民家庭人均收入、农村居民家庭人均收入以及基本建设费、支农支出、
科教文卫费、行政管理费。分别用 C1、C2、Y1、Y2、G1、G2、G3、
G4 来表示城镇居民消费支出、农村居民消费支出、城镇居民家庭人均
收入、农村居民家庭人均收入、基本建设费、支农支出、科教文卫费
支出、行政管理费。表 10-3 给出了变量的统计性描述。

表 10-3 各变量原始值和对数值的数字特征

变量	均值	中位数	最大值	最小值	标准差
C1（亿元）	1215.775	911.535	8531.81	24.79	1186.652
Y1（元）	9499.787	8714.48	22808.57	5292.09	3354.497
C2（亿元）	668.8427	470.65	2075.17	25.89	521.5775
Y2（元）	3097.563	2596.6	9138.7	1404	1470.186
G1（万元）	705390.8	555757.5	3955840	101717	584900.9
G2（万元）	222667.6	198410	832939	21220	157427.1
G3（万元）	1471861	1263825	5725658	153536	1000173
G4（万元）	622626.8	514607.5	2563287	60773	447649.3
LNC1	6.655359	6.81513	9.051557	3.21044	1.069403
LNY1	9.107378	9.072741	10.03489	8.573969	0.311101
LNC2	6.089713	6.154102	7.637798	3.253857	1.039869
LNY2	7.94825	7.861955	9.120273	7.247081	0.40831
LNG1	13.25831	13.22809	15.1907	11.52995	0.607533
LNG2	12.03534	12.19807	13.63272	9.962699	0.804429
LNG3	13.95046	14.04965	15.56047	11.94169	0.7737
LNG4	13.09283	13.15115	14.7568	11.0149	0.747001

数据来源：《中国统计年鉴》（2007 年版）和《中国财政年鉴》（2007 年版），国家统计局和国
家财政部网站

由表 10-3 可以看出，这六年来，科教文卫费投入的均值为 1471861

万元，要比其他四项支出大。不过就波动而言，科教文卫费支出波动（1000173 万元）是这五项支出中最大的。这五项支出中投入额平均值最小的是支农支出（222667.6 万元），尽管该项支出的波动（157427.1 万元）也最小，但是其支出额与其他项相比严重不足。

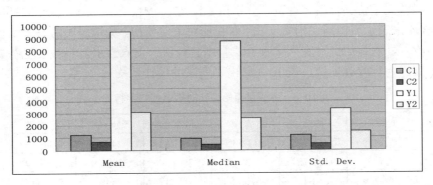

图 10-3　城乡居民的家庭人均收入和消费支出的均值、中位数和标准差

数据来源：《中国统计年鉴》（2007 年版）和《中国财政年鉴》（2007 年版），国家统计局和国家财政部网站

　　从图 10-3 中可以看出，这六年来，就平均值而言，城镇居民消费支出（1215.775 亿元）要大于农村居民消费支出（668.8427 亿元），城镇居民家庭人均收入（9499.787 元）要比农村居民家庭人均收入（3097.563 元）大很多。就波动性而言，相比城镇居民消费波动（1186.652 亿元），农村居民消费波动（521.5775 亿元）要小，农村居民家庭人均收入的波动（1470.186 元）也比城镇居民家庭人均收入的波动（3354.497 元）小。

2. 变量的基础性检验

　　面板单位根检验主要是判定面板数据的稳定性问题。大多数宏观时间序列都是非平稳的，直接进行最小二乘估计可能会得到可信度较低的结果。面板数据同样存在相类似的问题。为了避免这种虚假回归的问题，首先对序列进行单位根检验分析序列的平稳性。面板数据序列的单位根检验与普通时间序列的单位根检验不完全相同，主要在于面板数据序列存在相同根（Common Unit Root Processes）和不同根（Individual Unit Root Processes）两种情形的单位根检验。为了保证结论的稳健性，我们将分别采用 LLC 检验和 IPS-W 检验方法对面板数据进行单位根检验，其中 LLC 检验为同根情形的单位根检验，IPS-W检验为不同根的单位根检验。

表 10-4　各变量对数值水平值和一阶方差的单位根检验结果

变量		LLC	Breitung-T	IPS-W
水平值	lnC1	1.36447	1.36778	5.27176
	LnC2	-4.10546	0.44473	1.54188
	lnG1	-4.50439	2.61603	1.29906
	LnG2	-3.54262	-2.27744	2.07535
	LnG3	7.28353	-4.19674	9.41106
	LnG4	2.45805	0.10317	6.40350
	lnY1	-1.64780	-1.69771	2.85730
	lnY2	10.4623	-0.55586	9.61485
一阶差分值	ΔlnC1	-11.5045	-1.05943	-2.81271
	ΔlnC2	-14.5130	-2.73265	-4.11474
	ΔlnG1	-11.7494	-1.13619	-3.43991
	ΔlnG2	-22.5629	-9.05986	-7.28302
	ΔlnG3	-3.52333	0.45269	0.33295
	ΔlnG4	-19.0657	-2.63937	-4.34498
	ΔlnY1	-14.1673	-1.64427	-2.24235
	ΔlnY2	-5.12530	0.32365	0.09807

根据表 10-4 可知，LLC 检验结果表明，除了 lnG1、lnG3 是平稳的以外，所有变量的水平值在 1% 的显著水平下均是非平稳的，并且在一阶差分后都是平稳的。

虽然变量是非平稳的，但它们可能存在着平稳的线性关系，反映变量之间长期的稳定关系，这就有必要对变量进行协整检验。我们使用 Kao Residual Cointegration Test 方法来检验变量 lnC1 和 lnG2、lnG4、lnY1 间的协整关系以及 lnC2 和 lnG2、lnG4、lnY2 间的协整关系，结果如表 10-5 所示。

表10-5　模型 Kao Residual Cointegration Test 检验结果

	t-Statistic	Prob.
ADF	-4.774260	0.0000
ADF	-2.009194	0.0003

从表 10-5 可以看出，t 统计量的值很好地通过了检验，认为变量间存在协整关系。据此，我们可以认为基本建设费、支农支出、科教文卫费、行政管理费与居民消费支出存在长期均衡关系，对居民消费有影响。

面板数据模型分为固定效应模型和随机效应模型。在对面板数据模型进行估计时，使用的样本包括了个体、指标、时间三个方面的信息。两种模型各有优缺点，如果模型的形式设定不正确，估计结果将与所要模拟的经济现实偏离甚远。因此，首先要确定建立哪种面板数据的模型形式，从而避免模型设定偏差，改进参数估计的有效性。在 Eviews6.0 中，用 Hausman 检验可以直接验证面板数据模型的设定应该是固定效应还是随机效应。Hausman 检验的结果如表 10-6 所示。

表10-6　面板数据模型设定的 Hausman 检验结果

Correlated Random Effects - Hausman Test			
Test cross-section random effects			
Test Summary		Chi-Sq.Statistc	Chi-Sq.d.f.	Prob.
城镇居民消费模型	Cross-section random	12.302919	5	0.0309
农村居民消费模型	Cross-section random	81.038901	5	0.0000

从表 10-6 可以看出，城镇居民消费支出模型中，Hausman 统计量的值是 12.303，相对应的概率是 0.0309；农村居民消费支出模型中，Hausman 统计量的值是 81.039，相对应的概率是 0.0000。说明两个模

型都拒绝了随机效应模型的原假设,所以建立固定效应模型是合适的。

二、实证分析及其结果

为了研究我国财政支出对城乡居民消费的影响,以下分别对各项财政支出与居民消费之间的关系进行实证分析。

1. 实证模型估计

首先,我们给出城镇居民消费支出方程式:

$$\ln C_{1it} = \beta_{0i} + \beta_1 \ln G_{1it} + \beta_2 \ln G_{2it} + \beta_3 \ln G_{3it} + \beta_4 \ln G_{4it} + \beta_5 \ln Y_{it} + \beta_6 D_{1i} + \varepsilon_{it}$$

$$(10.11)$$

其中,C_{1it} 为城镇居民消费支出,G_{1it} 为基本建设费,G_{2it} 为支农支出,G_{3it} 为科教文卫费,G_{4it} 为行政管理费用,Y_{1it} 表示城镇居民家庭人均收入。虚拟变量 $D_{1i} = 1$ 表示属于第 i 个个体,$D_{1i} = 0$ 则为其他。将面板数据用方程式进行回归后,估计结果如表 10-7 所示。

表 10-7 各项财政支出与城镇居民消费支出回归结果

Dependent Variable: LNC1?			
Variable	Coefficient	Std. Error	t-Statistic	Prob.
C	-9.863555	0.828762	-11.90155	0.0000
LNY1?	0.783377	0.293669	2.667554	0.0085
LNG1?	-0.029291	0.071694	-0.408561	0.6834
LNG2?	-0.072765	0.049604	-1.466915	0.1445
LNG3?	0.868078	0.241977	3.587432	0.0005
LNG4?	-0.111631	0.242171	-0.460962	0.6455
R-squared	0.983113	Prob(F-statistic)		0.000000

从回归结果中可以看到,调整的拟合优度为 98.31%,面板数据很好地拟合了模型。除常数项外,各解释变量的系数估计值同时都为零的原假设被舍弃,总体回归方程是显著的。但是,从 t 统计值来看,城镇居民家庭人均收入和科教文卫费支出对城镇居民消费支出的影响

是正的，并且在 5%的显著性水平上是显著的。基本建设费、支农支出和行政管理费用对城镇居民消费支出的影响均是负的，并且在 5%的显著性水平上都没有通过显著性检验。

其次，我们可以给出农村居民消费支出方程式：

$$\ln C_{2it} = \beta_{0i} + \beta_1 \ln G_{1it} + \beta_2 \ln G_{2it} + \beta_3 \ln G_{3it} + \beta_4 \ln G_{4it} + \beta_5 \ln Y_{it} + \beta_6 D_{2i} + \varepsilon_{it}$$

$$(10\text{-}12)$$

其中，C_{2it} 为城镇居民消费支出，G_{1it} 为基本建设费，G_{2it} 为支农支出，G_{3it} 为科教文卫费，G_{4it} 为行政管理费用，Y_{2it} 表示城镇居民家庭人均收入。虚拟变量 D_{2i} =1 表示属于第 i 个个体，D_{2i} =0 则为其他。将面板数据用方程式进行回归后，估计结果如表 10-8 所示。

表 10-8 各项财政支出与农村居民消费支出回归结果

Dependent Variable： LNC2?				
Variable	Coefficient	Std. Error	t-Statistic	Prob.
C	1.576051	0.372327	4.232980	0.0000
LNY2?	0.414442	0.149536	2.771524	0.0063
LNG1?	-0.043001	0.026915	-1.597676	0.1122
LNG2?	0.003430	0.017499	0.196007	0.8449
LNG3?	0.472788	0.088270	5.356153	0.0000
LNG4?	-0.370218	0.111294	-3.326486	0.0011
R-squared	0.996446	Prob（F-statistic）		0.000000

从回归结果中可以看到，面板数据很好地拟合了模型，调整的拟合优度为 99.64%。除常数项外，各解释变量的系数估计值同时都为零的原假设被舍弃，总体回归方程是显著的。从 t 统计值来看，农村居民家庭人均收入、科教文卫费支出对城镇居民消费支出的影响是正的，行政管理费支出对城镇居民消费支出的影响是负的，并且在 5%的显著性水平上这三项均是显著的。基本建设费对城镇居民消费支出的影响是负的，支农支出对城镇居民消费支出的影响是正的，并且这两项

在 5%的显著性水平上都无法通过显著性检验。

表 10-9 我国 31 个省、自治区、直辖市城镇居民消费模型估计的固定效应值

北京	-0.38219	内蒙古	0.198285	上海	0.019461	福建	-0.23458
天津	-0.23525	辽宁	0.737183	江苏	0.511824	江西	0.018334
河北	0.196068	吉林	0.4445	浙江	-0.13127	山东	0.537229
山西	0.057239	黑龙江	0.634656	安徽	0.373103	河南	0.458139
湖北	0.658773	海南	-0.53748	云南	-0.48798	青海	-0.75601
湖南	0.381297	重庆	0.251602	西藏	-1.84254	宁夏	-0.63681
广东	0.548776	四川	0.442885	陕西	-0.06852	新疆	-0.28105
广西	-0.14106	贵州	-0.42103	甘肃	-0.31359		

表 10-10 我国 31 个省、自治区、直辖市农村居民消费模型估计的固定效应值

北京	-1.530239	内蒙古	-0.244013	上海	-1.140827	江西	0.409407
天津	-1.473309	辽宁	0.255846	江苏	1.065782	山东	1.341575
河北	0.883126	吉林	-0.381933	浙江	0.870457	河南	1.266622
山西	-0.259452	黑龙江	-0.066292	安徽	0.969401	湖北	0.690891
广东	1.102027	四川	1.304464	福建	0.493587	湖南	0.997315
广西	0.503572	贵州	0.149129	甘肃	-0.300830	新疆	-0.608117
海南	-1.323153	云南	0.555789	青海	-1.798105	陕西	0.247691
重庆	0.063989	西藏	-2.217397	宁夏	-1.827003		

另外，从表 10-9 和 10-10 可以看到，不论是城镇居民消费还是农村居民消费，全国各个地区的固定效应值的差异比较大，地区性因素对经济的影响非常明显。说明了不同地区的地区性基础或禀赋因素对一个地区的居民消费具有很大影响。资源丰富、经济发展较快的东部沿海地区对城乡居民消费的固定影响均为正值；而中西部地区，由于资源贫瘠、经济发展缓慢，地区性因素对城乡居民消费的影响呈现负值。这说明东部地区比中西部地区具有明显的初始禀赋优势。

2. 结果分析

由前面的回归结果可以看出，各项财政支出对城乡居民消费支出有不同的影响，我们对这些不同的影响作具体分析。

基本建设费对城镇居民消费支出均呈现出替代关系，但是由于在两个模型中该变量均不显著，所以基本建设费支出对居民消费并没起到明显作用。近年来，国家基本建设费总量不断增加，但其结构还不够合理，基础设施建设领域投入不足，尤其是与人民生活息息相关的公共物品供给不足，这不仅不利于居民消费环境的改善，还给国民经济的发展和人民收入与生活水平的提高造成了"瓶颈"，从而间接限制了居民消费的增加。而且，由于我国城乡之间经济发展水平、市场化程度差距很大，对经济建设费支出的投向和使用效益存在较大差异，城市基本建设费的使用比农村更有效率，投向也更合理一些。再者，我国基础设施建设投资主要集中在城市，对有利于农业发展、农村进步和农民生活改善的基础设施建设投入比重偏低。目前的基本建设支出现状还不能给居民消费支出的增加带来正面影响。

支农支出对城镇居民消费支出表现为替代关系，但对农村居民消费支出表现出微弱的互补关系，不过在两个模型中该变量均不显著，即支农支出对居民消费支出没有明显影响。目前我国二元经济没有得到根本改变，支农支出的比重越大，越有利于农村发展，有助于改善农业生产条件，减少农民为避免损失而将自己的收入投入到农业基础设施中的部分，减轻农民生活负担，增加农民可支配收入，改善农村消费环境，提高农业的综合生产能力，改善生态环境，这都直接或间接地对农村居民消费支出起到刺激作用。但在短期内，由于财政支出总量既定，支农支出的增加必然使得用于城市建设的支出下降，不利于城市建设和城镇居民消费水平的提高。

科教文卫支出与城乡居民消费均呈现出较强的互补关系，并且这种影响是显著的。近年来，我国经济迅速发展，随着人均收入的提高，人们对文化、体育、医疗保健、教育科研等方面的消费支出比例会不断上升，因此财政在科教文卫方面支出的增加能满足人们对社会文教方面公共品需求的增加，为私人消费的增加创造条件。随着我国科教兴国战略的提出，教育被摆在了优先发展的地位，国家在教育方面的投入逐年扩大，尤其是农村教育水平不断提高，范围不断扩大，设施不断完善，国民素质不断提高。劳动力知识水平的提高会使劳动生产率提高，这不仅有利于增加劳动者的工资，而且有利于整个经济的发展，必然带来居民消费的增加。如果说经济建设支出是直接作用于生产从而间接带动居民消费，那么社会文教支出则能直接带动居民消费。

行政管理费对城乡居民消费支出均呈现出替代关系，但是只有在农村居民消费模型中是显著的，即行政管理费对城镇居民消费没有明显作用，但对农村居民消费有显著的影响。行政管理费支出纯属于消费性支出，不能得到合理的利用就会成为财政拖累，加重人民负担，对私人消费产生挤出效应。目前我国农村经济发展水平不够高，随着经济的发展，经济的规模不断扩大，对政府公共服务需求不断上升，而农村政府机构管理水平不够高，制度也不够规范，监管也不够严格，容易造成行政资金的浪费。所以，尽管随着我国经济的增长，行政管理费不断增加，在整个财政支出中的比重也不断上升，但是这些费用并没有得到有效利用，而是成为膨胀的政府机构人员的工资和各种福利，从而造成了一方面行政管理费支出增加很快，而另一方面公共品和服务的生产效率低下，所提供的数量、质量都不足以对居民消费起到很好的刺激作用，甚至于出现了对居民消费的"挤出"效应。

收入对城乡居民消费支出均表现为显著的促进作用。收入是影响消费支出的最直接因素之一，从理论和实证上都可以得到收入的增加能促进居民消费增加的结论。随着我国经济的发展，人民收入水平不断提高，居民消费自然不断增加。另外，我国社会保障体系不断完善，养老、失业、医疗、教育、住房等社会保障和社会补助、社会救济的覆盖面不断扩大，水平不断提高，一方面解决了人民消费的后顾之忧，另一方面直接增加了居民尤其是低收入和生活困难居民的可支配收入，从而刺激着居民消费的增加。但是，实证结果还表明，我国农村居民消费支出的收入弹性要小于城镇居民消费支出的收入弹性，在收入都增加一个百分点的情况下，城镇居民消费支出的增加要比农村居民消费支出的增加高出大约 0.37 个百分点。这一方面是由于我国农村经济发展水平比城市低，农民收入比城市居民收入低，农民消费能力不如城市居民的消费能力大；另一方面是因为，相比城市而言，我国农村养老、医疗等社会保障体系不够完善、覆盖面不够大、水平也不够高，对农村贫困家庭的补助水平和力度不够大，使得农村居民不如城镇居民那么敢于消费。

综上可知，基本建设费支出和行政管理费支出对城乡居民消费均表现出替代关系；支农支出会抑制城镇居民消费支出，但却能促进农村居民消费支出；科教文卫支出和人均可支配收入对城乡居民消费均产生显著的促进作用。

凯恩斯主义经济学认为，当经济未处在充分就业的状态下，社会资源会有闲置，政府消费和投资可以对经济产生乘数效应；而当经济处于充分就业的状态下，社会资源都得到了充分利用，政府消费和投资行为会对私人消费和投资产生完全的挤出效应。从前面的实证分析可以看出，我国政府支出的某些项目对居民消费有一定的促进作用，在政府消费增加的同时，并不是完全挤占了居民的消费空间，而是把一部分闲置资源给调动起来，这样反过来通过就业和收入增加了居民的消费。但是，同一项财政支出对城乡居民消费的影响是有差异的，其主要原因可归结于城乡之间发展与消费的特点不同。第一，城乡居民消费水平和消费结构有差异。虽然城乡居民的人均收入和消费支出在绝对值上来看是增长的，但是城乡之间的收入差距和消费支出差距越来越大。城镇居民在副食品、衣着、教育、文化娱乐以及家庭耐用消费品等方面的支出比重都要高于农村居民。第二，城乡居民消费倾向的差异。在我国，由于二元经济长期存在，农村各种经济制度不完善，导致农民收入预期不稳定；农村社会保障体系没有建立起来，养老、医疗、教育支出没有稳定保障；农村基础设施落后，抑制了对耐用消费品和高档消费品的需求，使得一些农民的购买力无法实现，这些因素共同导致了农村居民消费倾向低于城镇居民消费倾向。从而造成了收入低的同时消费倾向也偏低的现象。第三，消费环境的差异。多年来，政府消费支出的地域倾斜使得城乡消费群体对私人消费和公共消费占有的差距拉大，消费环境差别很大。农村居民消费环境及消费条件整体上不如城镇，交通设施、商业网点、文化体育、生活环境等都明显滞后于城市，只有部分沿海经济发达地区的农村水、电、路、通信等消费硬件设施较完善，消费市场秩序相对规范，基本形成了物流畅通、方便快捷的消费环境，农民可以利用便利的交通条件去城市消费。我国绝大多数农村，经济发展水平相对落后，农村道路、水电等基础设施尚不完善，农民消费受到抑制。

第六节　促进居民消费支出的财政支出政策建议

我国是一个人口众多的发展中国家，经济增长更应立足于扩大国内需求，尤其是在全球经济发展放缓的大背景下。而扩大居民消费需求则应当成为内需扩张的重点。根据前面的分析，我国财政支出确实会对居民消费产生影响。在实证分析的基础上，提出以下几点政策建议，以充分发挥财政对居民消费的积极影响，以促进居民消费支出的增加。

一、调整基本建设支出，改善民生

多年来，我国财政支出中用于经济建设的支出不断增加，很多领域已经趋于饱和，但是有助于改善民生的基本建设还明显不足，增加城乡的基础设施建设，完善交通、能源的建设，有助于改善居民生活条件和消费环境。

第一，加快农村基础设施建设。农村是我国最大的消费市场，农民是我国最大的消费需求主体，然而如此庞大的消费群体的消费需求却始终没有调动起来。为此，必须加大农村沼气、饮水安全工程和农村公路建设力度，完善农村电网，加快南水北调等重大水利工程建设和病险水库的除险加固，加强大型灌区节水改造；继续支持农村科技、教育、医疗、文化、体育等基础设施建设，提高农民整体素质，改善生活环境，升级消费结构。随着农村经济市场化程度的不断提高，农村生产资料运到农村、农产品运往市场、各种消费品进入农村、农居民与外界各方面交流的增加都需要有良好的基础设施。农村基础设施是农村经济社会发展和农民生产生活改善的重要物质基础。因此，必须以社会主义新农村建设为契机，加大农村基础设施建设的财政投入力度，改变农村基础设施落后的状况，提高农村居民创造收入的能力，为农村消费市场的启动和发展提供必要的基础性条件，为刺激农村居民消费打下基础。

第二，提高农业支出资金的使用效率。目前，我国农业事业费中，有很大一部分用于人员经费，而真正用于支持农业基本建设的比例很小，使农业事业的发展面临资金短缺的困扰。另外，在财政农业建设性资金中，用于大中型带有社会性的水利建设的比例较大，而农民可以直接收益的中小型的基础设施建设的比重较小，一定程度上夸大了政府农业投入的规模。所以，在加大农业支出的同时，要提高资金的使用效率，让支农资金真正使农民受益。

第三，加强交通、能源、城镇基础设施等公共领域的投资。社会公共基础设施是实现工业化的基础，是推动经济快速持续增长的主动力。强化公共领域基础建设投资，既能有效刺激国内需求，迅速带动经济发展，又能避免重复建设，改善投资与经济结构，并为下岗职工和农村剩余劳动力创造更多的就业机会，有利于增加城乡居民消费。因此，要加强城市公共设施，如供水、排污水、煤气、公共交通等公用事业的建设投资；增加道路、桥梁、农田水利等基础设施建设方面的投入，提高基础产业的供给水平；逐步扩大具有外部经济效应的投资支出，如国土整治即大江大河治理等；加强能源、交通和基础设施等生产外部环境的投资比重，降低对生产部门的直接投资比重；加大财政对小城镇基础设施建设的投入力度，目前，小城镇基础设施建设主要依靠当地财政投入，而我国小城镇政府财政功能不全，不仅镇本级财力不足，拿不出资金用于基础设施建设，而且也很少能享受到县以上各级政府部门的直接投资。因此财政在安排基础设施建设时，应考虑到小城镇基础设施建设的需要，给予一定的支持。国家应加快调整投资结构，以及财政资金和国债的投入使用方向，加大对小城镇，尤其是国家试点镇基础设施建设的资金投入，以改变目前小城镇基础设施建设滞后的状况。地方省、市、县等各级财政也应重视小城镇基础设施建设，确实加大投入，保证小城镇基础设施建设投入有计划地稳定增长。

二、加大科教支出，尤其是教育支出

第一，增加义务教育支出，尤其是加大西部地区的教育支持力度。义务教育是一种强制性的免费教育，政府对义务教育投资负有不可推卸的责任。但在我国，中央政府和省级政府却基本将自身置于义务教育责任之外，基础教育是由地方负责的。而县、乡财政能力有限，无力独立支撑起义务教育的发展，不得不采用多渠道筹集经费，其结果自然是乱收费、乱摊派现象严重，加重人民的负担，既不利于消费的启动，也不利于经济的发展。因此，一方面，要加大中央财政对义务教育的经费投入。提高全国义务教育的办学水平，改善义务教育环境，通过各级政府的共同努力，切实实现我国财政性教育经费占 GDP 的比例 4%的目标。另一方面，要顾及到教育的公平性。尽快建立规范的义务教育财政转移支付制度。贫困地区义务教育均衡仅依靠地方政府的财政能力是不可能实现的，中央政府在推进义务教育均衡过程中要发挥积极作用。在下级政府因财政能力较弱而无法承担义务教育费用并满足义务教育需求时，上级政府有责任也有义务进行相应的教育财政转移支付。建立起从中央和省级到地方的转移支付体系，并对经济发展水平不同的地区采用不同的补助标准，平衡不同地区间义务教育条件的巨大差距，保障教育机会的均等。再者，继续加大中央对农村和西部地区义务教育的支持。无论是资金上还是政策上都应该给予倾斜，加快农村和少数民族专业人才的培养。尽管目前国家财政对农村教育的投入比前些年有所提高，2005 年实行了农村义务教育全免费，但是全国各地普遍存在义务教育经费欠债现象，尤其是在县级以下的地方政府，这方面中央和省级财政应该承担更多的责任。还可以建立专项教育基金，专门用于农民工子女的义务教育。对于农民工子弟学校，当地政府可根据本地的教育经费水平，给予资金支持。

第二，加强职业教育，对失业人员特别是农民工进行职业培训。

稳定就业才能保证居民收入的稳定和增长，从而为消费提供持续的动力，职业教育培训是提高劳动者素质，增强其就业能力、工作能力、职业转换能力和创业能力的重要手段。首先，在增加各级财政资金投入的同时逐步增加公共财政对职业教育的投入。中央和地方各级财政应该在财政支出中安排足额经费用于促进劳动者的技能培训工作；安排资金重点支持技能型紧缺人才的专业建设，促进农业和地矿等艰苦行业、中西部农村地区和少数民族地区的职业教育和成人教育发展。其次，加强师资队伍建设。地方各级财政要加强对职业院校教师素质提高方面的投入，支持职业教育师资培养培训基地建设和师资培训工作。建立职业教育教师到企业实践制度，制定和完善职业教师聘用政策。再者，加强对贫困家庭学生的帮助，中央和地方财政要安排经费，用于奖、助学金和学费减免，资助接受中等职业教育的农村贫困家庭和城镇低收入家庭的子女。把接受职业教育的贫困家庭学生纳入国家助学贷款资助范围。最后，各级政府要鼓励城乡合作与东西部联合办学，积极推进职业教育领域的中外合作办学。安排资金用于城乡之间、东西之间、国内外之间职业学校的交流与合作，使先进的教学经验能够共享，引进优质教育资源。

第三，进一步加大财政在科技投入方面的规模，提高科技资金使用效率。自改革开放以来，特别是随着"科教兴国"战略的实施，我国科技事业有了长足发展，涌现出一大批重要成果。科技创新和进步对经济发展的贡献越来越大，科技竞争力不断增强，有利于生产力的发展和人民生活水平的提高，从而能间接地增加居民消费。科技投入由于存在滞后效应和不确定等风险，财政就成为科技投入的主要力量。就我国目前的情况，仍要加大财政科技投入力度，保障重大科技专项的实施。加大对基础性和公益性科研的稳定支持力度。增加节能减排投入力度，支持重点节能减排工程建设。虽然我国的科技事业有了长足发展，但与发达国家和一些新兴工业化国家的差距仍然很大。因此在增加财政在科技方面的投入的同时，还要合理布局国家财政的投入领域。国家财政科技投入应主要用于基础研究、前沿技术研究、资源与环境等公共领域，为公众创造最大价值，服务于经济的可持续发展。

另外，在公平竞争的前提下，政府科技投入应当既支持项目，也支持基地和研究者个人。这样不仅使科研人员获得稳定持续的支持，同时还会提高企业整体研发效率。但是，我国科技资金使用效率低的问题必须引起重视，应该从总体上规划资金使用，防止重复建设，建立系统的科技管理体系，使资金使用更集中。

三、严格控制行政管理支出

第一，规范支出范围，严格支出管理与监督。我国的行政管理经费支出在我国的财政支出中占有较高的比重，尤其是从改革开放以来，我国行政管理经费的增长速度更是日益提高。公共财政理论认为，政府应从广大人民群众的利益出发，满足居民的公共需求。但我国在行政管理支出中有很大一部分却被用于吃饭养人，所提供的公共服务质量、效率低下。因此，要严格控制一般性支出规模，对公务购车用车、会议经费、公务接待费用、出国（境）经费等支出实行零增长的精神，努力降低政府行政成本。积极调整和优化行政管理支出的内部结构，明确界定支出范围，努力提高财政资金的使用效率。同时，要加强财政收支的监管，完善预算管理制度，制定细致的预算管理办法，明确各级领导的审批权限和范围，并承担控制预算的经济责任，建立事中、事后监督制度，全面推行政府采购制度，扩大政府采购的范围，建立统一的信息管理系统，优化采购方式，实行阳光采购。

第二，精简机构，控制人员编制，减少财政用于供养人口的支出。现行财政供养人口规模过于庞大，直接增加了行政管理支出的负担，加速了行政管理费的增长。虽然前几年进行了政府机构改革，但是目前在县乡（镇）级政府以及事业单位，甚至省市级政府，仍然存在机构臃肿的问题。所以，必须进一步加快这些部门的机构改革，对一些管理部门进行撤销、合并和精简，中介、评估、服务机构必须与政府行政部门脱钩，定岗定编，以节省行政管理支出，提高政府行政效率。

四、加大社会保障的政府支出力度，努力提高居民收入

收入是影响居民消费的最直接因素，而养老、医疗、失业等因素

则直接构成人民消费的后顾之忧。努力增加居民收入，尤其是低收入人群的收入，使人民有消费的能力，同时完善社会保障体系，解除消费的后顾之忧，增强居民消费意愿，使人民愿意消费，这样才能真正解决我国居民消费乏力的现状。

第一，加大社会保障支持力度，消除居民消费的后顾之忧。进一步完善养老、医疗、住房等各项社会保障制度。由于城乡社会保障体系建设滞后，居民在教育、医疗、住房等方面的负担比较重，人们对未来收入和消费的不确定因素考虑较多，从而导致国内居民的储蓄率居高不下，这在很大程度上抑制了当前消费。因此，加大财政对社会保障支出的支持力度，不断扩大城镇职工基本养老保险、基本医疗保险和城镇居民基本医疗保险覆盖面，积极开展农村社会养老保险试点，制定农民工养老保险办法，完善农村居民最低生活保障制度，消除居民消费的后顾之忧，才能使人民放心去消费。

第二，通过再分配提高中低收入者收入。目前，我国城乡之间、地区之间、行业之间收入差距很大，已成为影响经济发展和社会稳定的因素。居民收入差距过大，必然使平均消费倾向降低。高收入阶层由于基本消费需求已得到满足，因而其消费倾向偏低。低收入阶层由于没有足够的可支配收入，其潜在消费需求难以转化为有效需求。因此，在国民收入再分配中，中央财政应着重解决收入差距问题，提高城乡低保补助水平，增加企业退休人员基本养老金，继续提高优抚对象的生活补助标准，继续提高粮食最低收购价格，提高农资综合直补、良种补贴、农机具购置补贴等标准，增加对农民的购物补贴，建立农业保险制度，政府对农业保险予以补贴，使农民因自然灾害或病虫害遭受的损失降低，降低农民收入的不确定性。

第七节　结　论

多年来，我国拉动经济增长的三大动力——投资、消费和进出口，由于各种原因出现了失衡，消费一直处于相对滞后的状况，尤其是居民消费一直处于偏低状态。政府支出的增长有利于政府提高公共物品和服务的供给水平，改善居民的消费环境，能在一定程度上刺激居民的消费。本章从统计年鉴上国家财政主要支出项目中选取了与居民消费支出密切相关且广受关注的几个项目，分别考察这些支出对居民消费的挤出效应或挤入效应，以便更准确地研究财政支出对居民消费的影响。

面板数据是用来描述一个总体中给定样本在一段时间的情况。它通过对样本单位在某一时期（时点）上多个特性的观察和对样本单位的这些特性在一段时间上的连续观察，能够同时从时间和截面构成的二维空间反映变量的规律，从而比单纯的时间序列和单纯的横截面数据有更明显的优势。因此，本章采用面板模型来分析政府支出结构对居民消费的影响。得出了以下结论：基本建设费支出和行政管理费支出对城乡居民消费均产生挤出效应；支农支出对城镇居民消费支出产生挤出效应，但对农村居民消费支出产生挤入效应；科教文卫支出和人均可支配收入对城乡居民消费均产生显著的挤入效应。可见，在我国，有些财政支出能促进居民消费，而有些却会阻碍居民消费的增加，所以要根据我国具体国情调整财政支出政策，以便更好地促进居民消费。基于以上实证分析的结果，文章提出了调整基本建设支出、加大教育支出、严格控制行政管理支出以及提高社会保障支出力度等方面的政策建议，以促进居民消费支出的增加。

当然本文章有不足之处，比如由于统计资料的欠缺，文中收集到的面板数据年度不够长，只有2001年到2006年的全国各省级单位的数据。另外，在财政支出项目的选取上还有待改进。

本章参考文献

[1] 艾志鹏，黄山. 对新一轮扩大内需若干问题的思考. 企业家天地（理论版），2008（3）：45~46

[2] 常旻昊，李俊. 构建我国优化的公共财政支出体系. 湖北经济学院学报（人文社会科学版），2007，4（1）：60~61

[3] 楚尔鸣，鲁旭. 基于动态面板的地方政府支出对居民消费的

挤出效应分析. 湘潭大学学报（哲学社会科学版），2007，31（6）：67~72

[4] 多恩布什，费希尔，斯塔兹著. 范家骧等译. 宏观经济学. 第7版. 中国人民大学出版社，2000

[5] 高铁梅. 计量经济分析方法与建模. 清华大学大学出版社，2006

[6] 郭友群，张小霓. 当前扩大内需的重要措施. 安阳工学院学报，2007（3）：36~38

[7] 黄耀军. 不同类型财政支出对居民消费影响的实证分析. 福建财会管理干部学院学报，2005（1）：17~19

[8] 黄赜琳. 中国经济周期特征与财政政策效应—— 一个基于三部门 RBC 模型的实证分析. 经济研究，2005（6）：27~39

[9] 胡书东. 中国财政支出和民间消费需求之间的关系. 中国社会科学，2002（6）：26~32

[10] 郭杰. 乘数效应、挤出效应与政府支出结构调整. 经济理论与经济管理，2004（4）：27~31

[11] 李广众. 财政支出与居民消费：替代还是互补. 世界经济，2005（5）：38~45

[12] 李永友，丛树海. 居民消费与中国财政政策的有效性：基于居民最优消费决策行为的经验分析. 世界经济，2006（5）：54~64

[13] 马拴友. 财政政策与经济增长. 北京：经济科学出版社，2003：45~46

[14] 任燕燕. 平行数据模型及其在经济分析中的应用. 北京：经济科学出版社，2006

[15] 石柱鲜，刘俊生，吴泰岳. 我国政府支出对居民消费的挤出效应分析. 学习与探索，2005（6）：249~252

[16] 萧政. 面板数据分析（第2版）. 北京大学出版社，2005

[17] 谢建国，陈漓高. 财政支出与居民消费——一个基于跨期替代模型的中国经验分析. 当代经济科学，2002，24（6）：34~40

[18] 闫艳林. 从有效需求原理看扩大农村消费的财政政策. 全国商情（经济理论研究），2005（12）：76~77

[19] 易丹辉. 数据分析与 Eviews 应用. 中国统计出版社，2002

[20] 王军平. 2050 年: 中国财政支出规模的预测. 兰州学刊，2005（5）: 116~117

[21] 王丽娜. 我国财政支出对居民消费的影响的实证分析. 沈阳大学学报，2008，20（4）: 50~5

[22] 汪涛，饶海斌，王丽娟. Panel Data 单位根和协整分析. 统计研究，2002（5）: 53~57

[23] 张敏. "边际消费倾向"悖论与我国扩大内需的政策. 经济师，2006（1）: 23~24

[24] 张晓峒. Eviews 使用指南与案例. 机械工业出版社，2007

[25] 张志超. 现代财政学原理. 南开大学出版社，2007

[26] 张治觉. 我国政府支出对居民消费的动态效应分析. 消费经济，2006，22（6）: 16~18

[27] 邹洋. 中国政府活动与居民消费之间关系的理论与实证分析. "21 世纪的公共管理：机遇与挑战"国际学术研讨会论文，于澳门大学，CD-ROM，2008

[28] Ahmed, hagil (1986), "Temporary and Permanent Government Spending in An Open Economy: Some Evidence for the United Kingdom," *Journal of Monetary Economics*, 17 (2), 194~224.

[29] Aiyagari.R., ristiano L., M.Eichenbaum (1992), "The Output, Employment and Interest Rate Effects of Government Consumption," *Journal of Monetary Economics*, (30), 73~86.

[30] Aschauer, D. A. (1985), "Fiscal Policy and Aggregate Demand," *American Economic Review*, 75 (1), 117~127.

[31] Tagkalakis, anasios (2005), "The Asymmetric Effects of Fiscal Policy on Private Consumption over the Business Cycle," *Working Paper Series*

[32] Bailey, Martin J. (1971), "National Income and the Price Level," New York, McGraw-Hill.

[33] Barro, R. J. (1985), "Government Spending, Interest Rates,

Prices, and the Budget Deficits in the United Kingdom," *Journal of Monetary Economics*, 20 (2), 221~247.

[34] Coenen, Gunter, Roland Straub (2005), "Does Government Spending Crowd in Private Consumption? Theory and Empirical Evidence for the Euro Area," *International Finance*, 8 (3), 435~47.

[35] Devereux, B., Head, A.C., Lapham.B.J. (1996), "Monopolistic Competition, Increasing Return, and Government Spending," *Journal of Money, Credit and Banking*, (28), 233~254.

[36] Frenkel, Jacob A., Assaf Razin, "Fiscal Policies and Growth in the World Economy," Cambridge, Mass. :MIT Press, 1996.

[37] Galí, ordi, J.David López-Salido, Javier Vallés (2005), "Understanding the Effects of Government Spending on Consumption," *NBER Working Paper*, No.11578.

[38] Ho, Tsung-wu (2001), "The government spending and private consumption: a panel integration analysis," *International Review of Economics and Finance*, (10), 95~108.

[39] Karras, Georgios (1994), "Government Spending and Private Consumption: Some International Evidence," *Journal of Money, Credit and Banking*, 26 (1), 9~22.

[40] Kormendi, Roger C. (1983), "Government Debts, Government spending, and Private Sector Behavior," *American Economic Review*, 73 (5), 994~1010.

[41] Pedroni, P. (1996), "Fully Modified OLS for Heterogeneous Cointegrated Panels and the Case of Purchasing Power Parity," *Indiana University Working Papers In Economics*, No. 96-020.

[42] Perron, P. (1989), "Testing for a random walk: a simulation experiment of power when the sampling interval is varied," *In Advances in Econometrics and Modeling (edited by B. Jaj), Kluwer Academic Publishers, Dordrecht*, 47~68.

[43] Perron, P. (1991), "Test consistency with varying sampling

frequency, " *Econometric Theory*, 7, 341~68.

[44] Pierse, R. and Snell, A. (1995), "Temporal aggregation and the power of tests for a unit root" [J], *Journal of Econometrics*, 65, 333~45.

[45] Shiller, R.J. and Perron, P. (1985), "Testing the random walk hypothesis: power versus frequency of observation," *Economic Letters*, 18, 381~386.

第十一章 科技创新投入与专利产出的关系

本章的目的在于分析科技创新投入与专利授权量之间的关系。我们利用我国各省 1999～2004 年的数据进行 Panel 模型分析。具体分析研发人员全时当量和研发经费投入以及不同来源的科技创新经费支出对专利授权量的影响。

第一节 引 言

根据初步统计，2006 年我国全社会研发（R&D）总支出达 3000 亿元人民币，比上年增长 22%，占 GDP 的 1.4%。2005 年我国已拥有科技人力资源总量 3500 万人，居世界第一位；全时 R&D 人员 136 万人年，位居世界第二。2000 年到 2005 年，我国发明专利授权量由世界第 13 位提高到第 4 位，国内发明专利授权量也从世界第 8 位上升到第 4 位。我国基础研究成果数量和质量大幅提高，中国科技论文被国际三大检索系统收录的总数已居世界前列，同时攻克一批关乎经济社会发展的重大技术。科技创新投入及其产出成为人们关注的问题。

很多实证研究着重分析研发（R&D）支出对生产力和经济成长的影响。现有的证据表明一个国家研发（R&D）活动的回报率很高。然而，从某种意义上说，研发（R&D）活动转化为专利的过程尤其重要。因为研发（R&D）活动具有较大的风险性，并不是所有的研发（R&D）活动都能顺利地取得专利并创造出新的产品或服务。Co（2002）、Bilbao-osorio 等（2004）认为，一个地区的研发（R&D）转化为科技创新的能力取决于该地区的社会经济结构，比如，原始财富的积累、熟练技术的获得以及高科技部门的存在等因素。许多文献研究如何衡量科技创新的强度问题，通常使用的衡量标准包括研发人员数量（折合全时当量）、研发（R&D）经费支出、专利数量和全要素生产力等。众所周知，因为不完全竞争市场的存在，全要素生产力的计算存在偏差，所以使用这一标准不太合适。我们可以从科技创新投入及其产出来进行考察。对于科技创新投入，我们可以从研发人员数量（全时当量）和研发（R&D）经费支出两项指标来考察，也可以从资金来源或执行部门等来考察。专利是科技创新活动的成果，包括发明、实用新型和外观设计三种类型。因为专利申请授权数只占申请受理数的四成左右或更少，如表 11-1 所示。所以我们没有采用专利申请受理数而采用专利授权数作为衡量标准，这样会更好地反映出一个国家（地区）在某个时期内的科技创新程度。采用该标准还有一个优点就是，可以有效避免变量的内生性问题（有的学者认为专利是研发过程的投入而不是产出，即提出专利申请后会发生很多相应的研发投入）。因为专利申请获得成功后通常不会再对该项创新增加研发投入。

表 11-1 专利授权数占申请受理数的比重（2002 年）（%）

	发明	实用新型	外观设计	专利总计
澳大利亚	28.71	16.67	88.71	36.06
加拿大	29.08	/	53.33	32.30
德国	40.91	63.16	75.87	44.01
法国	38.45	/	59.20	37.78
英国	40.68	76.19	66.67	45.37
日本	37.85	25.57	75.97	42.77
韩国	40.96	64.10	74.63	46.97
俄罗斯联邦	38.89	/	/	37.5
新加坡	7.79	50.00	52.00	19.81
美国	38.70	47.71	76.16	42.54
中国	14.74	61.94	66.80	54.54

资料来源：中国科技统计年鉴（2003）。

Hausman 等（1981，1984）利用面板数据研究了企业层面的研发（R&D）支出（包括滞后若干期的研发（R&D）支出）与专利申请数的关系，认为企业研发（R&D）的生产性或有效性在下降。然而，很少有人从宏观计量分析的角度来研究科技创新投入与专利产出之间的关系。本章的目的在于分析科技创新投入与专利授权量之间的关系。我们利用我国各省 1999～2004 年间的面板数据来进行分析。

第二节　科技创新投入的衡量及比较

为了考察科技创新投入与创新数量之间的关系，我们建立一个创新产出函数：

$$N_i = \alpha X_i^{\beta} e^{\eta_i + \varepsilon_i} \tag{11.1}$$

其中，N_i 表示创新数量（i 表示创新主体）；α 表示常数；X_i 表示各项创新投入；η_i 表示影响创新支出平均生产力的因素，包括来自别的国家（地区）企业、大学和政府研究机构的信息流，可以看作是科技创新的溢出效应等个体特征；β 表示科技创新投入的产出弹性；ε_i 表示误差项，符合 i.i.d 正态分布（均值为零，标准差为 σ^2）。

科技创新组织的目标函数可写成：

$$\underset{X_i}{Max}[\pi_i E(N_i) - X_i] \tag{11.2}$$

其中，π_i 表示每项创新的期望收益；$E(N_i)$ 表示创新的期望数量，$E(N_i) = \alpha X^{\beta} e^{\eta_i + \varepsilon_i}$。

科技创新投入的均衡水平为：

$$X_i = [\alpha \beta \pi_i e^{\eta_i + \varepsilon_i}]^{\frac{1}{1-\beta}} \tag{11.3}$$

一阶和二阶条件隐含 $0 < \beta < 1$，表示科技创新投入是收益递减的。

科技创新投入（主要是研发（R&D）投入）是科技创新的主要源泉。目前，中国在创新方面的研发（R&D）费用按人口平均仅为 119元。中国的研发费用占 GDP 的比重为 1.3%，仅为美国（2.62%）的一半（2003 年），而大部分发达国家的同类比例为 2%以上，具体如表 11-2 所示。从最近几年来看，中国的研发费用占 GDP 的比重呈现较快增长趋势。

表 11-2　R&D 经费占 GDP 的比例的国际比较

	中国	美国	日本	英国	法国	德国	澳大利亚
1992	0.74	2.65	2.89	2.02	2.38	2.4	1.52
1993	0.72	2.52	2.83	2.05	2.4	2.33	
1994	0.65	2.43	2.77	2.01	2.34	2.24	1.58
1995	0.6	2.51	2.9	1.95	2.31	2.25	
1996	0.6	2.55	2.78	1.88	2.3	2.25	1.66
1997	0.68	2.58	2.84	1.81	2.22	2.29	
1998	0.7	2.6	2.95	1.8	2.17	2.31	1.51
1999	0.83	2.65	2.96	1.87	2.18	2.44	
2000	1	2.72	2.99	1.84	2.18	2.49	1.54
2001	1.09	2.74	3.07	1.86	2.23	2.51	
2002	1.23	2.67	3.12	1.88	2.2	2.52	
2003	1.31	2.62				2.5	

资料来源：中国科技统计年鉴（2004）。

　　表 11-3 表示的是 2004 年之前一些主要国家的研发（R&D）投入情况。

表 11-3　R&D 活动的国际比较（2004 年前）

	中国	美国	日本	英国	法国	德国	澳大利亚
1.R&D 人员	2001	1999	2002	1993	2001	2002	2000
（1）每万人劳动力中从事 R&D 活动人员	13		128	90	124	121	98
科学家工程师	10	90	97	55(1998)	66	67	68
（2）从事 R&D 活动人员按执行部门分（%）	2001		2002	1993	2001	2002	2000
企业	55.6		64.8	58.4	55.6	63.2	29.2

续表

	中国	美国	日本	英国	法国	德国	澳大利亚
研究机构	26.5		7.5	13.2	14.8	15.1	19.3
高等学校	17.9		25.7	25.7	27.6	21.7	48.6
2.R&D 经费							
（1）按经费来源分（%）	2000	2003	2002	2002	2001	2003	2000
企业	57.6	63.1	73.9	46.7	54.2	65.1	45.9
政府	33.4	31.2	18.2	26.9	26.9	32.1	46.1
其他	9	5.7	7.9	26.4	18.9	2.8	8
（2）按执行部门分（%）	2001	2003	2002	2002	2002	2003	2000
企业	60.4	68.9	74.4	67	62.2	69.1	47.1
研究机构	27.7	9.1	9.5	8.9	17	13.8	23.1
高等学校	9.8	16.8	13.9	22.6	19.5	17.1	27.1
其他	2.1	5.2	2.2	1.5	1.3	0	2.7
（3）按研究类型分（%）	2001	2000	1999		1999		1998
基础研究	5	18.1	12.3		24.4		26.6
应用研究	16.9	20.8	21.6		27.5		32.6
实验发展	78.1	61.1	66.1		48.1		40.8

资料来源：中国科技统计年鉴（2004）。

根据表 11-3 可以看出，在日本、英国、法国、德国和澳大利亚，每万人劳动力中从事 R&D 活动人员（科学家工程师）分别为 128 人（97 人）、90 人（55 人）、124 人（66 人）、121 人（67 人）和 98 人（68 人），而我国仅为 13 人（10 人）。我国在研究机构中从事 R&D 活动人员的比例偏高，为 26.5%，而日本、英国、法国、德国和澳大利亚比较低，分别为 7.5%、13.2%、14.8%、15.1% 和 19.3%。而我国在高等学校中从事 R&D 活动人员的比例为 17.9%，相对于日本（25.7%）、英国（25.7%）、法国（27.6%）、德国（21.7%）和澳大利亚（48.6%）等国家来说比较低。从我国 R&D 经费的执行部门来看，研究机构占的比例较大，为 27.7%（美国、日本、英国、法国、德国和澳大利亚分别为 9.1%、9.5%、8.9%、17%、13.8% 和 23.1%）。从 R&D 经费的研究类型来看，我国与发达国家的情况正好相反。我国用于实验发展的比较多，占 78.1%（美国、日本、英国和澳大利亚分别为 61.1%、66.1%、48.1%和 40.8%），而用于应用研究（16.9%）（同上 4 国分别为 20.8%、21.6%、27.5%和 32.6%）和基础研究（5%）（同上 4 国分别 18.1%、12.3%、24.4%和 26.6%）的份额较少。

表 11-4 表示的是 2004 年一些主要国家的研发（R&D）投入情况。

表 11-4 研发（R&D）活动情况的国际比较（2004 年）

国家	研究开发（R&D）国内总支出					研发（R&D）国内总支出现价百万PPP$	全部研究人员折合全时当量
	资金来源%		执行部门%				
	企业	政府	企业	高等教育	政府		
澳大利亚	48.80	42.40	51.20	26.70	19.30	9608.6	73 344
加拿大	47.10	34.10	52.70	37.50	9.50	21047.6	112 624
法国	50.80	39.00	62.90	19.10	16.70	38985.0	192 790
德国	67.10	30.40	70.40	16.30	13.20	59115.0	268 942
意大利	43.00	50.80	47.30	33.90	17.50	17505.5	70332.00
日本	74.80	18.10	75.20	13.40	9.50	118026.30	677206.00
韩国	75.00	23.10	76.70	9.90	12.10	28288.30	156220.00
英国	43.80	31.40	65.70	21.40	9.70	33231.20	157662.00
美国	63.70	31.00	70.10	13.60	12.20	312535.40	1334628.00
欧盟 25 国	53.70	35.00	63.30	22.10	13.40	210167.90	178116.00
OECD 诸国	61.90	30.20	67.90	17.10	12.50	729430.80	3559133.00
中国	65.7	26.6	66.8	10.2	23	93992.00	926252.00
俄罗斯联邦	31.4	60.6	69.1	5.5	25.3	16669.70	477647.00
新加坡	54.2	36.6	63.8	25.4	10.9	2678.30	21359.00

资料来源：OECD,主要科技统计，2006 年 6 月。

根据表 11-4 可以看出，我国研发（R&D）国内总支出远远低于美国，不到其 1/3，也低于日本，不到其 90%，但是比其他国家要高。从全部研究人员折合全时当量来看，我国也远远低于美国，不到其

70%，但比其他国家要高。

无论是从研发（R&D）经费的来源来看，还是从其执行部门来看，大部分国家都是以企业为主，占六成左右。从研发（R&D）经费的来源来看，大多数国家来自政府的资金占到30%左右。从研发（R&D）经费的执行部门来看，我国高等教育机构占的比例比其他一些国家要低，仅为10%左右。

第三节　科技创新投入与专利授权量之间的关系

我们首先简单分析所使用的数据；然后进行实证分析，包括分析研发人员全时当量和研发经费投入对专利授权量的影响以及不同来源的科技创新经费支出对专利授权量的影响。

一、数据

我们利用我国 29 个省、市、自治区 1999～2004 年的 Panel 数据来进行分析（因为数据缺失过多，新疆和西藏除外）。数据来源于中国科技统计年鉴（2005）。表 11-5 表示的是我国科技创新活动的总体情况。

从我国整体来看，科技创新活动的经费主要来自企业，其次来自金融机构和政府部门。其中，企业资金占 7 成到 8 成（77%～86%），政府资金（5%～11%）和金融资金（9%～12%）各占 1 成左右。从 1999 年到 2004 年，来自企业、金融机构和政府部门的科技创新资金的平均增长率分别为 19.38%、11.34% 和 9.38%，人员折合全时当量和研发支出的平均增长率分别为 6.67% 和 17.63%，专利授权数平均增长 7.93%。这说明我国科技创新投入增长较快，创新成果增加速度也较快。

表 11-5　我国科技创新活动的总体情况

全国	tc（万元）（占总计的%）	tf（万元）（占总计的%）	tg（万元）（占总计的%）	合计（万元）（总计100%）	pa（件）	hp（人年）	rd（万元）
1999	1122054（76.62）	179578（12.26）	162790（11.12）	1464422（100%）	81271	92589	675583
2000	1797818（82.96）	196383（9.06）	172806（7.97）	2167007（100%）	84739	91573	1110412
2001	2299000（85.18）	234074（8.67）	166009（6.15）	2699083（100%）	88145	111564	1441133
2002	2568947（81.46）	323003（10.24）	261507（8.29）	3153457（100%）	100094	118448	1869660
2003	3430507（83.93）	428596（10.49）	228483（5.59）	4087586（100%）	135912	127844	2224423
2004	4638919（86.09）	466177（8.65）	283454（5.26）	5388550（100%）	137975	120831	2921314
平均增长率	19.38%	11.34%	9.38%	19.83%	7.93%	6.77%	17.63%

注：tc、tf 和 tg 分别代表科技活动经费支出中来自企业、金融机构和政府的资金，pa 代表专利授权数，hp 代表研发（R&D）活动人员折合全时当量，rd 代表研发（R&D）活动经费支出。全国包括 29 个省、自治区和直辖市（因为数据缺失过多，新疆和西藏除外）。

资料来源：中国科技统计年鉴（2005）。

其次，我们建成面板数据来进行分析。这样可以大大提高样本数量，从而提高分析的有效性。面板数据的基本统计值如表 11-6 所示。

表 11-6　面板数据的基本统计值

	tc（万元）	tf（万元）	tg（万元）	pa（件）	hp（人年）	rd（万元）
平均	94273.13	10879.83	7587.54	3610	3809.48	59606.02
标准差	175856.9	23688.61	11529.59	4722	5288.58	4722.08
最小值	44	0	0	70	6	6
最大值	1171431	182521.0	81424	31446	30834	922333
观测数	174	174	174	174	174	174

从表 11-6 可以看出，专利授权量平均为 3610 件（最大值为 31446

件，最小值为 70 件），人员折合全时当量平均为 3809 人年（最大值为 30834 人年，最小值为 6 人年），研发（R&D）活动经费支出平均为 5.96 亿元（最大值为 92.23 亿元，最小值为 6 万元）。科技活动经费支出中来自企业的资金最多，平均为 9.43 亿元（最大值为 117.14 亿元，最小值为 44 万元），来自金融机构和政府的资金分别平均为 1.09 亿元（最大值为 18.25 亿元，最小值为 0）和 0.76 亿元（最大值为 8.14 亿元，最小值为 0）。

二、实证分析

根据创新产出函数（11.1），并考虑到科技创新支出的滞后效果，我们建立两个 Panel 模型分别分析：（1）研发人员全时当量（hp）和研发经费投入（rd）对专利授权量（pa）的影响；（2）不同来源的科技创新经费支出（来自企业、金融机构和政府部门的资金分别用 tc、tf 和 tg 来表示）对专利授权量（pa）的影响。

$$\ln pa_{it} = \alpha_0 + \sum_{q=0}^{3} \phi_q \times \ln hp_{i,t-q} + \sum_{q=0}^{3} \rho_q \times \ln rd_{i,t-q} + \theta_i + \varepsilon_{it} \quad (11.4)$$

$$\ln pa_{it} = \alpha_1 + \sum_{q=0}^{3} \beta_q \times \ln tc_{i,t-q} + \sum_{q=0}^{3} \gamma_q \times \ln tf_{i,t-q} + \sum_{q=0}^{3} \tau_q \times \ln tg_{i,t-q} + \omega_i + \mu_{it}$$

$$(11.5)$$

其中，$\ln(\cdot)$ 表示取各变量的对数值；$i = 1, 2, \cdots, 29$，表示全国各省、市、自治区；$t = 1999, 2000, \cdots, 2004$，表示各年份；$\alpha$ 表示常数；q 表示滞后期；θ_i 和 ω_i 表示个体固定（变动）效果（因为所选时间跨度短，我们不考虑时间固定（变动）效果）；ε_{it} 和 μ_{it} 表示误差项。

（11.4）式中的两个解释变量之间和（11.5）式中的三个解释变量之间在某个截面个体省、市、自治区范围内的相关系数值有的很高，有的很低，如表 11-7 所示。在所选择的 29 个省、市、自治区样本中，相关系数的绝对值等于或大于 0.5 的省、市、自治区：hp 和 rd 之间有 16 个，tc 和 tf 之间有 9 个，tf 和 tg 之间有 6 个，tc 和 tg 之间有 12 个。我们可以通过选择相应的估计方法从总体上来考虑这种影响。

表 11-7　各个体省、市、自治区范围内解释变量之间的相关系数

省份	hp&rd	tc&tf	tf&tg	tc&tg
_pro1	0.7	0.58	0.85	0.39
_pro2	0.1	-0.26	0.19	-0.66
_pro3	0.81	-0.84	-0.43	0.69
_pro4	0.76	-0.06	-0.45	0.49
_pro5	0.19	0.15	-0.19	0.07
_pro6	0.07	0.27	-0.15	0.49
_pro7	0.09	-0.47	-0.48	0.44
_pro8	0.98	0.47	0.68	0.79
_pro9	0.43	-0.53	-0.47	0.84
_pro10	0.96	0.47	0.17	0.32
_pro11	0.97	0.83	0.57	0.88
_pro12	0.52	0.26	-0.36	-0.34
_pro13	0.86	0.49	0.82	0.78
_pro14	0.24	0.82	0.1	-0.11
_pro15	0.57	0.88	0.8	0.97
_pro16	0.85	-0.27	-0.49	-0.11
_pro17	0.5	0.85	0.33	0.24
_pro18	0.19	0.92	-0.37	-0.19
_pro19	0.93	0.48	0.06	0.9
_pro20	-0.26	-0.24	-0.45	0.9
_pro21	0.27	/	/	0.31
_pro22	-0.41	-0.24	0.13	0.52
_pro23	0.69	0.63	-0.5	-0.38
_pro24	-0.15	0.08	0.09	-0.41
_pro25	0.94	-0.12	-0.24	0.49
_pro26	-0.6	-0.13	-0.68	0.19
_pro27	0.49	0.15	0.23	-0.57
_pro28	0.34	-0.28	-0.16	0.02
_pro29	0.94	0.04	-0.01	0.94
相关系数大于或等于 0.5（绝对值）的个数	16	9	6	12

注：_pro1,_pro2,…,_pro29 分别代表我国北京（1）、天津（2）、河北（3）、山西（4）、内蒙古（5）、辽宁（6）、吉林（7）、黑龙江（8）、上海（9）、江苏（10）、浙江（11）、安徽（12）、福建（13）、江西（14）、山东（15）、河南（16）、湖北（17）、湖南（18）、广东（19）、广西（20）、海南（21）、重庆（22）、四川（23）、贵州（24）、云南（25）、陕西（26）、甘肃（27）、青海（28）和宁夏（29）。下同。

通过试估计，我们选择（11.4）式中滞后 2 期的研发人员全时当量（hp）和滞后 1 期的研发经费投入（rd）作为解释变量；选择（11.5）式中滞后 1 期和滞后 2 期的来自企业、金融机构和政府部门的科技创新经费支出（分别用 tc、tf 和 tg 来表示）作为解释变量。最终选择的估计式为：

$$\ln pa_{it} = \alpha_0 + \phi_2 \times \ln hp_{i,t-2} + \rho_1 \times \ln rd_{i,t-1} + \theta_i + \varepsilon_{it} \tag{11.6}$$

$$\ln pa_{it} = \alpha_1 + \beta_1 \times \ln tc_{i,t-1} + \beta_2 \times \ln tc_{i,t-2} + \gamma_1 \times \ln tf_{i,t-1} + \gamma_2 \times \ln tf_{i,t-2}$$
$$+ \tau_1 \times \ln tg_{i,t-1} + \tau_2 \times \ln tg_{i,t-2} + \omega_i + \mu_{it}$$

$$\tag{11.7}$$

我们选择系数协方差的计算方法为怀特截面法，因为该法考虑到各个解释变量在某个截面个体省、市、自治区范围内存在相关系数值较高的情况。（11.6）式和（11.7）式的估计结果分别如表 11-8 和表 11-9 所示（考虑到估计误差项之间存在截面异方差性和同期相关性问题，采用截面 SUR（Seemingly Unrelated Regressions）法的估计结果相同）。

表 11-8　研发经费投入（rd）和研发人员全时当量（hp）
对专利授权量（pa）的影响

变量	系数值	t-统计值	概率
c	5.06	17.57	0.0000
LNRD（-1）	0.19	8.20	0.0000
LNHP（-2）	0.10	3.36	0.0012
截面固定效果			
_PRO1--C	0.71	_PRO16--C	0.32
_PRO2--C	-0.29	_PRO17--C	-0.002
_PRO3--C	0.38	_PRO18--C	0.29
_PRO4--C	-0.01	_PRO19--C	1.55
_PRO5--C	0.35	_PRO20--C	-0.22
_PRO6--C	0.57	_PRO21--C	-1.13
_PRO7--C	-0.03	_PRO22--C	0.08
_PRO8--C	-0.09	_PRO23--C	0.33
_PRO9--C	0.94	_PRO24--C	-1.12

变量	系数值	t-统计值	概率
_PRO10--C	0.90	_PRO25--C	-0.02
_PRO11--C	1.47	_PRO26--C	-0.89
_PRO12--C	-0.28	_PRO27--C	-1.23
_PRO13--C	0.51	_PRO28--C	-2.00
_PRO14--C	-0.71	_PRO29--C	-1.30
_PRO15--C	0.92		
加权统计值			
R^2	0.991	F-统计值	321.42
调整后的 R^2	0.988	概率（F-统计值）	0.000
D-W 统计值	2.02		

表 11-9　不同来源的科技创新经费支出（tc、tf 和 tg）
对专利授权量（pa）的影响

变量	系数值	t-统计值	概率
c	4.01	34.86	0.0000
lntc（-1）	0.16	4.86	0.0000
lntc（-2）	0.13	3.06	0.0033
lntg（-1）	0.06	1.99	0.0505
lntg（-2）	0.05	3.53	0.0008
lntf（-1）	0.01	1.07	0.2875
lntf（-2）	-0.02	-2.84	0.0061
截面固定效果			
_PRO1--C	0.31	_PRO16--C	0.12
_PRO2--C	-0.47	_PRO17--C	-0.20
_PRO3--C	0.31	_PRO18--C	0.20
_PRO4--C	-0.21	_PRO19--C	1.24
_PRO5--C	/	_PRO20--C	-0.20
_PRO6--C	0.31	_PRO21--C	/
_PRO7--C	-0.16	_PRO22--C	-0.03

变量	系数值	t-统计值	概率
_PRO8--C	-0.23	_PRO23--C	-0.04
_PRO9--C	0.46	_PRO24--C	-1.20
_PRO10--C	0.49	_PRO25--C	-0.03
_PRO11--C	1.29	_PRO26--C	-0.84
_PRO12--C	-0.32	_PRO27--C	-0.90
_PRO13--C	0.40	_PRO28--C	-1.77
_PRO14--C	-0.93	_PRO29--C	-1.26
_PRO15--C	0.76		
R^2	0.98	F-统计值	112.58
调整后的 R^2	0.97	概率（F-统计值）	0.000
D-W 统计值	1.95		

根据表 11-8 和表 11-9 可以看出，可决系数接近 1，这说明所选模型具有较好的拟合性。个体固定效果的估计值为正的省、市、自治区有北京、河北、辽宁、上海、江苏、浙江、福建、山东、河南、湖南、广东等，其中浙江和广东的估计值超过 1。这说明这些省、市、自治区科技创新的基础较好。滞后 1 期的研发经费投入（rd）和滞后 2 期的研发人员全时当量（hp）的系数估计值分别为 0.19 和 0.10，在 1% 的统计水平下均显著。滞后 1 期和滞后 2 期的来自企业的科技创新经费支出的系数估计值分别为 0.16 和 0.13，在 1% 的统计水平下显著。来自政府部门的系数估计值分别为 0.06 和 0.05，分别在 5% 和 1% 的统计水平下显著。滞后 1 期的来自金融机构的科技创新经费支出的系数估计值为 0.01，但在统计上不显著，而滞后 2 期的系数估计值为-0.02，在 1% 的统计水平下显著。这表明在促进科技创新的过程中，来自企业的资金的影响很大，而来自政府部门和金融机构的资金的影响微弱。究其原因是，科技创新是以企业为主体展开的，企业自身的研发投入占绝大部分，企业自主创新非常重要。而金融机构的影响很小，有的估计值为负。金融机构作为赢利机构，在审查科技贷款时要求企业提供相关信息，而企业通常不会直接将创新机密泄漏。政府部门的影响

虽然很小，但其影响为正，所以应发挥政府部门对科技创新的促进作用。

第四节　政策应用：政府介入科技创新的合理性和具体措施

政府介入科技创新的经济理由（包括潜在的和实际的）可分为三大类。第一类，我们称之为"溢出效应"，即创新主体很难获取由创新带来的全部收益。其结果是，创新活动低于社会的"最佳"水平。为此，政府应该通过适当的财政税收优惠政策，对率先创新企业应得利益（或承担成本）进行补偿，以激励企业创新。我们应该看到,专利制度是一种有效的方法。它可以保证创新主体在一定时期内拥有创新带来的收益权，这在一定程度上可以纠正"溢出效应"。不过,并非所有的创新活动都能顺利地获取专利，而且专利制度在防治"造假"方面难免有漏洞。另一种方法是创新主体联合起来，共同分享创新项目带来的收益，以期解决溢出效应问题。经济学术语叫"外部性的内在化"。第二类，我们称之为"协作失败"。个人或企业在组合行动迈向共同目标时会遇到困难，这些困难甚至导致项目不能顺利实施。针对协作失败，政府可以提出一系列介入措施。例如，几位当事人可能很难就需要大量固定成本的研究项目达成合作意向，尽管他们都认为该项目可以赚钱。在这种情况下，政府介入可能有利。由于该项目包含特定的沉没资本投资，政府可以通过对项目的固定成本给予补贴或承担相关风险，使项目合作顺利完成。另外，创新活动与其他投资活动不同。创新投入的产出是不确定的，特别是在研发（R&D）活动的早期。这增加了创新活动的风险性，不利于企业进行创新投资。同时，不确定性使得创新企业在税收负担方面与传统企业相比处于劣势。而财政税收政策形成的经济激励（如财政创新贷款贴息），可以承担部分风险，使创新企业与其他类型企业处于相对公平的竞争环境中。第三类是"信息失灵"。交易各方获取的信息不对称，阻碍了交易的发生。如果双方能获取同样的信息，则交易就能成功。信息失灵常常被引用在企业试图为风险项目寻找外部资金来源上。科技创新的成功和收益在于技术保密。但为科技创新筹集资金需要对外发布相关的重要信息，以赢得社会的信任与支持。科技创新市场存在的这种信息不对称阻碍了企业创新能力的发挥，使企业处于两难境地，许多有前景的项目因缺乏资金而不得不放弃。此外，企业可能不知道潜在的合作伙伴或某项特殊技术的存在。在这种情况下，政府如果能提供对企业有利的信息，则会对企业非常有利。当然，企业原则上愿意支付潜在的有益信息的费用。为克服信息失灵，政府应该而且能够提供一个标准和认证制度，这对企业也是非常重要的。这些干涉理由的相对重要性，可能会在不同的行业和企业有所不同。其影响因素很多，包括创新具体过程的特征、产品的市场竞争程度以及专利制度、其他机制让创新者获取收益的程度等。

由于创新对增强企业的竞争力起着越来越重要的作用，从宏观角度看，创新是推进长期生产力增长和生活水平提高的主要动力，而"市场失灵"现象普遍存在，因此，政府应该制定有效政策来纠正。所以，促进企业研发（R&D）和科技创新的财税支持政策是各国科技政策的重要组成部分。财税支持政策应该包括研发（R&D）税收激励和其他特殊项目。其中，税收激励包括税收抵扣、减免税、加速折旧、研发（R&D）费用和投资的税收抵扣、科研专项准备金的提取；其他特殊项目包括财政科技预算、公共技术采购、国家风险投资、政府补贴和资助。税收激励比政府直接补贴具有更多的优点，如市场干预更少，行政成本和资金成本减少，预见性和稳定性更明显。OECD 诸国在研发（R&D）税收激励上的做法大体相同，他们都采用了研发（R&D）抵扣、抵扣递延、税收抵扣和对中小企业给予优惠等措施。由于各种原因，研发（R&D）税收激励对企业研发（R&D）支出影响的评价比较复杂。现有的评价表明，研发（R&D）税收抵扣是一个比较有效的工具，它可以促进企业加大研发（R&D）投入。总结这些国家设计和实施研发（R&D）税收激励工具的成功经验，可以得出以下结论：

（1）研发（R&D）税收政策应作为促进企业创新总体战略的组成

部分，应和其他科技政策相互补充。

（2）研发（R&D）税收政策应适用于所有符合条件的企业，在年度内增加了研发（R&D）支出的企业应全部得以抵扣其研发（R&D）支出。

（3）研发（R&D）税收政策应具有弹性，以适应企业不同发展阶段的需要。例如，抵扣递延允许企业在某一年度可以不承担税收负担，享受税收激励的好处。

（4）对研发（R&D）税收抵扣的评价应以国家为基础。研发（R&D）税收抵扣的设计各国不同。根据企业规模、地区或技术的不同以研发（R&D）支出或工资花费的总量或边际变化来选择。效果依赖于整个税收系统，包括公司所得税率和企业反应的滞后性。

（5）研发（R&D）税收政策应对小企业和新办企业给予特别优惠，以激励创业家创新起步。

第五节　结　论

本章利用我国各省、市、自治区 1999～2004 年间的 Panel 数据分析了科技创新投入与专利授权量之间的关系。我们首先分析了研发人员全时当量和研发经费投入对专利授权量的影响，其次分析了不同来源的科技创新经费支出对专利授权量的影响。分析结果表明，科技创新投入的影响存在滞后性，滞后 1 期的研发经费投入和滞后 2 期的研发人员全时当量的系数估计值分别为 0.19 和 0.10，滞后 1 期和 2 期的来自企业的科技创新经费支出的系数估计值分别为 0.16 和 0.13，滞后 1 期和 2 期的来自政府部门的系数估计值分别为 0.06 和 0.05，它们在统计上均显著。滞后 1 期的来自金融机构的科技创新经费支出的系数估计值为 0.01，在统计上不显著；而滞后 2 期的系数估计值为-0.02，在 1%的统计水平下显著。这表明在促进科技创新的过程中，来自企业的资金的影响很大，而来自政府部门和金融机构的资金的影响微弱（来自政府部门的资金的影响为正，来自金融机构资金的影响不确定）。

因此，如何发挥政府部门在促进科技创新方面的辅助作用，大力提高企业的自主创新能力成为重要的课题。

本章参考文献

[1]　胡卫，熊鸿军. R&D 税收刺激——原理、评估方法与政策含义 [J]. 管理科学，2005，18（1）：84～91

[2]　刘溶沧. 促进科技成果转化的税收政策探讨 [J]. 税务研究，2001（1），（总第 188 期）：2～5

[3]　夏杰长，尚铁力. 自主创新与税收政策：理论分析、实证研究与对策建议 [J]. 税务研究，2006（6）：6～10

[4]　中国科技统计年鉴（2003）、（2005）

[5]　邹洋（2006）. "An empirical estimation on the interactions between public and private capital investment, innovation investment and economic growth in China" [J]. 经济政策研究（日本），Vol.3（No.2）：25～28

[6]　Basu, S. and D. N. Weil (1998), "Appropriate technology and growth, " *The Quarterly Journal of Economics*, 113 (4): 1025～1054.

[7]　Bilbao-osorio, B. et al. (2004), "From R&D to innovation and economic growth in the EU," *Growth and Change*, 35 (4): 434～455.

[8]　Co, C. (2002), "Evolution of the geography of innovation: evidence from patent data," *Growth and Change*, 31: 455～479.

[9]　Frantzen, Dirk (1998), "R&D efforts, international technology spillovers and the evolution of productivity in industrial countries," *Applied Economics*, 1998 (30): 1459～1469.

[10] Hausman, J.A., B.Hall, Z.Griliches (1981), "Econometric models for count data with an application to the patents-R&D relationship," *NBER, Technical Paper* No.17.

[11] Jones C. I., Williams J. C. (1998), "Measuring the social return to R&D," *The Quarterly Journal of Economics*, 113 (4): 1119～1135.

[12] OECD (2004), Tax incentives for research and development:

trends and issues.

OECD (2006), 主要科技统计, 2006 年 6 月。

[13] Parente, Stephen L. (1994), "Technology adoption, learning-by-doing, and economic growth," *Journal of Economic Theory*, 63: 346~369.

[14] Romer, P. M. (1986), "Increasing returns and long-run growth," *Journal of Political Economy*, XCIV, 1002~1037.

[15] Romer, P. M. (1990), "Endogenous technological change," *Journal of Political Economy*, XCVIII, S71~103.

[16] Smith, V., M. D. Hansen, T. Eriksson and E. S. Madsen (2004), "R&D and productivity in Danish firms: some empirical evidence," *Applied Economics*, 36: 1797~1806.

三、财税政策篇

第十二章　中国财政周期性波动的
经济稳定效应分析

　　经济周期是经济增长过程中不可避免的现象。为尽可能避免经济运行出现过度波动,财政政策成为各国政府调控经济运行的常用工具。通过用 HP 滤波方法剔除掉中国产出、财政收入、财政支出和财政赤字中的趋势成分后,用产出缺口、财政收入缺口、财政支出缺口和财政赤字缺口进行计量分析,发现中国财政周期性波动中的财政赤字波动对宏观经济产生了明显的稳定效应,并且随着市场经济的逐步完善,政府调控经济运行的能力也在逐步增强。

第一节　引　言

　　现代宏观经济周期理论认为,经济在遵循趋势增长的同时,也会在发展进程中产生对均衡路径的偏离(Barro, 1997),出现围绕其均衡路径的起伏波动,有时这种波动甚至会对社会财富造成巨大冲击和损失。为尽可能避免经济运行出现过度的波动,财政政策以其总量和结构调整优势以及较短的政策效应时滞,成为各国政府调控经济运行的常用工具(丛树海,2005)。各国在使用累进性所得税、社会保障支出等自动稳定财政政策(Fiscal Policy of Automatic Stabilization)的同时,也不同程度地使用了选择性财政政策,或曰相机抉择的财政政策(Discretionary Fiscal Policy),以平抑经济波动,保持宏观经济的健康平稳增长。因此伴随经济的周期性波动,财政收支在保持总量增长的同时，也会呈现出周期性的波动，并且在趋势上应该是收入顺经济周期波动、支出逆经济周期波动，且具有一定的滞后性。

在选取衡量财政周期性波动的指标上，财经学界进行了广泛讨论，且出现了不同观点、方法。一种方法是用指标数值中的不规则变化成分衡量财政周期，即用财政收入、财政支出和财政赤字扣除掉长期变化趋势后的波动值来衡量。这种方法能够反映财政周期波动的绝对数额，但难以测算周期性变化相对于趋势变化的程度以及对趋势变化可能造成的影响。另一种方法是用财政收入、财政支出增长率衡量财政周期，认为增长率高的年份为财政扩张期，反之则为紧缩期。这样的衡量方法有测算简便、对数据量要求不高的优点，但由于没有剔除掉指标趋势增长成分，结果可能并不十分准确；而且财政收支增长率降低也并不一定代表政府采取了紧缩性的财政姿态（Fiscal Stance），有可能只是扩张趋势的一种回落。因此笔者认为，采用财政收入、财政支出和财政赤字"缺口（Gap）"（郭庆旺，2004；郑超愚，2005）衡量财政周期性波动更为恰当。所谓缺口，即指标扣除掉长期趋势成分后的周期性波动成分同长期趋势成分的比值。缺口概念既能反映波动成分占趋势成分的真实比例，又能反映财政收支扣除掉长期趋势增长后的波动幅度，相对前两种方法来说更能全面、准确地衡量财政周期性波动。

计算财政收入（R）、财政支出（E）、财政赤字（E-R）和产出（GDP）缺口的具体程序是：（1）根据产出、财政收入、财政支出的实际值序列，分别计算出趋势产出 GDP^*、趋势财政收入 R^*、趋势财政支出 E^*；（2）根据总产出、总收入、总支出及各自的趋势值，分别计算出周期性产出（GDP-GDP^*）、周期性财政收入（R-R^*）、周期性财政支出（E-E^*）；（3）由于财政赤字为（E-R），根据趋势财政收入和趋势财政支出可以计算出趋势财政赤字为（E^*-R^*），从而周期性财政赤字为总赤字剔除趋势财政赤字后的剩余，即（E-E^*）-（R-R^*）；（4）根据各指标的周期值和趋势值计算相应缺口，则产出缺口为 $\dfrac{GDP-GDP^*}{GDP^*}$，财政收入缺口为 $\dfrac{R-R^*}{R^*}$，财政支出缺口为 $\dfrac{E-E^*}{E^*}$，财

政赤字缺口为 $\dfrac{(E-E^*)-(R-R^*)}{E^*-R^*}$ 。如果缺口为正，说明实际值高于趋势值，该指标处于"扩张期"；如果缺口为负，则实际值低于趋势值，该指标处于"紧缩期"；零缺口则意味着指标正处于长期增长趋势，既未扩张又未紧缩。[①] 之所以同时选取三个指标，是考虑到单纯用财政收入和财政支出指标难以反映收支政策搭配后的综合效果；而单纯用财政赤字指标又不能分离出财政支出政策和收入政策对财政赤字形成的独立作用。由于指标缺口剔除了长期趋势，我们可通过财政收入、支出、赤字和产出缺口衡量中国财政收支政策是否体现了凯恩斯主义政策模式下的逆经济周期波动特性，即财政周期性波动是否平抑了经济波动、产生了经济稳定效应，以及具体通过什么方式达到了政策效果。

第二节　中国产出、财政收支及财政赤字的波动分析

在求解财政收支和产出的长期趋势时，目前主要有两种方法：一种是将变量对时间进行回归，用最小二乘法（OLS）估算出变量增长的长期趋势（郑超愚，2005；丛树海，2005）；另一种方法是采用HP滤波（Hodrick-Prescott，1980）将变量实际值分解为趋势成分和周期成分（郭庆旺，2004；高铁梅，2001；刘金全，2001），即使下面的损失函数最小化：

$$\sum_{i=1}^{n}(Y_i-Y_i^*)^2+\lambda\sum_{i=2}^{n-1}[(Y_{i+1}^*-Y_i^*)-(Y_i^*-Y_{i-1}^*)]^2 \qquad (12.1)$$

由于最小二乘法在估计长期趋势时产生的误差可能会比较大，在一定程度上可能将本属于趋势性的成分划归到周期性成分中；HP滤波则将周期看成是经济指标对某一缓慢变动路径的偏离，从而能够更

---

① 赤字缺口比较特殊。如果趋势支出 E^* 小于趋势收入 R^*，那么当缺口为正时，说明周期性支出（$E-E^*$）小于周期性收入（$R-R^*$），赤字缺口处于紧缩而不是扩张期。但笔者通过计算后发现，1978～2005年中国趋势财政支出全部大于趋势收入，因此上述结论在样本期内是适用的。

为准确地衡量经济周期频率和波动幅度，因此笔者采用目前比较通行的 HP 滤波估计财政收支、产出和赤字的长期趋势。根据 OECD 的建议，λ 值设定为 25（郭庆旺，2004）。GDP、财政收入和财政支出数据全部用 GDP 平减指数调整到 1978 年，所有基础数据均来自《中国统计年鉴》（2005）、中华人民共和国国家统计局官方网站及中经网（www.cei.gov.cn）。根据表 12-1 数据，笔者绘制出产出、财政收支及赤字缺口的波动情况，如图 12-1 至图 12-4 所示。可见三者的周期性波动频率依次增强。从产出方面来看，如果我们把两个相邻波峰之间的区域定义为一个波动周期，那么 1978～2004 年中国宏观经济共经历了 3 次比较完整的周期性波动。

表 12-1　中国 1978～2005 年财政收支及产出的周期性波动

年份	GDP 平减指数	实际产出（亿元）	实际财政收入（亿元）	实际财政支出（亿元）	产出缺口（GGDP）	收入缺口（GR）	支出缺口（GE）	赤字缺口（GDE）
1978	1.000	3624.10	1132.26	1122.09	0.0759	0.0785	0.0287	-1.248
1979	1.036	3899.53	1107.01	1237.77	0.0377	0.0201	0.1007	2.326
1980	1.075	4203.96	1079.35	1142.91	0.0111	-0.0396	-0.0143	0.782
1981	1.099	4425.03	1070.03	1036.01	-0.0346	-0.0854	-0.1377	-2.077
1982	1.098	4823.68	1104.48	1120.56	-0.0455	-0.0990	-0.1076	-0.460
1983	1.109	5349.17	1232.13	1270.50	-0.0411	-0.0449	-0.0378	0.261
1984	1.164	6160.97	1411.46	1461.43	0.0000	0.0409	0.0521	0.514
1985	1.282	6990.89	1563.46	1563.01	0.0290	0.1049	0.0761	-1.012
1986	1.341	7610.61	1582.97	1644.81	0.0188	0.0839	0.0931	0.398
1987	1.409	8491.27	1561.15	1605.75	0.0367	0.0465	0.0398	-0.150
1988	1.580	9448.03	1491.88	1576.67	0.0542	-0.0141	0.0010	0.370
1989	1.720	9832.18	1549.56	1641.94	0.0029	0.0115	0.0238	0.285
1990	1.817	10209.09	1616.63	1697.26	-0.0505	0.0403	0.0369	-0.026
1991	1.939	11147.73	1624.10	1746.39	-0.0591	0.0238	0.0381	0.276
1992	2.092	12735.09	1665.32	1789.06	-0.0284	0.0164	0.0220	0.104
1993	2.396	14452.91	1814.81	1937.23	-0.0046	0.0545	0.0445	-0.084

续表

年份	GDP 平减指数	实际产出（亿元）	实际财政收入（亿元）	实际财政支出（亿元）	产出缺口（GGDP）	收入缺口（GR）	支出缺口（GE）	赤字缺口（GDE）
1994	2.872	16283.08	1817.11	2017.17	0.0139	-0.0159	0.0038	0.227
1995	3.250	17993.66	1920.72	2099.65	0.0166	-0.0539	-0.0596	-0.117
1996	3.443	19718.73	2151.83	2305.65	0.0153	-0.0590	-0.0932	-0.399
1997	3.470	21461.92	2493.47	2661.34	0.0117	-0.0506	-0.0984	-0.484
1998	3.386	23139.93	2916.95	3189.34	0.0024	-0.0449	-0.0793	-0.336
1999	3.310	24792.33	3457.22	3983.95	-0.0101	-0.0314	-0.0214	0.050
2000	3.341	26774.85	4008.75	4754.31	-0.0125	-0.0377	0.0002	0.269
2001	3.381	28782.60	4846.47	5590.78	-0.0176	0.0027	0.0186	0.136
2002	3.374	31170.88	5602.65	6536.10	-0.0132	0.0086	0.0451	0.335
2003	3.435	34131.77	6321.26	7175.55	0.0052	0.0010	0.0206	0.193
2004	3.662	37375.34	7207.82	7778.63	0.0280	0.0155	-0.0043	-0.201
2005	3.889	38680.02	8132.68	8667.55	-0.0020	0.0306	0.0083	-0.242

注：GDP 平减指数为笔者根据《中国统计年鉴》（2005）公布的各年度 GDP 指数进行估算后的结果。

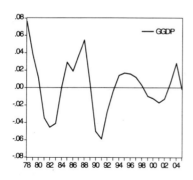

图 12-1 产出缺口（GGDP）波动情况

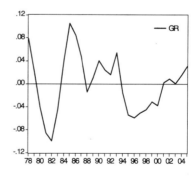

图 12-2 财政收入缺口（GR）波动情况

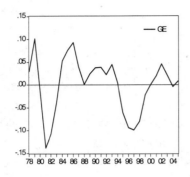 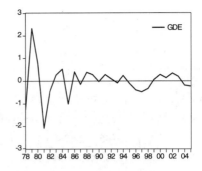

图 12-3 财政支出缺口（GE）波动情况　　图 12-4 财政赤字缺口（GDE）波动情况

　　（1）1978～1988 年，中国宏观经济经历了第一轮波动周期。由图 12-1 可见，1978 年开始的市场化导向的改革极大释放了潜在生产能力，产出连续 2 年位于长期趋势之上；但由于社会需求过旺导致货币和信贷严重失控，产出缺口保持了下降趋势，并在 1982 年的治理整顿时期达到谷低。此后，为使宏观经济保持快速增长，财政政策逐步采取了更为积极的姿态，收支缺口和赤字缺口均向上调整，与之相应产出缺口也在 1982～1988 年基本保持直线上升趋势。但由于财政收支产出总量扩张和货币投放过于迅猛，虽然财政收支和赤字缺口自 1986 年开始逐步下调，1998 年宏观经济还是出现了比较严重的通货膨胀。整体来看，这段时期政府对宏观经济形势判断能力有限，调控手段运用还不是非常合理，经济增长速度稍有减慢便大幅增加支出和投放现金，出现通货膨胀趋势时又不得不实行严厉的紧缩政策，使实际产出呈现比较强烈的波动，调控经济运行能力尚显不足。

　　（2）1989～1995 年，中国宏观经济经历了第二轮波动周期。总的来看，这段时期经历了 1989 年政府采取新一轮治理整顿后的经济进一步下滑、1992 年治理整顿工作结束后经济的迅速回升以及 1995 年开始的新的通货膨胀趋势，实际经济波动依然比较剧烈，但比上一个周期的波动幅度和波动时滞降低。宏观调控政策方面，1992 年治理整顿工作结束后，邓小平同志"南巡讲话"巩固了将发展经济作为主要任务的目标和方向，财政政策和货币政策也采取了"双松"配合，财政收支快速增长，赤字缺口基本保持了正向，但波动比较频繁。1994年财政收支扩张达到最高点后，由于发现宏观经济通货膨胀趋势日益明显，收支缺口快速调整为负向，显示了政府对宏观经济逐步缩短的反应时滞和更为理性的应急反应机制。但图12-1表明，这段时期财政收支和赤字的调整幅度虽比上个周期有所减轻，但仍偏大，说明政府调控经济运行能力还有待进一步增强。

（3）1996以后，中国宏观经济经历了第三轮波动周期。由图12-2至图12-4可见，1996年财政通过紧缩性政策，再一次处理日益严重的通货膨胀，财政收支及赤字缺口全部调整为负向，使宏观经济成功实现了"软着陆"。但1997年开始的亚洲金融危机和通货紧缩对经济影响剧烈，产出缺口直线下降，财政政策也面临着新一轮调整。1998～2004年，由于积极财政政策的实施，宏观经济在经历了1999～2002年长达3年多的低迷期之后，终于摆脱通货紧缩阴影，产出缺口呈现不断上涨之势，并于2003年重新恢复为正值。财政收支在这段时期同时扩张，收入缺口和支出缺口正向增长，但支出增长快于收入增长，从而赤字缺口也不断增加，2000年和2002年分别达到0.269和0.335，为20世纪90年代以来的最高值。2002年以后，经济内生增长能力逐渐恢复，财政收支增幅放缓，赤字缺口又逐渐微调为负向。

由1978～2004年中国产出、财政收支、财政赤字的波动幅度和时滞逐渐降低，波动周期逐渐拉长的经验事实可见，面临国内外宏观经济形势变化，中国经济增长产生了围绕长期趋势的周期性波动，而政府财政政策的反周期操作对降低经济波动幅度起到了重要作用，运用财政政策稳定经济运行能力也伴随着经济转轨而逐步合理。下面对中国财政周期性波动的经济稳定效应作进一步的实证考察。

第三节　实证分析与检验

根据凯恩斯理论对财政反周期操作的解释，财政收入扩张导致产出降低，财政支出扩张则拉动产出增加，财政赤字同财政支出一样具有逆经济周期波动的特性。我们可以通过对中国 1978～2004 年的产出、财政收支及赤字缺口进行实证分析检验，考察中国财政周期性波动是否确实产生了稳定经济的反周期效应。

一、产出缺口对财政收入、支出及赤字缺口的脉冲响应

由于产出缺口、财政收入缺口、财政支出缺口和财政赤字缺口都是经过 HP 滤波法消除长期趋势后得到，因此 4 个时间序列都是协方差平稳的。根据 AIC 和 SC 最低原则，可构建如下形式的产出缺口对财政收入、支出、赤字缺口的 VAR（2）模型：

$$Z_t = A_0 + A_1 Z_{t-1} + A_2 Z_{t-2} + U_t \qquad (12.2)$$

其中，$Z_t = \begin{pmatrix} y_t \\ x_t \end{pmatrix}$，$A_0 = \begin{pmatrix} a_{10} \\ a_{20} \end{pmatrix}$，$A_1 = \begin{bmatrix} \gamma_{11} & \gamma_{12} \\ \gamma_{21} & \gamma_{22} \end{bmatrix}$，$A_2 = \begin{bmatrix} \varphi_{11} & \varphi_{12} \\ \phi_{21} & \phi_{22} \end{bmatrix}$，

$U_t = \begin{pmatrix} u_{yt} \\ u_{xt} \end{pmatrix}$

由 VAR 模型的回归结果，可估算出产出缺口对其余 3 变量缺口一个标准差新息（Innovation）扰动的脉冲响应值（滞后 10 年），结果如表 12-2 所示，图 12-5 给出了它们的动态轨迹。对比表 12-2 给出的脉冲响应结果和图 12-5 所示的 3 条脉冲响应曲线，可见中国财政收入、财政支出及财政赤字缺口对产出缺口的影响方式不同，并且没有完全表现出凯恩斯理论的反周期性质。

表 12-2　产出缺口对财政收支及赤字缺口的脉冲响应结果

滞后期（年）	GGDP 对 GR	GGDP 对 GE	GGDE 对 GDE
1	-0.00372	-0.00564	0.001225
2	-0.00253	-0.00252	0.002919
3	0.002916	0.002561	-0.000288
4	0.007039	0.00452	-0.002905
5	0.006315	0.002659	-0.001719
6	0.001871	-0.00075	0.000373

续表

滞后期（年）	GGDP 对 GR	GGDP 对 GE	GGDE 对 GDE
7	-0.00269	-0.00304	0.000972
8	-0.00461	-0.00302	0.000643
9	-0.00358	-0.00119	0.000292
10	-0.00107	0.000956	-3.86E-05
累积值	-5.8E-05	-0.00545	0.0014734

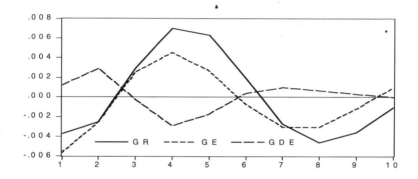

图 12-5 产出缺口对财政收支及赤字缺口的脉冲响应曲线

由图 12-5 可见，当财政收入缺口一个标准差新息扰动发生后，产出缺口呈现出明显的负向反应，虽然之后出现正负交替，但最终累积值为微弱的负值。这一结果符合凯恩斯理论的反周期性解释，说明当财政收入缺口增加时，政府采取了紧缩性的政策取向，并达到了一定的调控效果。之所以效果并不十分明显，是因为作为财政收入主体的税收、预算内规费收入、基金预算收入等均有明确的制度框架加以规范和约束，征收对象和征收幅度一经确定便长时期内很难作大范围的调整，最多只是边际上的修补，因此政策调控能力较弱。但正如图 12-5 所示，财政收入对产出影响的幅度同其余两个政策工具相比更为显著，这是由于以税收为代表的财政收入的主要政策工具大都强制性作用于企业、居民等经济主体，其中介目标和最终目标都比较直接，因此影响幅度也最大。从财政收入缺口的最终影响效果和影响方式来看，收入政策并不是中央政府调控经济稳定运行的主要政策工具。

　　反观财政支出缺口对产出缺口的影响，发现并没有表现出凯恩斯理论的反周期特征。当来自财政支出缺口的一个标准差新息扰动发生后，产出缺口并没有扩张，而是同对财政收入缺口的响应趋势一样，出现了下降，然后呈现出正向和负向间的反复交替，累积值为-0.00545。这说明1978年以来，中国财政支出政策似乎是具有反经济周期性质的：由于财政支出缺口增加反而导致产出缺口下降，在经济萧条期实行扩张性财政支出政策，将近一步扩大负向产出缺口，恶化经济萧条状态（郑超愚，2005）。但笔者认为，之所以财政支出缺口与产出缺口呈现出反向运动关系，一是与我们样本期的选择范围较大有关，可能20世纪80年代政府支出政策的不合理影响了最终分析结论；二是与传统的财政收支理念有关。在中国财政扩张和收缩过程中，保持财政预算的基本平衡始终是经济周期的扩张期间和收缩期间双重有效的政策约束条件（付一平等，2005），这使中国财政支出和财政收入一直保持着基本相同的运动变化趋势，对宏观经济的影响也是通过对收入和支出的同向调整完成的。即便在实施积极财政政策摆脱通货紧缩困境的1998～2001年，这一点也表现得非常明显。[①] 根据前面的分析结果，财政收入缺口对产出缺口影响为负，因此当财政支出扩张时，其对经济的影响不可避免地会受到财政收入扩张的异向抵消。但从波动幅度来看，支出缺口对产出的影响虽然为负，波动性却小于财政收入政策的影响，说明调整支出政策应是今后稳定经济运行中的主要政策取向。

　　如果我们同时考虑财政收入和支出，即分析财政赤字缺口变化对产出缺口的影响，发现当财政赤字缺口发生一单位标准差新息扰动后，产出缺口呈现出明显的正向反应，在第2年左右达到最大值，随后同样呈现出正向和负向影响的反复交替，累积效应为0.0015。这说明分

---

　　① 1998年以来，中国财政在每年增发1000多亿元国债用于财政支出的同时，税收收入也强制性增加1000多亿元，财政收入和支出基本成同向变化趋势，这样的政策举措受到一些专家学者的置疑。详文可参阅郭庆旺、赵志耘：《财政理论与政策》，经济科学出版社，2002年，第361～362页。

析中国的财政政策稳定效应，不能单纯从财政收入或财政支出角度来考虑，而应从体现收支双重效果的财政赤字缺口角度进行分析。虽然财政收支具有同向调整的性质，但财政赤字缺口却呈现了小范围内的波动，而正是赤字缺口的波动对产出稳定起到了关键作用。当赤字缺口扩张，即财政支出超过财政收入的增长幅度时，产出也随之扩张；而当赤字缺口减少或维持不变时，财政收入的逆经济调节作用又会超过财政支出的扩张作用，导致产出紧缩。除此之外，我们似乎还可得出的一个结论是：随着市场经济的不断完善，政府采用赤字缺口调节经济的能力也在不断加强，正逐步由改革开放初期的"大起大落"向趋于理性的方向转变。正如图 12-1、图 12-4 所示，20 世纪 90 年代以前，产出波动周期较长，财政赤字波动幅度虽然很大，但对经济稳定的作用时滞和作用力度均不理想；20 世纪 90 年代以后，产出波动周期明显变短，财政赤字缺口的经济稳定效应逐步显现。

二、产出缺口与财政收入、支出及赤字缺口的相关性分析

为了进一步量化财政收入、支出及赤字缺口的经济稳定效应，我们可用线性模型检验 1978～2004 年中国产出缺口同财政变量缺口的相关性。为验证 20 世纪 90 年代以后财政周期性波动是否产生了更为明显的经济稳定效应，可以构建两个方程：第一个方程样本期为1978～2005 年，对全部样本数据进行分析。考虑到财政收支对产出的影响时滞，用滞后一期的财政收入、财政支出和财政赤字缺口作为自变量。第二个方程样本期为 1991～2004 年，对 20 世纪 90 年代以后的样本数据进行分析。财政收入和财政支出缺口同样用滞后一期作为自变量，但考虑到 20 世纪 90 年代以后政府运用财政赤字缺口微调经济的能力增强，用当期财政赤字缺口引入模型。按照这样的分析思路构建的两个回归方程如下：

$$(GGDP)_t = \alpha + \beta_1 (GR)_{t-1} + \beta_2 (GE)_{t-1} + \beta_3 (GDE)_{t-1} + \varepsilon_t \quad (12.3)$$
$$(GGDP)_t = \alpha + \beta_1 (GR)_{t-1} + \beta_2 (GE)_{t-1} + \beta_3 (GDE)_t + \varepsilon_t \quad (12.4)$$

其中，方程（12.3）对全部样本数据进行回归，方程（12.4）对

1991～2004 年样本数据进行回归。运用最小二乘法（OLS）对方程（12.3）、方程（12.4）回归后发现，残差序列存在一定的自相关，因此用广义差分法（GLS）消除残差序列中存在的自相关后，最终估计结果如表 12-3 所示。由回归结果可见，两方程拟合情况很好，联合系数检验 F 值显著，回归误差也均在允许范围之内。方程（12.3）的三个自变量 $(GR)_{t-1}$、$(GE)_{t-1}$、$(GDE)_{t-1}$ 的回归系数分别为-0.011、-0.049和 0.00076，说明当考察范围为全部样本期时，产出缺口同滞后一期的财政支出缺口负相关，同滞后一期的财政收入和财政赤字缺口正相关，这一回归结果与脉冲响应的测算结果完全一致。方程（12.4）的三个自变量 $(GR)_{t-1}$、$(GE)_{t-1}$、$(GDE)_t$ 的回归系数分别为-0.131、0.031 和0.00064，说明 20 世纪 90 年代以来，政府财政政策运用充分表现出凯恩斯理论的反经济周期特征：即财政收入增加时，产出增长减缓；财政支出和财政赤字增加时，产出增长加速并超过长期趋势。

表 12-3　中国产出缺口与财政收支、赤字缺口相关性的 GLS 估计

方程	变量	常数项	$(GR)_{t-1}$	$(GE)_{t-1}$	$(GDE)_{t-1}$	$(GDE)_t$
	系数	-0.001993	-0.011434	-0.049451	0.000756	—
（12.3）	标准误差	0.005607	0.310551	0.337942	0.010482	—
	t 统计值	-0.355499	-0.036817	-0.146329	0.072134	—
	系数	—	-0.131496	0.031411	—	0.000643
（12.4）	标准误差	—	0.195684	0.185934	—	0.018196
	t 统计值	—	-0.671985	0.168937	—	0.035352

方程（12.3）统计检验：
$R^2 = 0.7133$　$D.W. = 1.9507$　$S.E. = 0.0176$　$F = 7.0478$　$RSS = 0.0053$
方程（12.4）统计检验：
$R^2 = 0.8130$　$D.W. = 1.9134$　$S.E. = 0.0121$　$F = 10.009$　$RSS = 0.0016$

注：方程（12.3）样本期为 1978～2004 年，方程（12.4）样本期为 1991～2004 年。由于方程（12.4）常数项不显著，改用不含常数项的方程重新进行了回归。两方程估算过程中均采用 AR 项消除了残差序列中存在的自相关问题。

　　比较方程（12.3）与方程（12.4）的回归结果，发现还有以下两点

区别：一是方程（12.4）用当年的财政赤字缺口而不是滞后一年的缺口进行回归，得到了同产出缺口的正相关关系，说明政府通过财政赤字缺口稳定经济波动的时滞大大缩短，这从 1997 年中国采取紧缩政策实现"经济软着陆"、1998 年开始采取积极财政政策使宏观经济 3 年摆脱通货紧缩困境、2004 年实施稳健的财政政策控制局部经济过热等经验事实均可得到印证。二是方程（12.4）中财政支出和赤字缺口的回归系数均小于方程（12.3）中财政收支缺口的回归系数，说明政府通过支出和赤字缺口调控经济运行的能力不断增强。特别是 2002 年稳健型财政政策实施以来，财政可以不必再用"大起大落"的收支调整方式引导宏观经济，这样既不至于对经济发展带来过多负面影响，[①]又能通过微调达到稳定经济运行的政策目标。由此充分证明：随着我国市场经济发展逐步走向正轨，政府运用财政杠杆调控经济运行开始符合市场经济的普适规则，稳定经济效果也逐步得以充分体现。

第四节　结论与政策含义

基于以上理论与实证分析，我们可得出的主要结论是：自 1978 年中国改革开放以来，中国宏观经济经历了 3 个比较完整的波动周期，而政府财政政策的实施对平抑产出波动幅度、维持经济平稳增长趋势起到重要作用。由于保持预算赤字的基本平衡在大部分时期内是政府实施扩张或紧缩的约束条件，财政政策稳定经济效果是通过收支调整的共同作用实现的，单独以收或以支来分析可能会得出错误结论。但自 20 世纪 90 年代以来，财政政策开始充分体现出凯恩斯理论的反周期特性，稳定经济效果越来越明显，说明政府调控经济运行能力逐步增强。因此笔者认为，在今后以财政收入、支出和赤字平抑经济波动过程中，以下几方面的政策实施将颇为重要：

---

① 坎贝尔（1994）曾以真实经济周期模型（RPB）为基础，运用计量手段模拟分析了政府支出的显著变化通过对资本、劳动、工资、利率等变量的影响而产生经济波动的过程。详文请参阅戴维·罗默：《高级宏观经济学》，商务印书馆，2004 年，第 224~226 页。

第一，应根据宏观经济运行特点和所处的周期阶段，及时采取相应财政政策降低产出波动、保持经济快速增长。根据实证结论，中国经济运行由于受到各种内外生因素的冲击，发生产出的周期性波动是必然的，但财政收支缺口和赤字缺口同经济波动成分之间呈现了显著的相关性，特别是近年来以财政赤字缺口稳定经济运行的时滞明显缩短。因此在面对经济波动时，政府采取一定的积极姿态和适时的调控措施非常必要。当然，这也对政府完善自身对经济状况的反应机制，缩短财政政策的认知、行政、决策、执行时滞提出了更高要求。

第二，鉴于目前中国市场经济正逐步走向成熟，对财政政策的反应灵敏度提高，因此今后以财政政策稳定经济运行时应采取渐进方式、以微调为主，避免政策转变力度过大，否则不但不能达到预期调控目标，还可能加剧经济震荡，起到助涨和助跌的作用。由于产出对财政收入的变化非常敏感，特别要注意不能为提高宏观调控能力而盲目扩大财政收入，而应使其保持比较稳定的增长趋势，主要用支出和赤字政策进行微调。2004年以来，中国针对宏观经济形势变化采取了双"稳健"的财政货币政策，从上述分析结论来看是非常及时和正确的。

第三，在财政政策整体稳健的前提下，可探索建立财政调控经济的新方式，在控制总量的同时保证政策实施效果。比如支出政策上，在逐步调减国债扩张规模和力度后，可积极开拓贴息、补贴、BOT、TOT等方式的投融资空间，引导非政府资金、民间资金进入财税政策希望其流入的领域，为项目实施提供更为广泛的财源组合与资金支持。税收政策上，如果不能盲目扩大总量，那么可通过税制结构优化和对关键领域的政策性支持，创造出良好的发展环境。这样既能避免财政收支大幅波动，又能提升经济内生增长能力，达到稳定经济运行效果。

第四，在财政政策实施过程中，特别应注意财政与货币政策的合理搭配组合，防止政策操作不当引发的各种失误。从以前的实践来看，我们要么在减息时紧缩货币发行和财政开支，使政策工具之间出现功能抵消；要么同向密集出台多项措施，使经济出现突发性的上升或下降，造成剧烈的经济波动。如果从这个视角展开分析，财政与货币政策搭配不合理也应是影响财政政策经济稳定效应的重要原因。因此，对于财政货币政策组合如何影响产出波动，以及具体应在哪些政策环节加以完善和改进等问题，应是宏观调控过程中需要进一步研究的方向。

本章参考文献

[1] 罗默. 高级宏观经济学[M]. 商务印书馆，2004：224～226

[2] 艾伦. 数理经济学[M]. 商务印书馆，2005

[3] 郭庆旺，贾俊雪. 中国经济波动的解释：投资冲击与全要素生产率冲击[J]. 管理世界，2004（7）：22～28

[4] 郭庆旺等. 积极财政政策及其与货币政策配合研究[M]. 中国人民大学出版社，2004：333～334

[5] 郭庆旺，赵志耘. 财政理论与政策[M]. 经济科学出版社，2003：361～362

[6] 易单辉主编. 数据分析与 EVIWS 应用[M]. 中国统计出版社，2005

[7] 郑超愚，张燕. 中国财政赤字构成与财政政策效应[J]. 财经问题研究，2005（2）：18～23

[8] 丛树海主编. 财政扩张风险与控制[M]. 商务印书馆，2005：352～429

[9] 李晓芳，高铁梅. 应用 HP 滤波构造我国增长循环的合成指数[J]. 数量经济技术经济研究，2001（9）：100～103

[10] 付一平，刘金全，梁冰. 我国财政政策作用机制与经济周期波动的相关性研究[J]. 当代经济科学，2005（4）：25～30

[11] 陈东琪，王冬梅. 熨平经济周期的财政政策[J]. 中国社会科学院研究生院学报，1999（1）：4～14

[12] 高铁梅. 计量经济分析方法与建模[M]. 清华大学出版社，2005

[13] 刘金全，范剑青. 中国经济周期的非对称性和相关性研究[J]. 经济研究，2001（5）：28～37

[14] Gali J., "Governmenr Size and Marcoeconomy Stability[J],"

European Economic Review, 1994 (38): 117～132.

[15] Cohen D. I., "The Automatic Stabilizers: Quietly Doing Their Thing[J]," *Federal Reserve Board, Working Paper*, 1999.

[16] Fatas A., "Does EMU Need a Fiscal Federation?" [J], *Economic Policy*, 1998 (26): 165～203.

[17] "Taylor Researching Discretionary Fiscal Policy" [J], *Journal of Economic Perspectives*, 2000 (14): 21～36.

[18] Hodrick R.J. and Prescott, "Post-war U.S. Business Cycles[J]: An Empirical Investigation," *Working Paper*, Carnegie University, 1980.

[19] Greenwood and Huffman, "Investment, Capacity Utilization and the Real Business Cycle" [J], *American Economic Review*, 1988 (78).

[20] Blanchard O., Macroeconomics[M], Prentice Hall, 2000: 526.

[21] Enders W., "Applied Economic Time Series" [M], John Wiley and Sons, Inc., 1995.

[22] A.C.Harvey and A. Jaeger, "Detrending, Stylized Facts and the Business Cycle" [J], *Journal of Applied Econometrics*, 1993 (8): 231～247.

[23] Sharon Kozicki, "Multivariate Detrending Under Common Trend Restrictions: Implication for Business Cycle Research" [J], *Journal of Econometrics and Control*, 1999.

[24] Grossman, Gene M.and Helpman, "Endogenous Product Cycles" [J], *Economic Journal*, 1991 (101): 1214～1229.

第十三章　人力资本门槛、创新互动能力
　　　　　与低发展陷阱

　　1990 年以来，中国各地区经济差距不断扩大现象引起理论界的广泛关注。内生增长理论认为，原因可能在于落后地区的低人力资本禀赋难以同本地创新形成良性互动，导致经济增长速度始终拘囿于低发展陷阱。中国地区数据的实证结果表明，中等层次人力资本是创新经济增长的主要驱动要素，同一人力资本门槛内部的相近地区经济增长率基本保持均衡。如果外生政策变量不诱导落后地区跨越人力资本门槛，这类地区的低发展均衡状态将很难被突破。因此，在增加物质资本投入的同时突出人力资本建设，对平衡中国各地区经济增长具有很强的政策含义。

第一节　引　言

　　改革开放以来，中国各地区经济差距经历了先收敛后扩大的"U"型变化路径，并且大多数文献认为转折点发生于 1990 年（蔡昉、都阳，2000；林毅夫、刘培林，2003；王小鲁、樊纲，2004），这一现象已引起理论界的广泛关注。正如图 13-1 所示，我们以 1990 年、1995 年、2000 年、2005 年为代表性年份考察各地区劳均产出（国内生产总值/就业人数）的 Kernel 分布，发现两点特征：第一，分布曲线最高点不断向右平移，说明 15 年来各地区整体经济实力正逐步提升；第二，分

布曲线呈现出从尖峰状到扁平状的平滑变动趋势，[①] 1990 年分布区间仅局限于 0-20000 元/人的狭小区域，2000 年扩散为 0-60000 元/人，2005年扩散程度进一步深化。这说明 15 年间中国各地区劳均产出差距经历了逐年扩大的过程，特别是 2005 年，同 1990 年相比这一差距已十分明显。

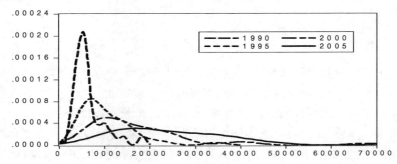

图 13-1　1990～2005 年间中国各地区劳均产出的 Kernel 分布

注：（1）劳均产出数据根据《中国统计年鉴》中相应年份各地区国内生产总值及从业人员数测算，产出数据全部调整为 2000 年实际值。（2）为保持可比性，重庆和四川归入同一地区。

　　按照新古典增长理论的预测，假如同质经济体内各组成部分的经济结构参数完全相同，将出现初始经济水平越高经济增长速度越缓慢的"绝对收敛"结果，但中国各地区经济增长差距不断扩大的典型事实显然否定了这一判断。Cass（1965）和 Koopmans（1965）将储蓄率内生化后的模型又提出了"条件收敛"假说，认为不同经济结构参数意味着经济体系的不同稳态。初始经济水平距离稳态越远，经济增长率就越高，从而富裕地区完全可能比贫困地区增长更快，并导致经济差距扩大。国内方面，蔡昉和都阳（2000）、沈坤荣和马俊（2002）、马拴友等（2003）均沿袭了 Barro 和 Sala-i-Martin（1995）的分析框架，

---

　　① 如果 Kernel 分布呈尖峰状，各地区劳均产出相对集中，经济差距也较小；如果 Kernel 分布呈扁平状，各地区劳均产出则发生扩散，经济差距也相应拉大。Kernel 分布中的最高点即分布最密集的点，反映了大多数地区的经济发展水平。

对中国经济增长中的条件收敛性进行经验检验，并得出肯定结论。但以这种方法分析地区差距的一个主要问题在于，从中很难找到引致地区差距持续扩大的主要因素。在诸多控制变量中，国内学者的研究包括了人力资本禀赋、经济开放度、工业发展水平、财政转移支付、投资效率、政府消费、就业状况等，控制其中一个或若干个变量均能得到条件收敛结果，但究竟哪些是影响落后地区缩小同发达地区差距的核心因素，从实证结果中很难得到反映。

内生增长理论表明，技术进步和创新作为维持人均收入持续增长的"发动机"（Engine of Growth），是导致不同国家和地区经济发展差距的源泉（Grossman 和 Helpman，1994）。Aghion 和 Howitt（1992）将 Schumpeter（1934）的"创造性毁灭"思想内生化，构建了垂直创新模型，表明创新是经济增长的直接决定因素。落后地区如果创新能力不足，将维持低增长速度，难以实现对先进地区的经济赶超。但一个经济体系的创新能力并不是外生的，人的知识、技能所表现出的人力资本禀赋必然影响到区域创新能力以及赶超发达地区的能力。Benhabibi 和 Spiegel（1994）通过跨国增长核算，分析了人力资本、教育和创新之间的关系，指出人力资本积累决定了教育边际生产力并使之保持在一个正的水平，但除非教育同创新速度和技术赶超速度建立关系，否则对生产力增长没有显著贡献。此外，他们的研究结论还有力回应了 Nelson 和 Phelps（1966）的观点，即教育增加个体能力首先表现在创新（如发明新产品、新技术、新的工艺流程），其次表现在采纳新技术，然后是加速技术在经济中的扩散。Azariadis 和 Drazen（1990）认为，技术外溢性使人力资本投资的私人收益同现存人力资源平均质量呈显著正相关，在其他条件不变的情况下，发达地区投资于教育的私人回报大于不发达地区，形成人力资本投资过程中的"门槛效应"（Threshold Effect）。如果两种地区中的教育投资力度不同，不同的人力资本积累速度会导致多重的、属地化（Multiple and Locally）的均衡发展路径，出现所谓的低发展陷阱（Underdevelopment Traps）问题。Redding（1996）将人力资本积累和研发投资同时内生于创新增长模型，理论分析了人力资本投资、创新与经济增长的关系，发现人力资本在促进创新中具有阈值效应，仅当人力资本投资超过一个正阈值时，地区经济才能实现更高的稳定增长速度，否则仅能维持低增长。Aghion 和 Howitt（1998）借鉴了这一分析思路，通过求解跨期人力资本比率，得出了稳定状态的经济增长速度测算公式，结论与上述研究一致，即当人力资本投资具有阈值效应时，跨越人力资本门槛的地区将获得更高的稳定增长速度，拉大同未过人力资本门槛地区的经济差距。

　　反观中国经济增长现实情况，自"西部大开发"战略实施以来，国家对中西部地区的物质资本投入力度不断加强，通货紧缩期间进一步增加了对中西部地区的财力支持，但这似乎并没有缩小地区间经济差距。内生增长理论给我们的启示是：是否技术进步和创新成为这一现象的主要驱动力，而落后地区的低人力资本禀赋既难以促进本地自主创新，又影响了消化、吸收先进技术的能力，导致其经济增长速度始终拘囿于低发展陷阱，难以实现对发达地区的赶超？从国内实证文献来看，人力资本禀赋也成为检验"条件收敛"假说时使用频率最高的控制变量，说明学术界普遍认同了人力资本在中国地区经济增长中的决定性作用。本章尝试在理论分析的基础上，利用中国 1990～2005年各省、市、自治区的经济数据，对这一先验性假说进行经验验证。

第二节　理论模型

　　在本章模型中，劳动者和企业各自进行投资决策。劳动者以接受教育的方式专门从事人力资本投资，企业自主选择是否进行研发投资（R&D）。根据 Mansfield（1977）、Bresnahan（1986）的研究，企业研发投资导致了新产品、新生产方式和高质量产品的出现，是技术进步和创新的关键。借鉴 Redding（1996）、Aghion 和 Howitt（1998）的分析思路，考虑企业进行研发投资的收益和成本之后，创新可内生化于本文理论框架，进而能够得出研发投资与人力资本投资的互动决策过程及均衡博弈结果。

一、人力资本积累

按照 Acemoglu（1994），我们考虑世代交叠模型中的人力资本积累，其中劳动者和企业全部存活两期，t 代劳动者以连续变量 l 代表，人口总量标准化为 1。每个劳动者被假定为风险中性的，则 t 时期出生的劳动者的一生效用为：

$$U_t(c_{1,t}, c_{2,t}) = c_{1,t} + (\frac{1}{1+\rho})c_{2,t} \qquad (13.1)$$

其中，$c_{j,t}$ 代表 t 代人在第 j 期的消费，1 代表年轻个体，2 代表年老个体。利率等于时间偏好率 ρ，一生效用贴现到第 1 期。根据 Lucas（1988）指出的人力资本跨期溢出效应，所有在 t 时期出生的劳动者继承 $t-1$ 时期出生的前一代人所积累的总人力资本，则代表性劳动者 l 的人力资本可以表述为：

$$h_{1,t}(l) = (1-\delta)H_{2,t-1} \qquad (13.2)$$

（13.2）式中 δ 为人力资本折旧率，$H_{2,t-1}$ 为 $t-1$ 代人在第 2 期积累的全部人力资本，公式表述为：

$$H_{2,t-1} = \int_0^1 h_{2,t-1}(l)\mathrm{d}l \qquad (13.3)$$

劳动者可以通过在第 1 期分配一定时间给教育，以便提升第 2 期的人力资本。假定每个个体决定分配 μ 比例的时间用于教育，并在生命期的其余时间内同企业进行 1 对 1 随机搭配，因此时期 1 的产出为 $(1-\mu)$，时期 2 则全部用于生产。由于第 1 期进行了人力资本投资，到第 2 期人力资本总量为：

$$h_{2,t} = (1+\gamma\mu^\theta)h_{1,t}, \quad 0<\theta<1, \quad 0\leqslant\mu\leqslant1, \quad \gamma>0 \qquad (13.4)$$

其中，γ 和 θ 为教育生产力参数。根据前面提到的跨期溢出效应，每代人从上一代人那里继承的人力资本存量 $h_{1,t}(l) = (1-\delta)H_{2,t-1}$ 越大，投资于人力资本积累的产出率也越大。这样我们便完成了对人力资本积累过程的基本描述。

二、研发投资与创新

在本章的模型框架中，所有研发投资和创新都是由企业完成的。假定每个企业生产无差异最终产品 Y，生产函数为如下规模报酬不变形式：

$$Y_{j,t}(i) = Q_{j,t}(i)h_{j,t}, \quad j=1,2 \qquad (13.5)$$

其中，$Q_{j,t}(i)$ 表示企业 i 在第 j 期采用技术的生产力或质量，$h_{j,t}$ 为企业 i 在第 j 期雇佣的代表性劳动者的人力资本。我们将价格标准化为 1，于是最终产品产量等于（13.5）式中的数量单位。

根据 Grossman 和 Helpman（1991），企业进行研发投资以提升最终产品质量，研发成功便能产生创新。假定在第 1 期企业决定将最终产出中的 α 比例投资于研发，研究过程进行全部一个时期。在第 2 期开始时研发结果并不具备确定性，如果研发成功，企业能够享有全部第 2 期对创新技术的专利权，第 2 期结束后专利期满，新技术扩散到全部企业。由于研发沉没成本的不可分性（Indivisibility），本文只考虑研发成本固定的情形，并假定企业必须至少投资第 1 期产出的 α' 比例用于研发固定成本才能产生随机性创新。如果第 1 期用于研发投资的比例大于 α'，企业成功创新的可能性设定为 ϕ；如果研发投资比例小于 α'，成功可能性为零。于是第 1 期结束后，创新成功的可能性 υ 为：

$$\upsilon = \begin{cases} 0 & \alpha < \alpha', \ \text{且} \ \ 0 < \alpha' < 1 \\ \phi & \alpha \geqslant \alpha', \ \text{且} \ \ 0 < \phi < 1 \end{cases} \qquad (13.6)$$

按照 Aghion 和 Howitt（1992），我们设定每种新技术使人力资本能够比以前多生产 $\lambda > 1$ 倍的最终产品。作为技术溢出结果，所有企业在第 1 期采用的技术相同。如果将起始点技术 Q_0 的质量标准化为 1，那么 t 代企业所采用的第 1 期技术质量为 λ^m，其中 m 代表已经成功实施的创新数目。技术质量沿着质量阶梯（Quality Ladder）逐步升级，用 m 序列表示为 $m = 0,1,...,\ddot{m}$，其中 $\ddot{m}$ 表示最高质量级别的技术。在第 2 期，技术水平将按照研发成功概率分布在不同企业间产生变化，

我们可将企业 i 采用的技术表述为 $m(i)$。根据 Acemoglu（1994），劳动者和企业是 1 对 1 随机搭配的，企业和劳动者都不会一直处于闲置状态，因此企业和劳动者之间的随机搭配收益可通过讨价还价后的纳什均衡结果确定。本文中，我们设定收益在企业和劳动者之间的分配比例固定为 $(1-\beta)$ 和 β，于是企业 i 在第 j 期雇佣的每单位人力资本工资为：

$$w_{j,t}(i) = \beta Q_{j,m}(i) \tag{13.7}$$

为了决定第 1 期投入多少时间用于积累人力资本，劳动者必须预期到第 2 期的工资水平。既然同每个企业搭配组合的概率是相等的，第 2 期的期望工资取决于企业能够成功创新的比率。由于每个企业成功创新的概率服从参数为 υ 的 Poisson 分布，全部企业中能够成功创新的比率也为 υ，因此期望工资为：

$$E_{m,i}[w_{2,m}(i)] = \beta E_{m,i}[Q_{2,m}(i)] = \beta[\upsilon\lambda + (1-\upsilon)]Q_{1,m} \tag{13.8}$$

三、人力资本门槛与低发展陷阱

代表性劳动者将在满足（13.2）式中的人力资本跨期溢出效应、（13.4）式中的人力资本积累以及如下预算约束方程的条件下，最大化（13.1）式中的跨期效用：

$$c_{1,t} + (\frac{1}{1+\rho})c_{2,t} \leq w_{1,t}(1-\mu)h_{1,t} + (\frac{1}{1+\rho})E_{m,i}[w_{2,t,m}(i)]h_{2,t} \tag{13.9}$$

（13.9）式中第 2 期的期望工资 $E_{m,i}[w_{2,t,m}(i)]h_{2,t}$ 由（13.8）式给出。在风险中性假定下，跨期效用最大化取决于劳动者如何选择 μ，以便最大化一生收入的贴现值。我们用生命期预算约束（13.9）式替换（13.1）式中的 $c_{j,t}$，用（13.2）、（13.4）、（13.7）、（13.8）式替换 $h_{1,t}$、$h_{2,t}$ 和 $w_{j,t}$，可得代表性劳动者面临的最大化选择：

$$\underset{\mu}{Max}\ \beta[(1-\mu) + (\frac{1}{1+\rho})[\upsilon\lambda + (1-\upsilon)](1+\gamma\mu^{\theta})]Q_{1,m}(1-\delta)H_{2,t-1} \tag{13.10}$$

对（13.10）式求解一阶条件，可得劳动者第 1 期投资于人力资本的均衡比例为：

$$
\mu = \begin{cases}
[\dfrac{\theta\gamma[\upsilon\lambda+(1-\upsilon)]}{1+\rho}]^{\frac{1}{1-\theta}} & \text{其中} \quad 0 \leqslant [\dfrac{\theta\gamma[\upsilon\lambda+(1-\upsilon)]}{1+\rho}]^{\frac{1}{1-\theta}} \leqslant 1 \\
1 & \text{其中} \quad [\dfrac{\theta\gamma[\upsilon\lambda+(1-\upsilon)]}{1+\rho}]^{\frac{1}{1-\theta}} > 1
\end{cases} \tag{13.11}
$$

下面我们仅考虑投资于人力资本的均衡比例小于 1 的情况。由（13.2）式、（13.4）式和（13.7）式可见，虽然从上一代人那里继承的人力资本存量越高，人力资本投资产出率也越大，但这也相应增加了劳动者的获取工资收入的机会成本。（13.11）式和（13.6）式说明劳动者的投资决策确实依赖于企业是否进行研发投资和创新，于是我们得到：

$$
\mu = \begin{cases}
\mu_\phi = [\dfrac{\theta\gamma[\phi\lambda+(1-\phi)]}{1+\rho}]^{\frac{1}{1-\theta}} & \text{当} \alpha \geqslant \alpha'\text{时} \\
\mu_0 = [\dfrac{\theta\gamma}{1+\rho}]^{\frac{1}{1-\theta}} & \text{当} \alpha < \alpha'\text{时}
\end{cases} \tag{13.12}
$$

（13.12）式表明了劳动者进行人力资本投资过程中存在的门槛效应（Threshold Effect），这一门槛取决于企业的研发和创新行为。对于企业来说，如果从事研发与创新，将在第 1 期投入最终产品的 α' 固定比例，根据（13.2）式和（13.8）式，代表性企业能取得如下期望收益：

$$
V(R) = (1-\beta)[(1-\alpha')(1-\mu) + (\frac{1}{1+\rho})[\phi\lambda+(1-\phi)](1+\gamma\mu^\theta)]Q_{1,m}h_{1,t} \tag{13.13}
$$

相反，如果企业选择不从事研发和创新，而是继续利用现有技术，则期望收益将为 $V(0)$，公式表述如下：

$$
V(0) = (1-\beta)[(1-\mu)Q_{1,m}h_{1,t} + (\frac{1}{1+\rho})Q_{1,m}(1+\gamma\mu^\theta)h_{1,t}] \tag{13.14}
$$

由（13.13）式和（13.14）式可见，企业从事创新活动的期望收益也受到劳动者在第 1 期进行的人力资本投资决策 μ 的影响，从而劳动者的人力资本投资和企业研发投资表现出一定程度的策略互补性

（Strategic Complements）。如果劳动者认为企业将从事研发和创新，在提高预期工资的刺激下他们将增加人力资本投资，跨过人力资本门槛；而更高程度的人力资本投资也相应提升了企业从事研发创新的预期回报。于是当 $\upsilon = \phi$ 时，$\mu = \mu_\phi$，利用 $V(R) > V(0)$ 以及（13）、（14）式，可得高增长均衡时的博弈结果：

$$\frac{\phi(\lambda - 1)}{1 + \rho} > \frac{\alpha'(1 - \mu_\phi)}{1 + \gamma \mu_\phi^{\theta}} \tag{13.15}$$

相反，在低增长均衡下，企业发现从事研发和创新活动的预期收益不能弥补成本，经济增长仅来源于劳动者从事的人力资本投资。由于劳动者预期到企业不会从事创新，他们也相应降低了人力资本投资，未能跨越人力资本门槛。于是当 $\upsilon = 0$ 时，$\mu = \mu_0$，利用 $V(R) < V(0)$ 以及（13.13）、（13.14）式，可得低增长均衡时的博弈结果：

$$\frac{\phi(\lambda - 1)}{1 + \rho} < \frac{\alpha'(1 - \mu_0)}{1 + \gamma \mu_0^{\theta}} \tag{13.16}$$

（13.16）式说明，当企业从事研发创新的激励不足时，人力资本投资也将维持在一个低水平，导致 Azariadis 和 Drazen（1990）所提到的"低发展陷阱"（Underdevelopment Traps）问题。遵循 Aghion 和 Howitt（1992）的研究思路，我们可以分别确定出跨越了人力资本门槛的高增长均衡和未跨越人力资本门槛的低增长均衡的劳均产出增长率。Aghion 和 Howitt（1992）认为经济增长率是一个随机变量，取决于创新成功率。本文中我们可以考虑 t 和 $t + 1$ 代劳动者的产出，跨越时期为 $(\tau, \tau + 2)$。由于劳动者总量标准化为 1，由（13.5）式可得劳均产出为 $y_{1,t} = \int_0^1 Q_{1,t,m}(i) h_{1,t}(i) \mathrm{d}i$，则劳均产出期望增长率可以表述为：

$$\log(\frac{E_{m,t} y_{\tau+2}}{y_\tau}) = \log(\frac{E_{m,t} y_{\tau+1}}{y_t}) = \begin{bmatrix} \log E_{m,i} \int_0^1 Q_{1,t+1}(i) \mathrm{d}i - \log \int_0^1 Q_{1,t}(i) \mathrm{d}i \\ + \log E_{m,i} H_{1,t+1} - \log H_{1,t} \end{bmatrix} \tag{13.17}$$

劳动者和企业达到理性预期均衡时，双方均能预见到对方的投资决策并相应调整自身决策。由（13.2）、（13.3）、（13.4）式可得，

$E_{m,i}H_{1,t+1} = (1-\delta)H_{1,t}E_{m,i}\int_0^1[1+\eta\mu(i)^\theta]di$，从而人力资本期望增长率仅取决于代表性劳动者的人力资本投资决策和折旧率；每个企业的创新成功率是独立同分布的，由（13.6）式可得 $\log E_{m,t}\int_0^1 Q_{1,t+1}(i)di = \log\{[\upsilon\lambda+(1-\upsilon)]Q_{1,t}\}$，因此高增长均衡时的劳均产出增长率为：

$$\log(\frac{E_{m,i}\,y_{t+1}}{y_t}) = \log[\phi\lambda+(1-\phi)] + \log(1-\delta)\int_0^1(1+\eta\mu_\phi^{\ \theta})di \qquad (13.18)$$

相应在劳动者和企业均进行保守投资的低增长均衡状态下，劳均产出增长率为：

$$\log(\frac{E_{m,i}\,y_{t+1}}{y_t}) = \log(1-\delta)\int_0^1(1+\eta\mu_0^{\ \theta})\,di \qquad (13.19)$$

（13.18）、（13.19）式表明，一个国家内部的各地区经济稳态增长路径并不一定遵循新古典增长理论中的"绝对收敛"假说，而可以是多重的、属地化的。在企业创新能力和人力资本投资比较活跃的地区，两种投资行为能够产生良性互动，促进人力资本存量跨越低发展门槛，使经济增长率保持在较高水平；而人力资本投资较弱的地区，技术革新速度缓慢、生产能力低下，人力资本存量未能跨越门槛，最终使地区经济陷入低发展陷阱。我们可以利用中国 1990～2005 年省、市、自治区经济数据，对这一理论假说作进一步的实证考察，分析在各省区经济增长过程中，是否落后地区由于人力资本和创新投入力度不足，导致劳均产出始终处于低增长均衡状态，并逐步拉大了同发达地区的差距。

第三节　经验分析

一、数据来源与估算说明

（1）本章样本期为 1990～2005 年，劳均产出（y）数据根据《中国统计年鉴》相应年份公布的"各地区国内生产总值"以及"从业人员数"测算，其中 GDP 数据利用《中国统计年鉴》相应年份公布的"各地区国内生产总值指数"，将名义产出全部调整为 2000 年实际值。"从业人员数"包括了全部三个产业的就业人员总量。

（2）为更详细考察各地区人力资本禀赋情况，分析不同层级人力资本与创新的互动能力以及对经济增长的影响程度，本章按照 Barro 和 Sala-i-Martin（1995）的研究思路，结合《中国人口统计年鉴》（1991）中各省区人口普查数据公报的分类方法，将人力资本（H）具体化为三种类型：低层次人力资本（LH），以"小学以及初中学历人口占总人口比重"衡量；中等层次人力资本（MH），以"高中以及中专学历人口占总人口比重"衡量；高层次人力资本（HH），以"大学专科以上学历人口占总人口比重"衡量，数据全部无量纲。由于这三种人力资本并不包含"文盲及半文盲人口占全部人口比重"，因此满足如下关系式：

$$0 < LH、MH、HH、(LH + MH + HH) < 1 \qquad (13.20)$$

（3）在衡量创新（INV）的指标选取方面，目前国内外文献出于数据获取难易程度和可信度的原因，主要选择了如下变量：研发支出、专利数、创新计数（Innovation Counts）、创新收益等。鉴于中国统计资料中缺乏企业研发支出、收益以及创新计数数据，按照 Aghion 和 Howitt（2005）的研究方法，本章以《中国科技统计年鉴》（1991）公布的"各地区三种专利申请批准量"衡量创新。为保持可比性，以该项指标同就业人数比率测度创新结果，即"每万人专利申请批准量"。

（4）在控制变量选取上，根据以往国内外学者的研究，一个地区的市场化程度（MARK）和对外开放度（OTW）将直接影响该地区人力资本质量以及对新技术的吸收能力。本章以"国有及国有控股企业工业总产值占当地工业总产值比重"间接反映市场化程度，该比值越高，市场化程度越低；以"外商投资额与全社会固定资产投资比例"反映对外开放度。数据来自《新中国五十年统计资料汇编》以及《中国统计年鉴》（1991）。

二、不同层次人力资本与创新的互动能力比较

　　根据理论分析结论，人力资本积累和创新是影响经济增长率的关键变量，也是导致"低发展陷阱"并拉大地区差距的主要因素。我们首先测算出高、中、低三种层次人力资本与创新的相关系数，结果分别为 0.94、0.76 和 0.04，高层次人力资本与创新的互动能力最强，中等层次人力资本次之，低层次人力资本则与创新基本无关。但我们更应考察人力资本与创新互动性对经济增长的影响效果，确定出驱动 1990 年以来中国地区经济增长的核心要素。本章以截面模型分析不同层次人力资本对创新和经济增长的影响，将三种形式人力资本全部纳入分析框架，并加入一些控制变量考察人力资本与创新的互动环境。计量方程如下：

$$G_i = \alpha_0 + \alpha_1 Lny_{i,1990} + \alpha_2 H_i + \alpha_3 H_i \cdot INV_i + \alpha_4 INV_i + \phi X + \varepsilon_i \quad (13.21)$$

　　其中，G_i 为各地区 1990～2005 年劳均产出平均增长率；$Lny_{i,1990}$ 为各地区 1990 年劳均产出自然对数值，如果回归系数 α_1 符号为正，说明地区之间经济发展不收敛，反之则收敛。H 代表各地区 1990 年人力资本水平，$H \cdot INV$ 为各地区人力资本与创新的交互项，代表人力资本与创新的互动影响。我们将三个具体指标 LH、MH、HH 分别带入模型，可以比较不同层次人力资本与创新的互动能力和对经济增长的影响。X 为一组控制变量，本文中包括市场化程度（$MARK$）以及对外开放度（OTW）。通过具体测算，我们发现三种人力资本两两之间相关程度不高，并且与人力资本和创新交互项的相关程度也比较低；但三种形式的 $H \cdot INV$ 与 INV 之间的相关性均在 90% 以上，如果两个变量同时引入模型，将使回归结果出现比较严重的多重共线性问题。为考察人力资本与创新的交互影响，我们将 INV 项去除，使模型（13.21）变为如下形式：

$$G_i = \alpha_0 + \alpha_1 Lny_{i,1990} + \alpha_2 H_i + \alpha_3 H_i \cdot INV_i + \alpha_4 MARK_i + \alpha_5 OTW_i + \varepsilon_i$$
$$(13.22)$$

　　由于本章以"国有及国有控股企业工业总产值占当地工业总产值

比重"间接反映市场化程度，因此当 *MARK* 的回归系数为负时，说明市场化程度与经济增长率线性正相关，反之则反。*OTW* 的回归系数一般应为正，当对外开放度更高时，人力资本积累与创新越活跃，经济增长率也越高。我们将三种人力资本指标逐个替代模型（13.22）中的 H，并逐渐加入其他解释变量，得到的回归结果如表 13-1 所示。

表 13-1　1990～2005 年中国各地区人力资本与创新对经济增长的回归结果

方程	（1）	（2）	（3）	（4）	（5）	（6）
常数项	0.360 （0.154）	3.165 （1.451）	1.316 （0.440）	7.102* （1.937）	4.489 （1.073）	3.119 （0.784）
Lny_{1990}	0.984 （1.586）	0.619 （1.101）	1.139 （1.448）	-0.495 （-0.476）	0.292 （0.252）	1.090 （0.994）
LH			-0.0003 （-0.019）			-0.014 （-0.744）
$LH \cdot INV$			-0.004 （-0.986）			-0.064* （-1.482）
MH				0.072 （1.262）		0.246* （1.690）
$MH \cdot INV$				0.011 （0.405）		0.440 （0.950）
HH					-0.019 （-0.060）	-1.840** （-2.260）
$HH \cdot INV$					0.092 （0.543）	0.127 （0.120）
$MARK$		-0.023*** （-3.266）	-0.023** （-2.749）	-0.029*** （-4.389）	-0.026*** （-3.322）	-0.031*** （-3.420）
OTW		0.003 （0.199）	0.003 （0.175）	0.007 （0.432）	0.010 （0.616）	-0.004 （-0.229）
R^2	0.082	0.375	0.400	0.531	0.497	0.685
F	2.516	5.207	3.196	4.156	3.616	3.913
$D.W.$	1.24	2.215	2.171	2.002	2.036	1.974

注：（1）每个解释变量系数估计值下方括号内的数字是标准差。其中标注***的变量在 1%水平上显著，标注**的变量在 5%水平上显著，标注*的变量在 10%水平上显著。（2）模型（1.4）-（1.6）采用广义差分法进行回归，用 EVIEWS5.0 软件中的 AR（1）项消除了残差序列自相关。

　　模型（1）以各地区经济增长率对基期劳均产出作直接线性回归，正回归系数值说明 1990～2005 年间中国地区经济增长未能新古典增长模型预言的收敛状态，发达地区经济增长率高于贫困地区，使地区经济差距不断扩大。模型（2）在模型（1）的基础上引入了两个控制变量，但由回归结果可见市场化程度和对外开放度并未扭转地区经济差距的扩大趋势。另外，市场化程度回归系数在模型（2）～（6）中均为负值，且显著性水平较高；对外开放度回归系数则均为正值，显著性水平较低，说明市场化进程和对外开放度都促进了中国地区经济增长，但市场化程度的影响力度更大，完善市场机制相比引进外资而言对地区经济发展更加重要。

　　模型（3）～（5）分别用低、中、高等层次人力资本替代（13.22）式中的 H，考察三种人力资本的创新互动能力及对经济增长的影响。由回归结果可见，低层次人力资本与创新乘积项的回归系数为负，其余两个乘积项回归系数均为正，说明低层次人力资本与创新之间未能形成良好互动关系，仅具备初中以下文化程度的群体既不能满足创新需求，也难以吸收、掌握先进技术，降低了经济增长速度。中等层次人力资本和高层次人力资本与创新乘积项的回归系数均为正值，说明接受高中以上文化教育的群体促进了创新经济增长。按照 Lucas（1988）和 Young（1993），中等层次人力资本更倾向于生产过程中的"边干边学"创新，高层次人力资本则更倾向于产品和技术方面的自主研发创新。在模型（3）和（4）的回归结果中，MH 和 HH 回归系数一正一负，说明如果不考虑与创新的互动关系，中等层次人力资本和高层次人力资本对经济增长的作用恰好相反。这可能是由于 1990 年以来中国在引进外资中主要以消化、吸收国外先进技术为主，自主研发创新对经济增长的作用低于技术引进过程中的边干边学创新。模型（6）将三种人力资本全部纳入分析框架，结果与模型（3）～（5）基本一致，$MH \cdot INV$ 的回归系数高于 $HH \cdot INV$，进一步印证了中等层次人力资本对创新经济增长的重要作用。另外，在所有回归方程中，仅模型（4）的 Lny_{1990} 项回归系数为负值，说明低等、高等人力资本都扩大了地区差距，仅中等层次人力资本在与创新互动过程中实现了地区经济收敛。因此比较三种人力资本对创新经济增长的影响效果，中等层次人力资本在激发创新、缩小差距方面发挥了最关键作用。

三、人力资本门槛与低发展陷阱

中等层次人力资本是 1990 年以来中国各地区创新经济增长的主要决定因素。根据前面的理论分析，只有当人力资本跨越了一定门槛之后，才能在与创新的互动决策中实现更高劳均产出增长率。我们可以采用线性回归函数极值法判断出人力资本门槛（Quandt，1958；刘厚俊等，2006），分析同一门槛内部各相近地区的经济增长状况。基本原理为以中等层次人力资本按数值高低排序后设置成虚拟变量 DMH，先将次低的 MH 设成人力资本门槛，取 $DMH = 1$，所有 MH 更高的地区全部取 $DMH = 1$，最低 MH 地区则取 $DMH = 0$；然后依次将更高 MH 的地区设定为人力资本门槛，凡是 MH 值低于人力资本门槛的地区全部取 $DMH = 0$，反之则取 $DMH = 1$，这样共可得到 29 个 DMH 序列。我们将虚拟变量序列逐一代入模型（13.23）进行检验，当回归系数 α_7 的 t 检验值最大时，对应的 MH 值即为人力资本门槛。此时该值为虚拟变量的关键拐点，中等层次人力资本低于这一门槛的地区，只能产生低效率互动性创新并维持低劳均产出增长率；高于这一门槛的地区中等层次人力资本显著影响了因变量，劳均产出增长率也相应更高。

$$G_i = \alpha_0 + \alpha_1 Lny_{i,1990} + \alpha_2 LH_i \cdot INV_i + \alpha_3 MH_i \cdot INV_i + \alpha_4 HH_i \cdot INV_i$$
$$+ \alpha_5 MARK_i + \alpha_6 OTW_i + \alpha_7 DMH + \varepsilon_i \qquad (13.23)$$

图 13-2 分别给出了 1990 年各地区中等层次人力资本排序以及人力资本门槛测算结果，其中人力资本按从低到高排序，t 检验值相应形成了一条在"0"附近来回波动的平稳序列。根据波峰出现的频率和大小，我们将中等层次人力资本设置了二级门槛，其中一级门槛值为 6.7%，人力资本低于该值的地区共 5 个，分别为西部地区中的西藏、贵州、云南、四川和中部地区中的安徽，可归入"未过人力资本门槛

地区"；二级门槛值为 8.5%，跨越一级人力资本门槛之间的地区包括西部地区中的青海、宁夏、甘肃，中部地区中的内蒙古、湖南、江西、河南以及东部地区中的广西、浙江、福建、山东、河北，共 12 个地区；跨越二级人力资本门槛的地区包括东部地区中的江苏、天津、北京、上海、广东、辽宁、海南，中部地区中的山西、湖北、黑龙江、吉林以及西部地区中的陕西、新疆，共 13 个地区。

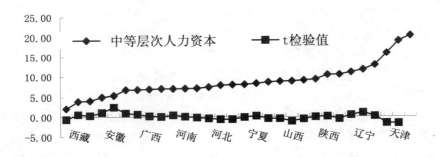

图 13-2　各地区中等层次人力资本排序及人力资本门槛测算结果

　　由分类结果可见，人力资本呈现出从西部到东部的渐进递增分布，人力资本越高的地区，也越靠近东部和中部的发达地区。我们利用不包含虚拟变量的模型（13.23）对三类地区人力资本、创新及经济增长的互动影响效果进行实证检验，其中后两类地区除对全部变量进行回归外，还选择了剔除不显著变量后的精炼方程作进一步分析，结果如表 13-2 所示。

　　模型（1）～（5）中，除模型（2）外，其余模型 $MH \cdot INV$ 项回归系数全部为正，进一步证明三类地区经济增长过程中中等层次人力资本和创新的互动效应发挥了关键作用。未过人力资本门槛地区 $HH \cdot INV$ 项不显著，说明高层次人力资本对这类地区的创新经济增长未起决定性影响，而其余两类地区该项回归系数全部为负值，也表明 1990 年以来高层次人力资本对中国创新经济增长的影响没有达到实际效果，中等层次人力资本才是拉大地区经济差距的决定要素。至于低层次人力资本，模型（1）、（4）和（5）中 $LH \cdot INV$ 项回归系数全部为负值，模型（2）中虽然为正，但未通过统计检验，说明三类地区低层次人力资本均不能与创新形成良性互动而提高经济增长率。

表 13-2 三类地区人力资本与创新对劳均产出增长率的回归结果

地区	未过人力资本门槛地区	跨越一级人力资本门槛地区		跨越二级人力资本门槛地区	
方程	（1）	（2）	（3）	（4）	（5）
常数项	-1.542	0.918		12.896**	6.370***
	（-5.183）	（0.151）		（2.766）	（7.929）
Lny_{1990}	1.452**	1.071	1.651***	-1.685	
	（17.057）	（0.647）	（8.556）	（0.217）	
$LH \cdot INV$	-0.926**	0.144		-0.051*	-0.043*
	（-56.115）	（1.630）		（-2.370）	（-2.140）
$MH \cdot INV$	10.823**	-1.001	0.449*	0.372**	0.275**
	（52.446）	（-0.877）	（0.783）	（3.252）	（3.006）
$HH \cdot INV$		-1.241	-4.404*	-0.470**	-0.337**
		（-0.294）	（-1.451）	（-3.017）	（-2.998）
$MARK$		-0.010	-0.025**	-0.036**	-0.033**
		（-0.763）	（-3.245）	（-3.018）	（-3.227）
OTW		0.010		-0.003	
		（0.325）		（-0.162）	
R^2	0.999	0.806	0.699	0.773	0.695
F	1558.72	3.461	4.091	3.411	4.566
$D.W.$	1.800	2.330	1.907	1.903	1.689

注：每个解释变量系数估计值下方括号内的数字是标准差。其中标注***的变量在1%水平上显著，标注**的变量在5%水平上显著，标注*的变量在10%水平上显著。

整体计量结果表明，1990 年以来中国正处于人才结构转型期，低级要素已经不是增长的主要依赖要素，而依赖高级要素的经济增长模式尚未建立，政府人力资本政策在加速要素结构从中级向高级转变、引导创新模式由吸收引进型创新向自主研发创新升级过程中将发挥主导作用。由于未过人力资本门槛地区人力资本与创新交互项回归系数远超过其他两类地区，提升落后地区人力资本禀赋、引导人才从东部向中西部地区流动、增加落后地区教育培训支出的财政转移支付力度等措施，将直接决定落后地区的经济赶超绩效和引进创新能力。

图 13-3 分别给出全部地区、未过人力资本门槛地区、跨越一级人力资本门槛地区以及跨越二级人力资本门槛地区的劳均产出增长率同基期劳均产出对数值散点分布，依次为图 13-3（a）、13-3（b）、13-3（c）、13-3（d），并绘制出拟合回归线。图 13-3（a）中拟合回归线的上升趋势非常明显，回归系数相伴概率达 0.12，充分证明 1990 年以来中国各地区经济增长呈非均衡分布，劳均产出增长率同基期劳均产出显著正相关，从而拉大了发达地区与落后地区的经济差距。在图 13-3（b）至 13-3（d）中，我们发现三类地区散点分布的拟合回归线均基本成水平状，散点在回归线上下随机排列，回归系数全部未通过显著性检验。散点图所示同理论分析结论一致，处于同一人力资本门槛内部的各相近地区，劳均产出增长率与基期劳均产出值无关，基本维持在一个固定均衡值左右。

由散点图及实证结果可引申出三点推论：第一，地区经济差距拉大主要表现在跨越不同人力资本门槛的三类地区之间，同类地区内部的扩散趋势则并不明显。第二，同类地区内部也并未出现收敛趋势，各地区经济增长率主要取决于是否跨越了人力资本门槛，跨越之后则又基本保持稳定均衡，使同类地区内部经济差距得以维持而非缩小。第三，未过人力资本门槛地区将始终拘囿于低发展陷阱，除非外生政策变量促使其跨越一级门槛，否则低均衡增长状态很难被打破。如果我们作一个简单匡算，15 年来未过人力资本门槛地区、跨越一级人力资本门槛地区和跨越二级人力资本门槛地区的劳均产出增长率平均值分别为 3.41%、4.17% 和 4.21%，后两者差别不是很大，但与前者拉开较大差距。这似乎表明，提升 5 个未过人力资本门槛地区的人力资本禀赋、诱导其突破低发展陷阱，将是平衡各地区经济发展水平的政策关键。

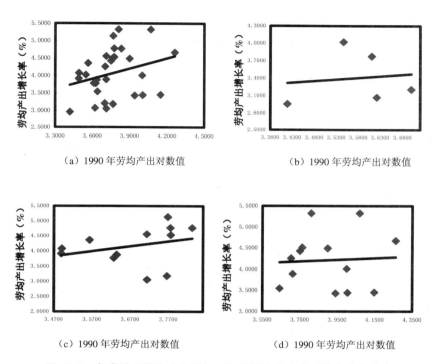

（a）1990 年劳均产出对数值　　　　　（b）1990 年劳均产出对数值

（c）1990 年劳均产出对数值　　　　　（d）1990 年劳均产出对数值

图 13-3　各类地区劳均产出增长率与基期劳均产出对数值散点分布

第四节　结　论

　　本章首先构建了将人力资本与创新内生化的理论模型，发现在人力资本投资和企业研发投资的互动决策博弈下，同质经济体内部各地区的稳态增长路径可以是多重的、属地化的，跨越人力资本门槛地区才能获得高劳均产出增长率。通过利用线性回归函数极值法对 1990 年以来中国各地区经济增长差距进行实证检验，本章主要研究结论如下：

第一，虽然中国经济增长仍主要靠物质资本投入拉动，但物质资本在促进地区经济收敛方面效果并不显著，发达地区与落后地区间的经济差距仍呈不断扩大趋势。这说明新古典增长理论中的"绝对收敛假说"与中国现实情况并不相符，使之与内生增长理论强调的一些核心要素相结合，才更适于解读中国地区差距问题。发达地区的高技术进步和创新率弥补了政府物质资本投资方面的劣势，成为维持高速增长并拉大同落后地区差距的主要驱动力。在这一过程中，人力资本发挥了决定作用，意味着中国经济正面临着从单纯依赖要素投入到强调创新型增长、集约型增长的战略转型期。

第二，高、中、低层次人力资本与创新的相关系数呈明显的累退性分布，高层次人力资本与创新的互动能力最强，中等层次人力资本次之，低层次人力资本与创新基本无关。但计量分析结果表明，中等层次人力资本在与创新互动中成为驱动全部三类地区经济增长的核心要素，高层次人力资本则没有发挥决定作用。这说明，1990 年以来中国已经摆脱了依赖低级要素的粗放型发展模式，中等层次人力资本在向创新增长转型过程中拉大了地区经济差距，但这种创新主要来源于引进技术过程中的边干边学创新，以高级要素和自主研发创新来驱动经济增长的集约型发展模式尚未建立。政府在引导要素结构升级过程中，可首先在东部和中部发达地区施行对自主研发创新的优惠政策支持，而后逐步向中西部落后地区扩散，避免单纯依赖引进创新所造成的持续落后局面。①

第三，经济差距扩大趋势主要体现在三类地区之间，三类地区内部的劳均产出增长率则基本稳定，随跨越人力资本门槛级数呈递增的阶梯状分布。从人力资本与互动性创新对经济增长的拉动效果来看，其分布状况与劳均产出增长率恰恰相反，呈现出明显的累退性。这说明人力资本与物质资本一样存在边际收益递减现象，如果诱导性政策

---

① Barro 和 Sala-i-Martin（1995）认为，落后地区的初期技术水平、人力资本状况或政府政策会干扰技术扩散和引进创新所带来的后发优势；而模仿成本也会随着发达地区创新技术的不断发展而逐步提升，限制落后地区的赶超能力。因此单纯依赖引进创新不能缩小两类地区间的经济差距。

辅助落后地区跨越人力资本门槛，落后地区将充分发挥后发优势，跳出低发展陷阱，逐步缩小同东部和中部发达地区的经济差距。在这一过程中，政府应以公共教育投资和人才流动机制建设提高落后地区的人力资本禀赋，通过引进外资优惠政策从东到西的渐次转移和科技成果市场化机制构建，逐步达到中西部地区与东部地区在创新能力上的趋同。政策趋同与要素投入趋同对落后地区实现经济赶超同等重要。

本章参考文献

[1] 蔡昉，都阳. 中国地区经济增长的趋同与差异. 经济研究，2000（10）

[2] 林毅夫，刘培林. 中国的经济发展战略与地区收入差距. 经济研究，2003（3）

[3] 刘厚俊，刘正良. 人力资本门槛与 FDI 效应吸收. 经济科学，2006（5）

[4] 马拴友，于红霞. 转移支付与地区经济收敛. 经济研究，2003（3）

[5] 王小鲁，樊纲. 中国地区差距的变动趋势和影响因素. 经济研究，2004（1）

[6] 沈坤荣，马俊. 中国经济增长的"俱乐部收敛"特征及其成因研究. 经济研究，2002（1）

[7] Acemoglu, 1994, "Search in the Labour Market, Incomplete Contracts and Growth," *CEPR Discussion Paper,* No.1026.

[8] Aghion, Bloom and Blundell, 2005, "Competition and Innovation: An Inverted-U Relationship," *Quarterly Journal of Economics,* 120 (2): 701～728.

[9] Agion and Howitt, 1992, "A Model of Growth through Creative Destruction," *Econometrica,* 60 (2): 323～351.

[10] Agion and Howitt, 1998, "Endogenous Growth Theory," *MIT Press.*

[11] Azariadis and Drazen, 1990, "Threshold Externalities in

Economic Development," *Quarterly Journal of Economics,* 105 (2): 501～256.

[12] Barro and Sala-I-Martin, 1995, "Economic Growth," *New York: McGraw-Hill.*

[13] Benhabibi and Spiegel, 1994, "The Role of Human Capital in Economic Development: Evidence from Aggregate Cross-Country Data," *Journal of Monetary Economics,* 43 (2): 143～173.

[14] Bresnahan, T., 1986, "Measuring the Spillovers from Technical Advance: Mainframe Computers in Financial Services," *American Economic Review,* 76 (4): 742～755.

[15] Cass, D., 1965, "Optimum Growth in an Aggregative Model of Capital Accumulation," *Review of Economic Studies,* 32 (July): 233～240.

[16] Grossman and Helpman, 1991, "Innovation and Growth in the Global Economy," *Cambridge MA. MIT Press.*

[17] Grossman and Helpman, 1994, "Endogenous Innovation in the Theory of Growth," *Journal of Economic Perspective,* 8 (1): 23～44.

[18] Koopmans, T.C., 1965, "On the Concept of Optimal Economic Growth. In the Econometric Approach to Development Planning," *Amsterdam: North Holland.*

[19] Lucas, R.E., 1988, "On the Mechanics of Economic Development," *Journal of Monetary Economics,* 22 (1): 3～42.

[20] Mansfield E., 1977, "Social and Private Rate of Return from Industrial Innovation," *Quarterly Journal of Economics,* 91 (2): 221～240.

[21] Nelson and Phelps, 1966, "Investment in Humans, Technological Diffusion, and Economic Growth," *American Economic Review,* 56 (2): 69～75.

[22] Quandt, 1958, "The Estimation of a Linear Rearession System Obeying Two Separate Regime," *Journal of the American Statistical Association,* 53: 873～880.

[23] Redding, 1996, "The Low-Skill, Low-Quality Trap: Strategic

Complementarities Between Human Capital and R&D," *The Economic Journal,* 106: 458～470.

[24] Schumpeter, J.A., 1934, "The Theory of Economic Development," *Harvard University Press.*

[25] Young, A., 1993, "Invention and Bounded Learning by Doing," *Journal of Political Economy,* 101 (3): 443～472.

第十四章　中国财政创新激励政策的
增长绩效分析

新一轮积极财政政策已全面启动并付诸实施，财政政策如何影响并激励研发创新成为理论界和实际部门关注的焦点。本章在融合资本积累、研发创新、财政创新激励政策等变量的经济增长理论模型基础上，按中国经济发展的实际情况给模型中的外生变量或参数赋值，作数值模拟试验。研究结果发现：税收优惠和研发资助两种财政创新激励政策都有助于提高研发创新量和经济增长率；税收优惠与市场研发互补，研发资助则具有一定程度的替代性，从而税收优惠政策比研发资助政策对经济增长的冲击力度更大，但研发资助政策的作用时滞更短；为提高增长绩效，应根据两种创新激励政策各自的优缺点审慎选择适用领域。

第一节　问题的提出

财政政策如何引导和激励经济增长是理论界关注的重要问题。在当前宏观经济走势受美国金融危机影响呈现一定程度的下滑趋势，扩大内需的积极财政政策已然全面启动并付诸实施，中国经济面临着增长、转型和结构优化调整多重压力的大背景下，研究财政创新激励政策的增长绩效，更加具有现实指导意义。

从经济增长理论视角来看，学术界对财政创新激励政策形成了一些大方向上的广泛共识，但在更细化的理论与经验研究上尚未取得一致意见。已取得广泛共识的观点包括：资本积累和研发创新在动态融合中共同驱动经济增长，其中创新有助于增加作为公共品的知识或技术存量，避免新古典停滞（Aghion、Howitt, 1998; Osorio、Pose, 2004）；由于创新导致垄断利润，无政府干预的经济增长将偏离帕累托最优路径，政府利用财政创新政策有利于降低资源配置的低效状态，起到纠偏作用（Grossman、Helpman, 1991; Barro、Sala-i-Martin, 1995; Pelloni, 1997）；如果将研发创新分为政府研发和市场研发，财政参与研发创新的渠道主要是为政府研发提供专项拨款、利用税收优惠政策降低市场研发成本、直接资助市场研发，这些干预政策都有助于提高技术水平和经济增长率（Park, 1998; Hall、Reenen, 2000）。但从近期的相关研究来看，对于财政创新激励政策的实施效果仍存在一定争议。如针对税收优惠政策，一种观点认为税收优惠政策在市场干预、管理成本和灵活程度等方面优于研发资助政策，在公平性、有效性方面较弱（OECD, 1994）；另一种观点则认为税收优惠政策适用性广，其公平性和普遍性强于研发资助（Agion、Howitt, 1998; 程华, 2005）。针对研发资助政策，一种观点认为财政资助与市场研发具有互补性，能促进企业提高研发投入和创新成功率（Holemans、Leo, 1988; Antonelli, 1989）；另一种观点则否认研发资助政策的有效性，认为财政补贴资助政策将挤出市场用于研发创新的投入，从而与市场研发形成替代效应（Shrieves, 1978; David et al, 2000; 戴晨、刘怡, 2008）。由于上述研究结论的差异性较大，很难对决策部门制定调控政策起到实质性的指导和借鉴作用。

　　分析研究结论产生分歧的原因，是由于上述文献或者从创新经济学、制度经济学、演化经济学等视角分析问题，或者利用博弈论、动态最优、系统论等方法作原理阐释，研究内容大多侧重在研发创新领域，较少从经济增长理论视角作更深入的研究；以经验分析为主的文献由于样本范围、分析时间、数据处理方法的较大差异，也内生决定了结论的较大局限性。因此在"扩内需、保增长、调结构、促转型"成为新一轮积极财政政策主要目标任务的前提下，扩展现有文献的分析思路、研究中国财政创新激励政策的增长绩效是非常有必要的。本章试图构建基于"创造性毁灭"思想（Schumpeter,1934）的增长理论模型，将资本积累、研发创新、经济增长和财政创新激励政策全部纳入理论框架作动态均衡分析；经验分析方法上，按中国经济发展的实际情况给模型中的外生变量或参数赋值，作数值模拟试验，这样我们就能基于经济增长理论和更细化的研究视角，模拟出中国财政创新激励政策对资本积累、研发创新和经济增长的稳态路径可能带来的动态冲击效果，并提出有利于提高增长质量的财政政策实施方向和建议。

第二节　融合财政创新激励政策的增长理论模型

在本模型中，经济增长由研发创新和资本积累共同驱动，按照David（2000）、Morales（2004）等人的研究思路，将市场研发分为基础研发和应用研发，其中应用研发创造新技术或新产品，为创新者提供持续的垄断利润流；基础研发具有效益外溢性，有助于促进公共知识积累和提高应用研发效率。财政通过提供税收优惠或直接资助两种方式对研发创新提供政策激励和支持。

一、无政府干预下的稳态增长

设定生产最终产品的要素投入为劳动、资本和技术，产出函数为规模报酬不变的 Cobb-Douglas 生产函数。通过研究决定资本长期供给的条件，可以推导出稳态时的资本密集度（$k_t = K_t / A_t$）决定方程式。从资本所有者角度看，租金率 ξ 必须能够补偿三种不同的成本，即利息 r_t、折旧 δ 和税收 τ_k。假定折旧不包括资本过时；资本税以一次性总付转移支付方式分配给家庭，从而稳态下的资本套利方程为（Aghion 和 Howitt, 1998）：

$$r + \delta + \tau_k = \alpha^2 (k/L)^{\alpha-1} \qquad (14.1)$$

其中，利率和资本密集度之间存在负相关，利率越高，资本密集度就越低。在每个资本品部门中，研发主体进行专利竞赛以达到下一次创新，技术复杂性边际递增，因此更高创新需要更多的要素投入。每个部门投资于研发的数量用技术前沿参数进行调整，定义 $n_{it} = N_{it} / A_t^{max}$ 为经技术前沿指数调整后的研发密集度，则每个部门的创新率可用下式表达（Morales,2004）：

$$\lambda p(n_{it}) = \lambda \sqrt{n_a(1+bn_b)} \tag{14.2}$$

其中，λ 为研发生产力；n_a 和 n_b 是市场投入到应用研发和基础研发的研发密集度；b 衡量了基础研发对全部研发生产力的影响。函数试图表述这样一种思想：基础研发相对于应用研发来说，对实现创新的影响程度略低。给定基础研发和应用研发总量 n_{it}，企业将分别选择 n_a 和 n_b 的研发密集度以便最大化获取创新的可能性。最优选择为：

$$n_a = \begin{cases} n_{it}/2 + 1/(2b) & \text{当} n_{it} > 1/b \text{时} \\ n_{it} & \text{其他情况} \end{cases} \tag{14.3}$$

$$n_b = \begin{cases} n_{it}/2 - 1/(2b) & \text{当} n_{it} > 1/b \text{时} \\ 0 & \text{其他情况} \end{cases} \tag{14.4}$$

按实际情况，我们只考虑基础研发并不为零的情况，这意味着 $n_{it} > 1/b$。但如果放松这个假定，使市场完全不投资于基础研发，研究结论仍然是稳健的。由（14.4）、（14.5）式可见，$\partial(n_a/n_b)/\partial n < 0$，即在无政府干预下，市场研发偏向于能产生直接经济效益的应用研发，基础研发需要财政介入支持，否则均衡增长率将因知识总量的增速放缓而趋于下降。成功创新的回报为企业采取新技术后所获取的垄断利润流，均衡时任何研发主体的创新垄断利润都是相同的，因此每个部门的研发密集度也一致。当创新在给定部门发生时，该部门的生产力参数将非连续跳跃到技术前沿参数 A_t^{max}，技术前沿参数的运动变化取决于知识总量的变化。虽然对于特定的研发主体而言，基础研发对其实现技术创新不一定有决定性影响，但对于知识总量而言，基础研发和应用研发都非常重要。因此技术前沿参数变动可表述为：

$$\dot{A}_t^{max} / A_t^{max} = \lambda \sigma (n_A)^{\beta} (n_B)^{1-\beta} \tag{14.5}$$

其中，n_A 和 n_B 是市场应用研发和基础研发密集度，σ 为创新流概率对技术前沿参数变动的影响比率。为测算研发密集度，考虑 t 期进行创新的价值。当创新成功时，创新者将享有技术专利，把以前的生产者完全挤出市场，成为新的垄断生产商，并使该部门跳跃到技术前沿参数 $A_t^{\max}$。因此在下一次新创新来临之前，新生产商将能够保持一段时间内的垄断利润流，创新垄断利润现值为：

$$V_t = \int_t^\infty e^{-\int_t^\tau [r_s + \lambda p(n_{it})]ds}(1-\alpha)\alpha A_t^{\max} L^{1-\alpha}k_\tau^\alpha d\tau \qquad (14.6)$$

其中，$\lambda p(n_{it})$ 为创新发生的流概率，$\int_t^\tau r_s + \lambda p(n_{it})ds$ 为 t 期和 τ 期之间经"创造性毁灭"效应调整后的平均利率水平。从产出角度衡量，单位研发成本被标准化，因此由于 $n_{it} = N_{it}/A_t^{\max}$，单位研发密集度成本为 $A_t^{\max}$。研发套利条件要求单位研发密集度的成本应等于创新的边际期望收益，即创新垄断利润现值同研发对该部门创新率的边际影响 $\lambda p(n)/n$ 的乘积，因此研发套利条件可表述为：

$$1 = (\frac{\lambda p(n_t)}{n_t})(\frac{(1-\alpha)\alpha L^{1-\alpha}k_t^\alpha}{r_t + \lambda p(n_t)}) \qquad (14.7)$$

稳态均衡式给出的研发套利条件和资本套利方程决定了资本密集度和研发密集度的依存关系。我们可从资本和消费角度分析模型的动态路径，消费动态方程为根据汉密尔顿函数求解出的消费者最优化路径，即 $\dot{C}_t = (r_t - \rho)C_t$。[①] 由于资本品均衡价值对每个部门都是相同的，且劳动和资本密集度的规模报酬不变，意味着稳态时的产出、资本、消费的均衡增长率都将等于前沿技术参数 $A_t^{\max}$ 的增长率。

二、财政创新激励政策的影响

政府实施的财政创新激励政策可通过两种途径影响市场研发决策：对市场研发主体提供所得税或资本税率优惠以降低其研发成本，可称为税收优惠政策；财政直接资助市场基础研究和应用研发，可称

---

① 根据不变跨期替代弹性效用函数推导出的最优消费增长率表达式为 $\dot{C}_t/C_t = (r_t - \rho)/\sigma$，但对数效用函数相当于 σ 值趋进于 1 的不变跨期替代弹性效应函数，因此本模型中的消费增长率作上述简化。

为研发资助政策。实际应用中，中国政府所采取的税收优惠政策涉及到企业所得税、增值税、关税、城镇土地使用税、营业税等税种，优惠方式包括优惠期、税收抵免、税前扣除等；研发资助政策则涵盖了直接补贴、财政贴息、研究与开发委托费等多种形式。当政府直接资助市场研发时，假定应用研发资助量为 $\tilde{G}_a$，经技术前沿指数调整后为 $G_a = \tilde{G}_a / A_t^{max}$；基础研发资助量为 $\tilde{G}_b$，经技术前沿指数调整后为 $G_b = \tilde{G}_b / A_t^{max}$，这将直接影响市场基础研发和应用研发的最优决策，使研发主体面临的最大化问题变为：

$$\underset{n_a, \ n_b}{Max} \ \lambda \sqrt{(n_a + G_a)(1 + b(n_b + G_b))} \qquad (14.8)$$

其中，研发密集度受制于如下约束条件：$n_{it} = n_a + n_b$，且 $n_a \geqslant 0$、$n_b \geqslant 0$。由于两种形式的财政激励政策是靠一次性总付税融资的，政府干预不会对经济带来新的扭曲，平衡预算约束要求对市场的研发激励支出恰等于一次性总付税和对资本征税的总和。通过求解一阶条件，研发主体的最优化选择由（14.3）式和（14.4）式变为：

$$n_a = \begin{cases} (n_{it} + G_b - G_a)/2 + 1/(2b) & \text{当} n_{it} + G_a - G_b \geqslant 1/b \text{时} \\ n_{it} & \text{其他情况} \end{cases} \qquad (14.9)$$

$$n_b = \begin{cases} (n_{it} + G_b - G_a)/2 - 1/(2b) & \text{当} n_{it} + G_a - G_b \geqslant 1/b \text{时} \\ 0 & \text{其他情况} \end{cases} \qquad (14.10)$$

同样按照实际情况，我们只考虑基础研发非零、研发资金并非全部投向应用研发的情形，并且这个限定条件对最终分析结果的敏感度并不高。于是当给定市场研发密集度 n_{it}，并且经济达到稳定均衡状态时，以研发密集度、资本密集度和财政研发资助量表述的研发套利方程为：

$$1 - z_n = \left(\frac{\lambda p(n_t, G)}{n_t}\right)\left(\frac{(1 - \alpha)\alpha L^{1-\alpha}k_t^{\alpha}}{\gamma + \rho + \lambda p(n_t, G)}\right) \qquad (14.11)$$

其中，$G = G_a + G_b$，z_n 为减税率。这样我们就用市场创新投入和财政研发资助给出创新率的衡量表达式，并且将财政税收优惠及研发资助全部纳入研发套利方程的分析框架，为其后进行的数值模拟试验提供了理论基础和参数设定依据。

第三节　数值模拟结果分析

一、参数化

我们用 Matlab 软件对财政创新激励政策的增长绩效进行数值模拟。在理论模型中，资本套利方程、研发套利条件以及稳态经济增长率的表达式共同决定了经济达到平衡增长路径时，资本积累、研发创新、财政激励政策等主要经济变量的相互制约和影响。因此计算均衡时我们采用如下方法：给定模型中的外生变量及参数赋值，企业最优研发决策通过技术前沿参数变动决定了经济长期均衡增长率；以均衡增长率和消费贴现率替换利息率后可得资本密集度的相对水平；而含有财政创新激励政策参数的研发套利条件又同时决定了研发密集度和资本密集度的平衡制约关系。这样，我们就能通过改变财政创新激励政策参数值，利用值函数叠代的方法求解动态规划方程，使所有的套利条件全部达到均衡。如果套利条件不能同时满足，我们就必须改变研发密集度和资本密集度值重新叠代测算，直到资本、研发和产出市场全部实现均衡为止。

由于本章侧重研究财政创新激励政策对市场研发、资本积累和经济增长的影响，因此税收优惠率 Z_n、研发资助量 G、市场研发密集度 n、资本密集度 k、经济增长率 γ 为模型的内生变量，[①] 其余变量或参数设定为外生，其中"劳动"正规化为 1.0。模型参数赋值说明如下：

（1）在经济参数的估计上，消费贴现率 ρ 赋值 0.04、资本折旧率

---

① 在数值模拟方法中，外生变量一般按照实际经济运行情况赋予特定的数值，属于分析过程中的固定参数；内生变量则随其中某一随即变量的冲击而相应变化，且变化率取决于外生变量的赋值情况，因此确定出模型中的内生和外生变量是进行数值实验的基础。

δ 赋值 0.05，这两项赋值应用比较广泛，特别是 5%的资本折旧率，国内外校准文献大多基于此进行资本存量的永续盘存法叠代测算。[①]众多全要素生产率和总量生产函数的文献测算结果表明，中国资本收入份额 α 为 0.6 左右，劳动收入份额相应为 0.4 左右（Young，2003；郭庆旺、贾俊雪，2005；郭玉清，2006），因此本章将资本收入份额赋值为 0.6。另外，我们遵循新增长领域比较具代表性的研究结果，创新流概率 λ 取值为 0.05，创新流概率对技术前沿参数变动的影响比率 σ 取值为 Log(1.2)，基础研发对研发生产力的影响参数 b 赋值为 5.0，应用研发对经济增长率的弹性 β 取值为 0.55（Aghion et al, 2005; Morales, 2004）。尽管作为发展中国家，中国的创新方式、领域、程度及对增长的重要性同发达国家存在比较明显的差异，但敏感性分析结果表明，创新参数在一定范围内浮动并不会对数值模拟结果造成显著影响。

（2）在财政政策参数的设定上，为简化考虑本章不再分析资本税情况，即将 τ_k 赋值为 0。财政研发总额（包括政府研发、财政研发资助、财政税收优惠）设定为 10.0，其中研发资助量占财政研发总额比例为 ϕ，与减税率 z_n 同在 0~1 之间波动。对两种财政创新激励政策我们不作交叉分析，即分析研发资助政策效果时，不考虑税收优惠政策；分析税收优惠政策效果时，也不考虑研发资助政策。但在同一模型框架下综合模拟两种创新激励政策的作用效果，结论仍然是稳健的。

二、税收优惠政策的增长绩效模拟结果

我们首先模拟税收优惠政策对经济增长冲击效果。在（14.13）式中剔除财政研发资助量 G，结合方程（14.1）~（14.5），可得以经济增长率 γ、市场研发密集度 n、资本研发密集度、财政减税率 Z_n 作为内生变量的三个方程所组成的方程组：

---

① 资本存量的连续时间测算公式为：$K_{jt}=\int_{-\infty}^{t}e^{-\delta(t-s)}I_j(s)/P_j(s)ds$，但由于官方统计资料一般只公布年度或季度投资数据，因此实际应用时大多退化为永续盘存法的离散形式。

$$\begin{cases} \gamma = \lambda\sigma(n/2+1/(2b))^{\beta}(n/2-1/(2b))^{1-\beta} \\ \gamma + \rho + \delta + \tau_k = \alpha^2(k/L)^{\alpha-1} \\ 1 - z_n = (\lambda\frac{1+bn}{2\sqrt{b}})(\frac{(1-\alpha)\alpha L^{1-\alpha}k_t^{\alpha}}{\gamma+\rho+\lambda p(n)}) \end{cases} \quad (14.12)$$

当财政对创新的税收优惠力度逐步增大时，z_n 由低到高依次变动。z_n 取值为零时，财政研发减税力度为零，即没有任何税收优惠；当 z_n 取值为 1.0 时，对市场研发创新的减税力度最高，甚至完全抵消了市场研发成本。由于这两种情况发生几率不大，我们不作过多分析。通过设定 z_n 的取值范围在[0.1，0.9]之间，便能模拟出税收优惠政策对经济增长的动态冲击效果。如图 14-1 所示。

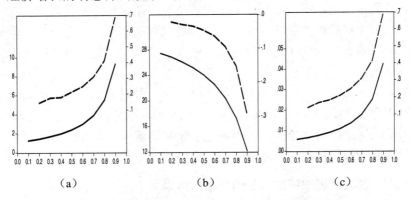

图 14-1　税收优惠政策增长绩效的数值模拟结果

图 14-1（a）、图 14-1（b）、图 14-1（c）中的实线分别为研发密集度、资本密集度和经济增长率对提高减税率的冲击反应曲线，反应值对应于左轴；虚线则为各变量对税收优惠率的弹性曲线，反应值对应于右轴。数值模拟结果表明，提高减税率能降低市场研发主体的研发创新成本，成本降低改变了市场研发投入规模的最优选择，导致经济增长率的稳步提升。由 n 对 z_n、γ 对 z_n 的弹性来看，随着减税率的逐步提高，市场研发创新量和经济增长率均表现出速率递增的正向变

动，从而税收优惠政策能够取得良好的增长绩效。考察表 14-1 报告的
是基础研发和应用研发随减税率的变动情况，当 z_n 从最低值逐步调整
到最高值时，应用研发密集度从 0.72 振荡递增到 4.75，基础研发密集
度则从 0.52 平滑递增到 4.55，可见，税收优惠政策对基础研发的促进
效应是显著而平稳的。从相对比率的变动情况来看，应用研发同基础
研发比率从 1.38 迅速下滑到 0.27，然后呈震荡波动状态并整体趋降。
这说明在无财政政策干预的情况下，基础研发规模过小，市场将更偏
重于应用研发，致使经济增长率因知识总量增速放缓而趋于下降，税
收优惠政策有助于缓解市场自发配置资源的上述缺陷。

表 14-1　税收优惠政策对基础研发密集度、应用研发密集度的冲击模拟结果

z_n	0.1	0.2	0.3	0.4	0.5	0.6	0.7	0.8	0.9
n_a	0.72	0.81	0.94	1.08	0.30	0.59	2.05	0.86	4.75
n_b	0.52	0.61	0.74	0.89	1.10	1.39	1.85	2.66	4.55
n_a/n_b	1.38	1.33	1.27	1.21	0.27	0.42	1.11	0.32	1.04

但从资本密集度 k 对 z_n 的冲击反应趋势来看，资本研发密集度呈
速率递增的下降趋势，与市场研发密集度的变动情况相悖。资本密集
度 k 随 z_n 的增长而趋于下降，是由于税收优惠政策在促进研发创新量
累进扩增的同时，降低了资本存量对技术水平的相对比率，减税率 z_n
越高，研发创新成功率就越大，稳定均衡状态的经济增长率也相应越
高。此外，税收优惠政策并没有产生挤出效应，即财政采用税式支出
手段，并不会使企业在享受优惠时产生降低自身研发支出的逆向选择，
税收优惠与市场研发形成一种互补而非替代的关系，这从研发密集度
始终保持平滑上升趋势的数值模拟结果便能得到证实。但作为发展中
的大国，当前中国面临着增长、转型和结构优化调整的多重压力，经
济发展还需要大规模的基础设施建设和投资扩张，因此对研发创新的
税收优惠力度不宜过高，否则将超越资本存量和创新技术的适度比率，
出现"资本拖累"现象，并在资本积累与研发创新动态融合的机制作

用下减缓增长速度（Griliches, 1995; Aghion、Howitt, 1998）。因此新一轮积极财政政策实施期间，通过制度优化、税率调整等手段，适度调增当前的税收优惠幅度、减轻企业研发创新税负、支持企业实施技术改造和产业优化升级的政策取向是比较适宜的。[①]

三、研发资助政策的增长绩效模拟结果

我们继续模拟研发资助政策对市场研发和经济增长的影响。为简化考虑，假定财政对基础研发和应用研发的支持力度均等，以便从总量视角观察研发资助对经济增长均衡路径的冲击效果。将外生变量参数代入剔除减税率 z_n 后的方程（14.11），并结合方程（14.1）～（14.9），可得以经济增长率 γ、研发密集度 n、资本密集度 k、财政研发资助量 G 为内生变量的三个方程所组成的方程组：

$$\begin{cases} \gamma = \lambda \sigma (n/2 + 1/(2b))^{\beta} (n/2 - 1/(2b))^{1-\beta} \\ \gamma + \rho + \delta + \tau_k = \alpha^2 (k/L)^{\alpha-1} \\ 1 = (\lambda \dfrac{1 + b(n+G)}{2\sqrt{b}})(\dfrac{(1-\alpha)\alpha L^{1-\alpha} k_t^{\alpha}}{\gamma + \rho + \lambda p(n_t, G)}) \end{cases} \quad (14.13)$$

我们设定 ϕ 为研发资助量占财政研发总额的比率，当财政研发资助力度逐步增大时，ϕ 由低到高依次变动。当 ϕ 取值为零时，没有任何形式的财政研发资助；当 ϕ 取值为 1.0 时，研发资助力度最高，G 相应取最高值 10.0，财政研发拨款总额中仅包含研发资助。由于这两种情况发生几率不大，本文不作过多分析。通过设定 ϕ 的取值范围在[0.1, 0.9]之间，便能模拟出研发资助政策对经济增长的动态冲击效果。

[①] 在中央扩大内需、促进经济增长的财政政策实施方案中，明确提出全面推进增值税转型改革、鼓励企业技术改造、降低企业负担的相应措施，这与本文的数值模拟分析结论是一致的。

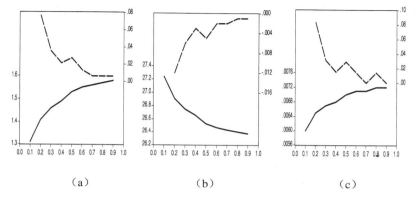

（a）　　　　　　　　（b）　　　　　　　　（c）

图 14-2　研发资助政策增长绩效的数值模拟结果

图 14-2（a）、图 14-2（b）、图 14-2（c）中的实线分别为研发密集度、资本密集度和经济增长率对研发资助量的冲击反应曲线，反应值对应于左轴；虚线则为各变量对税收优惠率的弹性曲线，反应值对应于右轴。从 n 对 G、γ 对 G 的弹性来看，随着财政资助力度的逐步提高,市场研发密集度和经济增长率表现出速率平滑减缓的正向变动。其经济机理在于：提高财政研发资助力度后，创新成功率在市场主体的研发创新努力和财政资金支持下增大，稳态增长率也相应提升，这一点与税收优惠政策类似。但由于财政直接资助行为干扰了市场研发投资最优决策，会挤出一部分市场投资，从而财政研发资助政策与市场研发本身之间可能存在一定程度的替代效应，导致其增长绩效弱于税收优惠政策。但总体看研发资助对经济增长的正向冲击仍然超越了挤出效应的负面影响；甚至在某些情况下财政资助不但不会产生挤出效应，还可能在边际收益递增的机制作用下刺激市场主体增加研发投资，即产生汲水效应。从数值模拟结果来看，当 ϕ 位于 0.4～0.5 左右时，汲水效应比较明显，此时市场研发和增长率均处于加速上升阶段；取其余值时，挤出效应则有不同程度的体现。此外，当研发资助额和税收优惠量占财政研发总额比例较低时（适用于中国），经济变量对研发资助政策的反应弹性值高于税收优惠政策，即研发资助政策见效时

滞短，应用起来也更灵活、迅捷，这是其相对于税收优惠政策的主要优势。

考察资本密集度 k 的变动情况，与税收优惠政策相似，其变动趋势与研发资助规模的变动趋势相悖。这是由于资本密集度反映了资本存量与技术前沿指数的比率，当研发资助量增加从而提高技术前沿指数时，资本存量的提升速度低于技术前沿指数速度，从而资本研发密集度必然相对降低；另外，研发资助政策并非采取间接调控的方式，会占用一定量的财政资源，在经济增长保持稳态均衡而财政资源总量一定时，这将在某种程度上挤出经济用于扩大投资的资源份额，上述两种情况都导致了资本密集度的下降。但与税收优惠政策不同，资本密集度对财政研发资助量的弹性平滑趋降，说明财政研发资助政策对创新和技术进步的激励效果呈边际递减，这是导致增长速率平滑趋缓的诱因。

四、政策绩效比较及实施现状

比较研发资助和税收优惠政策的增长绩效，不难发现，税收优惠政策比研发资助政策对经济增长的冲击力度更大，作用效果也更为明显。减税率提高 1.0 个百分点，研发密集度平均提高 0.3 个百分点，资本密集度平均降低 0.06 个百分点，经济增长率平均提高 0.3 个百分点；而财政研发资助量提高 1.0 个百分点，研发密集度仅平均抬高 0.02 个百分点，资本密集度平均降低 0.004 个百分点，经济增长率平均提高 0.03 个百分点。这是由于税收优惠政策属于市场导向型政策，受益对象具有非确定性，只要市场研发主体的研发投资行为可以划归到财政补贴或减税的收益范围，都能获得税收优惠支持，从而减低研发成本、增强风险抗御能力；而研发资助政策是政府按照国民经济发展与产业结构现状，对特定的行业、部门或企业所给予的政策性扶持激励，资助对象局限在特定的研发企业类型，是可甄别的，资助行为还会占用一定的经济、财政资源，降低政策实施效果。此外，税收优惠政策的增长绩效是逐步递增的，政策实施力度越大，对经济变量的稳态路径冲击也越强；研发资助政策的增长绩效则是平滑趋降的，存在比较明显的边际效果递减。

　　图 14-3 为 1993 年以来中国财政研发资助和税收优惠占财政研发总额的变动情况，可见财政研发资助规模呈倒"U"型变动趋势，起初保持震荡提升的势头，自 2000 年达到峰顶后又逐年下滑，2003 年跌至阶段性谷底值 6.26%。与其相反，税收优惠规模初始阶段基本保持稳定，2000 年开始大幅跃升，近年来稳定在 12%左右的水平。分析数据背后的经济成因，20 世纪 90 年代期间，我国对市场研发的财政支持手段主要集中于政策性、指导性调节激励，一些国家重点扶持的行业和大型企业（如汽车、电子、通讯等）通过补贴、贴息、直接资助等方式获得财政资金的优先支持，财政对市场研发创新的激励手段集中在研发资助政策上，税收优惠力度不大；但 2000 年以来，特别是宏观经济整体摆脱了通货紧缩困境甚至呈现局部过热的形势下，财政直接干预力度降低，市场型的税收优惠政策取代资助政策，成为政府激励研发创新的主要手段。由于税收优惠政策并未将收益对象锁定在大中型企业，而是扶持了许多中小型高科技企业的成长发展，从而有效激励了研发创新量的迅速攀升。[①] 根据笔者的初步匡算，2000 年前后市场研发支出量占国内生产总值平均比重分别为 0.3%和 0.6%，创新激励政策结构调整前后的市场研发支出量相差 1 倍左右，效果非常明显。但作国际比较，尽管目前我国市场研发规模略高于俄罗斯、巴西、印度等国家，但仍大大低于美、日、德、韩等国 2.0%左右的投入水平，[②] 市场本身投入力度薄弱导致我国的研发创新能力，特别是基础研发创新能力仍处于相对弱势地位。

　　[①] 对于中小型科技创新企业而言，在其成长早期，由于资产匮乏、缺少有效抵押物等，从银行取得贷款的可能性较低，极易因风险防御能力不足而倒闭。财政有必要整合各方资源，针对中小型科技企业的不同成长阶段，提供政策性补贴、减税、担保、创业培训、改造上市等综合性服务，为其提供资金与政策支持。

　　[②] 数据来源：中国科技部，OECD《主要科学技术指标 2007/1》，南美洲科技指标网络，联合国教科文组织。

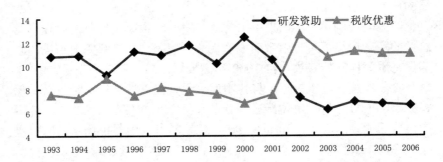

图 14-3　研发资助和税收优惠占财政研发总额的比重（1993～2006）

资料来源：根据《中国科技统计年鉴》（1994～2006）、《中国税务年鉴》（1994～2006）相关数据及 1993 年以来各项研发优惠税收法律法规公布的优惠率整理；2006 年数据为采用移动平滑法得出的预测值。

第四节　结论性评论

本章针对当前学术界比较关注的财政创新激励政策的增长绩效问题，构建了融合资本积累、研发创新和财政政策的增长模型；通过给稳态增长方程组中的外生变量和参数赋值，叠代模拟出财政创新激励政策对主要宏观变量平衡增长路径的冲击效果。研究结果发现：无政府干预下的市场研发倾向于应用研发；税收优惠和研发资助两种财政创新激励政策都有助于提高研发创新量和经济增长率，但税收优惠与市场研发互补，研发资助则具有一定程度的替代性；税收优惠政策比研发资助政策对创新和增长的冲击力度更大，但研发资助政策针对性强，应用起来灵活快捷，并且具有相对较短的效果时滞。

从增长绩效的数值模拟结果可以分析、评价当前财政创新激励政策运用现状，并提出改善政策组合的合理化建议。研究结果表明，在顺应当前新一轮积极财政政策已然启动并付诸实施的宏观背景下，创新激励政策组合的比例结构还应继续予以调整改善；还应继续增加税收优惠政策对研发创新的激励，适度控制和合理运用财政研发资助政策，使市场型财政调控政策成为创新激励的主导政策，[①] 并根据两种政策各自的优缺点审慎选择适用领域。从国际经验看，这同大多数发达市场经济国家的财政政策取向也是一致的。从政策指导型到市场调节型财政激励方式的调整优化，有助于降低企业寻租动力、维护市场运行公平和效率、有效实现财政政策调控目标。从研发类型来看，由于中国基础研发能力相对薄弱，市场又比较倾向于从事应用研发，财政应综合利用税收优惠、财政补贴、专项基金、财政参股等手段对基础研发予以保障和支持，防止应用研发受到基础研发的瓶颈制约而降低产出效率。

但在本章中，劳动变量被正规化后设定为外生，而就业人口的迁徙、扩张有可能是经济内生增长的源泉，创新对就业和收入分配的影响却没有在建模和实证过程中予以体现；其次，本章只是从总量上考察了研发资助政策的增长绩效，至于研发资助对基础研发和应用研发分别会产生的动态冲击效果，在本章中并未展开分析；最后，研究框架没有涵盖政府研发，而政府研发和市场研发在实施主体、作用机制、影响效果等很多方面都表现出异质性，将政府研发融入理论框架后，对财政创新激励政策的增长绩效作更细化的模拟考察，也应该是比较有意义的深入研究方向。

本章参考文献

[1] 戴晨，刘怡. 税收优惠与财政补贴对企业 R&D 影响的比较分析. 经济科学，2008（3）：58~71

---

① 近期沿海众多劳动密集型中小企业出现"倒闭潮"，固然与人民币升值、资源价格上涨、出口退税降低、中美利率倒挂等因素有关，其长期处于国际产业链条低端、产品科技附加值低导致国际竞争力低下、研发创新能力薄弱应是内在的诱因。同国际资本密集型、科技密集型产业基地相比，这些企业很难具备竞争优势。可见新一轮以"保增长、调结构"为目标的积极财政政策中，针对中小企业的创新激励政策将非常关键，而中央新近确定的扩大内需措施已经反映了这方面的政策意图。

[2] 程华. 直接资助与税收优惠促进企业R&D比较研究[J]. 中国科技论坛，2006（3）：56～59

[3] 郭庆旺，贾俊雪. 中国全要素生产率的估算：1979～2004[J]. 经济研究，2005（6）：51～60

[4] 郭玉清. 资本存量、技术变迁与总量生产函数[J]. 南开经济研究，2006（3）：79～88

[5] Aghion, Bloom and Blundell, "Competition and Innovation: An Inverted-U Relationship" [J], *Quarterly Journal of Economics*, 2005, 120 (2):701~728.

[6] Agion, P. and Howitt, P., "Endogenous Growth Theory" [M], *MIT Press*, 1998.

[7] Antonelli C., "A Failure-Inducement Model of Research and Development Expenditure," *Journal of Economic Behavior & Organization*, 1989 (12): 159~180.

[8] Barro, Sala-I-Martin, "Economic Growth" [M], New York: McGraw-Hill, 1995.

[9] David P.A., "The Political Economy of Public Science" [M], MacMillan Publishers, London, 2000.

[10] David P.A., Hall, B.H., Toole, "Is Public R&D A Complement or Substitute for Private R&D?" [R] *NEBR Working Paper*, 7373, 2000.

[11] Griliches, Z., "The Discovery of the Residual: An Historical Note" [C], *NBER Working Paper*, 5348, 1995.

[12] Grossman, Helpman, "Innovation and Growth in the Global Economy" [M], *Cambridge MA. MIT Press*, 1991.

[13] Hall B., Reenen J.V., "How Effective are Fiscal Incentive for R&D? A Review of the Evidence"[J], *Research Policy*, 2000(29):449~469.

[14] Holemans, B., Leo S., "Innovation Expenditures and the Role of Government in Belgium" [J], *Research Policies*, 1988(17):375~379

[15] Morales, M.F., "Research Policy and Endogenous Growth" [J], *Spanish Economic Review*, 2004, 6 (3):179~209.

[16] OECD, "Main Definitions and Conventions for the Measurement of Research and Experimental Development" [R], *Paris: OECD*, NO.4:256~260.

[17] Osorio B.B., Pose A.R., "From R&D to Innovation and Economic Growth in the EU" [J], Growth and Change, 2004, 35 (4):434~455.

[18] Park, W.G., "A Theoretical Model of Government Research and Growth" [J], *Journal of Economic Behavior & Organization*, 1998, 34 (1):69~85.

[19] Pelloni A., "Public Financing of Education and Research in a Model of Endogenous Growth" [J], *Labor*, 1997, 11 (3):517~539.

[20] Schumpeter, J.A., "The Theory of Economic Development" [M], *Harvard University Press*, 1934.

[21] Shrieves R.E., "Market Structure and Innovation: A New Perspective" [J], *The Journal of Industrial Economics*, 1978(26):329~374.

[22] Young, A., "Gold into Base Metals: Productivity Growth in the People's Republic of China during the Reform Period[J]," *Journal of Political Economy*, 2003,111 (6):1220~1261.

第十五章 出口退税率调整与出口增长的关系

本章主要利用博弈模型和联立方程模型分析出口增长与退税率调整之间的相互作用。实证分析的结果表明，出口增长和财政收入变化对出口退税率调整有显著影响：出口越多，退税率越可能被调低，而财政收入越多，退税率越可能被调高；滞后一期的退税率调整对出口增长的影响为正，表明退税率调整对出口增长存在滞后效应。

第一节 引 言

出口退税的目的在于使本国产品以不含税的价格进入国际市场，从而提高本国产品在国际市场上的竞争力。所以，实施出口退税政策，企业若能顺利实现对外出口赚取利润，则会大大提高其增加出口的积极性。很多理论和实证分析认为，出口退税的增加对出口额的影响为正。Chao 等（2001）利用一般均衡模型分析得出，对于经历行业性失业的经济，出口退税可以扩张相关上下游产业，从而促进出口。他们利用中国的数据证实，从长期来看，出口退税、外汇收入和汇率变动对出口有贡献；而从短期来看，只有出口退税能促进出口。Chao 等（2006）利用 CGE 模型从理论上分析了关税返还和增值税退税对中国出口的影响，认为这些政策能促进出口（对出口密集型部门的影响为正，对传统农业部门的影响为负），提高中国的福利水平，出口生产商更多使用进口投入要素而不是国内要素。Chen 等（2006）利用古诺数量竞争模型分析了出口退税政策对出口的影响，得出的结论是：当一国政府提高出口退税率时，国内企业的出口和利润增加，而国外竞争对手的产量和利润减少，最适出口退税率为正且大于 1。这表明，国内政府不仅全部退还国内企业进口中间产品的关税，还给予出口产品补贴。他们对中国的实证分析结果（1985～2002）表明，出口退税率与出口、国内最终消费和外汇储备之间的相关系数值为正。

　　隆国强（1998）通过计算得出，出口退税率每提高 1%，出口总额将提高 1.09%，GDP 将增长 0.5586%，税收总额将增加 0.887%。阎坤和陈昌盛（2003）试图从结构上分析中央政府出口退税额过快增长以致难承重负的现象，其实证分析（利用 1978～2001 年的时间序列数据，建立一阶差分联立方程式，采用两阶段最小二乘法 TSLS 进行估计）的结果表明，出口增加对改善一国财政状况有积极的贡献，并提出，我国产生这种现象的原因不在于经济机制本身而是结构问题，即各税种对由出口引起的经济增长的敏感度存在差异；同时，由于各税的分享制度安排，造成税收增长部分并非由承担完全出口退税责任的中央政府享有。孙玉琴（2005）的回归分析结果表明，当年出口退税额每提高 1%，将导致下一年度出口增加 0.92%。许南（2005）分析得出，出口退税率调低并没有对出口增长产生负面影响。万莹（2007）利用 1985～2003 年的统计数据对我国出口退税与外贸出口和经济增长的关系进行了 OLS 估计，认为出口退税对经济增长有显著的促进作用，出口退税每增加 1%，出口总额将增长 0.27%。这些实证分析直接考察出口额和退税额之间的关系。而退税额是根据出口额和退税率来计算的，它们之间可能存在双向作用的关系。所以，有必要进一步考察出口退税政策调整对出口增长的影响。

　　本章主要利用联立方程模型考察出口退税率变化和出口增长之间的相互影响关系。本章得出的主要结论是：财政状况对出口退税率调整有较大的影响，财政收入增长率每提高 1%，出口退税率变化率将提高 0.21%；汇率变化对出口增长的影响最大，汇率变化率每提高 1%，出口增长率将提高 1.07%；当期出口退税率变化对出口额增长的影响不确定，而滞后一期的退税率变化率每提高 1%，出口额增长率将提高 0.12%，这表明出口企业若能形成一个稳定合理的出口退税率调整的预期对增加出口有积极的意义。

第二节 博弈分析

下面利用一个博弈模型来分析税务部门与出口企业之间的博弈行为。

假设博弈的参与者有两个：出口企业与税务部门，他们必须独立决策是否参与博弈。出口企业可采取的策略有三个：扩大出口、维持原来的出口水平不变和减少出口。出口企业以利润最大化为目标。很显然，假定其他条件不变，出口退税率提高可以增加出口企业利润。税务部门可采取的策略有三个：调高出口退税率、保持原来的出口退税率不变和调低出口退税率。税务部门根据其财政收入状况，调整出口退税率，最高调至全部退还出口企业的出口产品在国内生产、流通和销售环节已缴纳的增值税和消费税总和。

我们假设初始的出口额和出口退税率分别表示为 Q 和 r；出口产品的税后边际利润率表示为 π；出口产品在出口前的征税率表示为 t；出口企业增加和减少出口的变化率分别表示为 m 和 n（与保持出口水平不变的情况相比）；出口退税率调高和调低的变化率分别表示为 i 和 j（与保持出口退税率不变的情况相比）。我们假设所有的数值均大于零。出口企业和税务部门的收益矩阵如表 15-1 所示。

表 15-1 出口企业和税务部门的收益矩阵

税务部门

出口企业		调高退税率	不变	调低退税率
	增加出口	$C1=(1+m)Q[\pi+(1+i)r]$, $D1=(1+m)Q[t-(1+i)r]$	$A1=(1+m)Q(\pi+r)$, $B1=(1+m)Q(t-r)$	$E1=(1+m)Q[\pi+(1-j)r]$, $F1=(1+m)Q[t-(1-j)r]$
	不变	$C0=Q[\pi+(1+i)r]$, $D0=Q[t-(1+i)r]$	$A0=Q(\pi+r)$, $B0=Q(t-r)$	$E0=Q[\pi+(1-j)r]$, $F0=Q[t-(1-j)r]$
	减少出口	$C2=(1-n)Q[\pi+(1+i)r]$, $D2=(1-n)Q[t-(1+i)r]$	$A2=(1-n)Q(\pi+r)$, $B2=(1-n)Q(t-r)$	$E2=(1-n)Q[\pi+(1-j)r]$, $F2=(1-n)Q[t-(1-j)r]$

表 15-1 中的每一个组合对应出口企业和税务部门的一个策略组合（左边为出口企业，上面为税务部门）。每个组合中的上下两个式子分别表示在该策略组合下出口企业和税务部门的收益。这构成一个静态博弈模型。从该模型可以看出，出口企业和税务部门各有一个优势策略，即出口企业选择扩大出口，税务部门选择调低出口退税率。因此，唯一的纳什均衡解为（增加出口，调低退税率），出口企业和税务部门都不能在给定对方的策略选择前提下通过单方面改变自己的策略选择使自己的收益提高。具体可以解释为，在出口企业选择增加出口的策略前提下，税务部门的最优策略为调低退税率，这时 $F_1 > B_1 > D_1$，税务部门调低退税率的收益最大；在税务部门选择调低退税率的策略前提下，出口企业的最优策略为扩大出口，因为这时 $E_1 > E_0 > E_2$，出口企业扩大出口的收益最大。而对于其他任意一个组合，出口企业或税务部门在给定对方的策略选择前提下能通过单方面改变自己的策略选择使自己的收益提高。例如，对于"增加出口，调高退税率"这一组合，出口企业和税务部门的收益组合为 $\{C_1, D_1\}$。如果税务部门选择调高退税率，出口企业不能通过单方面改变自己的策略选择使自己的收益提高。因为这时 $C_1 > C_0 > C_2$，出口企业选择增加出口的收益最大。但是如果出口企业选择增加出口，税务部门能通过单方面改变自己的策略选择使自己的收益提高。因为这时 $D_1 < B_1 < F_1$，税务部门选择调高退税率的收益最小。因此，"增加出口，调高退税率"不是纳什均衡解。对其他组合可以进行同样的分析。

上述分析假设税务机关和出口企业进行同时博弈，他们在作出自己的选择时，不能观测到对方的选择。现在，我们假设某一方在作出选择之前能观测到另一方的选择。根据表 15-1，我们画出税务部门先行和出口企业先行的扩展式博弈树，分别如图 15-1 和图 15-2 所示。从图 15-1 和图 15-2 的反转均衡解（用加黑的连续的箭头线表示）可以看出，不管哪个先行，其解不发生改变，即出口企业选择增加出口，税务部门选择调低出口退税率。

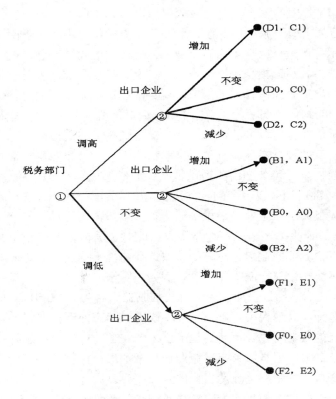

图 15-1 序贯博弈:税务部门先行

上述博弈分析的结果表明,企业只要能赚取利润,扩大出口是其理性选择。上述博弈分析还得出,税务部门的理性选择是调低出口退税率。而从理论和税法规定上来看,对于出口产品应实行零税率(即退税率应等于征税率)。这两者之间的矛盾正好可以解释税务部门在实践中总是不断地调整出口退税政策的原因。虽然有的学者或税务部门认为,实践中出现退税额大于征税额、财政难承退税增加重负的情况也是调低退税率的原因。但很显然,税务部门由于骗取退税造成的退税额大于征税额的损失不应由所有出口商来承担。如果由于政策调整或其他原因(如企业减免税)导致退税额大于征税额,其超过部分仍然给予退税，则存在变相给予出口企业补贴的情形，很显然这又违背国际准则。

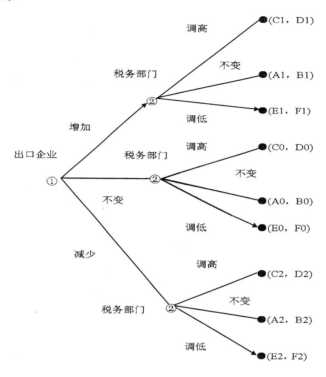

图 15-2　序贯博弈：出口企业先行

第三节　数据分析

我们利用我国 1985～2007 年间出口额、退税额（表示单位均为亿元）、汇率（100 美元兑人民币）和财政收入（分别用 *EX* 、 *ETR* 、 *FER* 和 *FR* 来表示，如图 15-3 所示）的统计数据，来考察出口退税政策变化和出口增长之间的相互影响关系。数据来源于中国统计年鉴及财政部、商务部和国家税务总局网站。从图中可以看出，出口额起初呈平稳增加态势，近几年呈直线上升趋势，相应地，退税额基本具有相同的发展轨迹；美元对人民币汇率在 1985 年到 1993 年间上升幅度较大，之后处于 100 美元兑换 800 元左右人民币的平稳状态。从 1994 年我国开始实行分税制改革以来，财政收入呈快速增长态势。

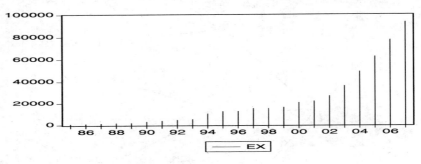

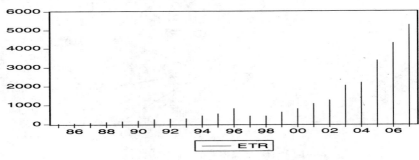

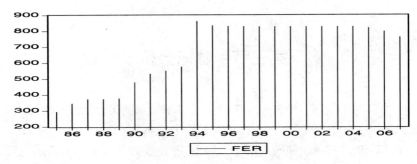

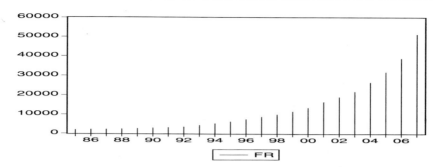

图 15-3 出口额、退税额（单位均为亿元）、汇率（美元对人民币）
以及财政收入（1985～2007）

我们计算出口额、退税额、汇率、退税率和财政收入对前期的变化率，即各变量的环比增长率，分别用 $EX1$、$ETR1$、$FER1$、$ETRR1$ 和 $FR1$ 来表示，如见图 15-4 所示。我们利用增长率作为分析指标，可以避免数据的非平稳性所带来的谬回归问题。此外，我们可以直接对估计结果进行比较。因为这时的系数估计值为弹性值，表示解释变量变化一个百分点带来被解释变量的变化百分比。

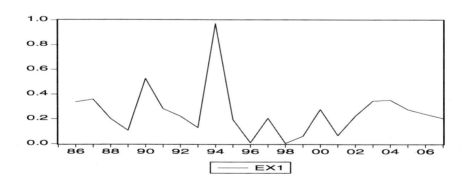

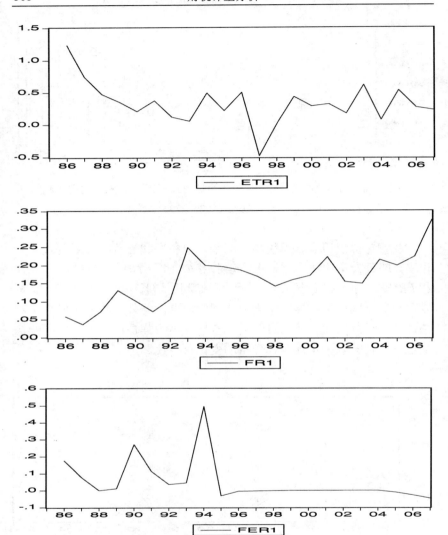

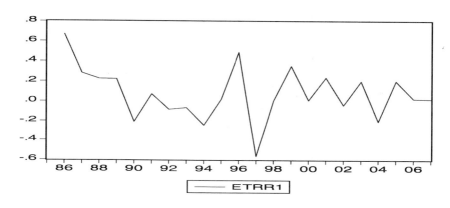

图 15-4　各变量的环比增长率

　　我们先看各变量的基本统计值。出口额变化率（*EX*1）的均值为25.45%，最大值为 97.2%（1994 年），最小值为 0.41%（1998 年）。汇率变化率（*FER*1）的均值为 5.01%，最大值为 49.58%（1994 年），最小值为-4.61%（2007 年）。退税额变化率（*ETR*1）在 1986～2007 年间（除 1997 年外）均为正，其均值为 33.07%，最大值为 123.35%（1986年），最小值为-47.64%（1997 年）。退税率变化率（*ETRR*1）除 7 个年份外，其他年份均为正，其均值为 7.46%，最大值为 66.96%（1986年），最小值为-56.56%（1997 年）。财政收入变化率（*FR*1）在 1986～2007 年间均为正，其均值为 16.08%，最大值为 32.41%（1997 年），最小值为 3.64%（1987 年）。各变量变动幅度较大，其中退税额和退税率波动幅度最大。1994 年我国开始实行分税制改革，确定对出口货物实行零税率政策。另外，1994 年，我国汇率变动剧烈，美元对人民币汇率增长幅度最高。1994 年开始实行的政策带来的冲击效应比较大，当年出口显著增长。1997 年我国对享有进出口自主权的企业实行免、抵、退的出口退税政策，出口退税增长显著减少。

　　从图 15-4 还可以看出，退税额增长速度大于出口额增长速度的年份较多，在 1986～2007 年间达到 15 个。究其原因，与不同行业或产品出口退税率调整有很大关系，也与由此带来的出口结构发生变化有关系（因为出口企业更倾向于出口退税率高的商品），当然也可能与出口企业骗取退税的动机增强、实际获得的退税额过多有关系。

第四节　联立方程模型及其估计

现在我们考察出口退税率调整和出口增长之间可能存在的相互作用关系。为此，我们建立一个联立方程模型：

$$ETRR1_t = a(1) + a(2) \times EX1_t + a(3)ETR1_t + a(4) \times FR1_t + u_t \quad (15.1)$$

$$EX1_t = a(5) + a(6) \times ETRR1_t + a(7)FER1_t + a(8) \times ETRR1_{t-1} \\ + a(9) \times DUM + v_t \quad (15.2)$$

其中，DUM 表示一个虚拟变量，目的是考察 1994 年我国开始实行分税制改革、确定对出口货物实行零税率政策以及汇率剧变带来的冲击效应，对于 1994 年，$DUM = 1$，对于其他年份，$DUM = 0$。根据上面数据的统计分析可以知道，该年度有着明显的结构性变化，我们利用这个虚拟变量可以考察其影响，同时可以不减少样本数量。

在实践中，出口退税率的调整受到很多因素的影响。由于我们这里使用的出口退税率是由退税额除以出口额得到的，所以出口退税率的变化与出口额的变化呈现相反的变化方向，而与退税额的变化呈现相同的变化方向。另外，如果某个时期财政收入增长较快，财政状况良好，出口退税率会被调高。所以，我们假设方程式（15.1）中的系数估计值符合如下的符号条件：$a(2) < 0$，$a(3) > 0$，$a(4) > 0$。

出口增长的重要影响因素是汇率的变化。汇率提高越多，外汇可换取的人民币就越多，从而表现为出口增长越快。从理论上看，在其他条件不变的情况下，出口退税率提高可以降低企业的生产成本和价格，提高企业出口产品的国际竞争力，增加出口。但是，我国出口退税率调整过频，会影响出口企业的合理预期，加上国际市场上的诸多变化，从而对出口企业会产生比较复杂的影响。如果退税率调高，退税额增加，企业预期利润增加，增加出口的积极性会提高，但是其努力降低生产成本的动力可能会减小。相反，如果退税率降低，退税额减少，企业预期利润减少，增加出口的积极性当然会受到影响。然而，如果企业为保证利润目标的实现，努力挖掘内部潜力，生产成本则可能下降。如果成本降低额（加上出口退税直接便捷、没有拖欠等外部因素的影响）高于退税额的降低程度，退税额的降低反而会带来出口利润的增加。当然，退税率降低带来的负面影响也可能全部或部分由国外进口商来承担。在以上两种情况下，企业增加出口的积极性都不会因出口退税率的降低而减弱。如果能形成一个稳定的预期（例如至少一年前），在其他条件不变的情况下，出口退税率提高通常可以激励企业增加出口。1994 年我国开始实行分税制改革，确定对出口货物实行零税率政策；同时，1994 年美元对人民币汇率提高速度最快，之后一直居于较高水平。所以，1994 年这些外界环境的变化对出口增长所带来的冲击效应是正向的。综上所述，我们假设方程式（15.2）中的系数估计值符合如下的符号条件：$a(6)$ 的符号不确定，$a(7)>0$，$a(8)>0$，$a(9)>0$。

　　首先，我们判断联立方程模型中各方程是否符合可识别性的秩条件（可识别的充分必要条件）。上述方程组的各个系数如表 15-2 所示。

表 15-2　联立方程组的系数表

方程式	1	ETRR1	EX1	FER1	DUM	FR1	ETRR1（-1）	ETR1
（1）	-a（1）	1	-a（2）	0	0	-a（4）	0	-a（3）
（2）	-a（5）	-a（6）	1	-a（7）	-a（9）	0	-a（8）	0

　　从表 15-2 可以看出，从模型其他方程所含而该方程不含的诸变量的系数矩阵中至少可以构造出一个 1×1 阶的非零行列式来。所以模型中各方程是符合可识别性的秩条件的。

　　其次，我们判断各方程是否符合可识别性的阶条件。上述联立方程模型中，内生变量的个数为 2 个（EX1 和 ETRR1），前定变量的个数为 5 个（ETR1，FR1，滞后一期的 ETR1，FER1 和 DUM）。方程式（15.1）排除的前定变量的个数为 3，方程式（15.2）排除的前定变量的个数为 2，两者均大于它们各自所含内生变量的个数减去 1（即为1），所以两个方程式均为过度识别的。

再次，我们利用豪斯曼检验进行外生性检验。

根据（15.1）式和（15.2）式，我们把联立方程组中所有的前定变量作为解释变量，得到如下的诱导型方程：

$$ETRR1_t = b(1) + b(2) \times ETR1_t + b(3) \times ETRR1_{t-1} \\ + b(4) \times FER1_t + b(5) \times dum + b(6) \times FR1 + \eta_t \tag{15.3}$$

$$EX1_t = b(7) + b(8) \times ETR1_t + b(9) \times ETRR1_{t-1} \\ + b(10) \times FER1_t + b(11) \times DUM + b(12) \times FR1 + \mu_t \tag{15.4}$$

估计诱导型方程（15.3）式和（15.4）式，分别得到 $ETRR1$ 和 $EX1$ 的估计值（分别表示为 $\hat{ETRR1}$ 和 $\hat{EX1}$），并将它们作为新的解释变量分别加入（15.2）式和（15.1）式，得到：

$$ETRR1_t = a(1) + a(2) \times EX1_t + a(3)ETR1_t + a(4) \times FR1_t + \alpha \times \hat{EX1}_t + u_t \tag{15.5}$$

$$EX1_t = a(5) + a(6) \times ETRR1_t + a(7) \times FER1_t \\ + a(8) \times ETRR1_{t-1} + a(9) \times DUM + \beta \times \hat{ETRR1}_t + v_t \tag{15.6}$$

对（15.5）式和（15.6）式进行 OLS 估计，估计结果分别如表 15-3 和表 15-4 所示。

表 15-3　方程式（15.5）的 OLS 估计结果

	系数估计值	t-统计值	概率
C	-0.0424	-1.5584	0.1376
EX1	-0.9220	-9.3592	0.0000
ETR1	0.7965	29.8089	0.0000
FR1	0.1718	1.4039	0.1783
$\hat{EX1}$	0.2378	2.2170	0.0405
R^2	0.9857	调整后 R^2	0.9823
对数似然值	45.0937	F-统计值	292.9216
D-W 统计值	1.4748	概率（F-统计值）	0.0000

表 15-4　方程式（15.6）的 OLS 估计结果（考虑存在一阶序列相关问题）

	系数估计值	t-统计值	概率
C	0.2001	3.1161	0.0082
ETRR1	-0.8692	-5.8212	0.0001
ETRR$\hat{\text{I}}$	0.8555	4.8516	0.0003
ETRR1（-1）	0.0730	1.4868	0.1609
FER1	1.2728	5.9098	0.0001
DUM	0.2492	2.2319	0.0438
AR（1）	0.7688	3.3997	0.0047
R^2	0.9449	调整后 R^2	0.9195
对数似然值	32.1693	F-统计值	37.1877
D-W 统计值	1.9223	概率（F-统计值）	0.0000

从表 15-3 和表 15-4 可以看出，$ETRR\hat{\text{I}}$ 和 $EX\hat{\text{I}}$ 作为解释变量的系数估计值在 5% 的显著水平下是统计上显著的，这表明 $ETRR1$ 和 $EX1$ 可视为内生变量。

最后，我们利用豪斯曼（Hausman）的设定误差检验判断联立方程有无联立性问题（simultaneity problem）。利用 OLS 估计（15.3）式（估计出的可决系数值为 0.92），得到误差项 η_t 的估计值（$\hat{\eta}_t$），并将它添加到（15.2）式，得到：

$$EX1_t = a(5) + a(6) \times ETRR1_t + \lambda \times \hat{\eta}_t + a(7) \times FER1_t \\ + a(8) \times ETRR1_{t-1} + a(9) \times dum + v_t \tag{15.7}$$

利用 OLS 估计（15.7）式，估计结果如表 15-5 所示。

从表 15-5 可以看出，$\hat{\eta}_t$ 的系数估计值在 1% 的显著水平下是统计上显著的，这表明两个方程之间存在联立性问题。

表 15-5 方程式（15.7）的 OLS 估计结果（考虑存在一阶序列相关问题）

	系数估计值	t-统计值	概率
C	0.2001	3.1161	0.0082
ETRR1	-0.0137	-0.2176	0.8312
$\hat{\eta}_t$	-0.8555	-4.8516	0.0003
ETRR1（-1）	0.0730	1.4868	0.1609
FER1	1.2728	5.9098	0.0001
DUM	0.2492	2.2319	0.0438
AR（1）	0.7688	3.3997	0.0047
R^2	0.9449	调整后 R^2	0.9195
对数似然值	32.1693	F-统计值	37.1877
D-W 统计值	1.9223	概率（F-统计值）	0.0000

我们计算各变量之间的相关系数，结果如表 15-6 所示。从表 15-6 可以看出，解释变量之间的相关系数值较小。利用 OLS 估计各方程式得出的可决系数值都显著大于解释变量之间的相关系数值，这说明利用 OLS 估计产生多重共线性的可能性很小。

表 15-6 各变量之间的相关系数矩阵

	EX1	ETR1	ETRR1	FER1	FR1
EX1	1.0000				
ETR1	0.2272	10000			
ETRR1	-0.3344	0.8314	1.0000		
FER1	0.8557	0.2786	-0.1714	1.0000	
FR1	-0.1040	-0.4017	-0.2900	-0.2422	1.0000

我们对上述联立方程组（15.1）式和（15.2）式进行 SUR（Seemingly Unrelated Regression）估计。该方法考虑跨期异方差性和估计出的误差项之间存在的同期相关性问题。估计结果如表 15-7 所示。

表15-7　联立方程（15.1）式和（15.2）式的 SUR 估计结果

	系数估计值	t-统计值	概率
a（1）	-0.0519	-2.1011	0.0431
a（2）	-0.6901	-18.1189	0.0000
a（3）	0.8079	32.3622	0.0000
a（4）	0.2126	1.9162	0.0638
a（5）	0.1850	8.3788	0.0000
a（6）	-0.0257	-0.3099	0.7585
a（7）	1.0650	3.9371	0.0004
a（8）	0.1243	1.9207	0.0632
a（9）	0.3079	2.0441	0.0488

退税率调整方程式（1）：

$$ETRR1_t = a(1) + a(2) \times EX1_t + a(3) \times ETR1_t + a(4) \times FR1_t + u_t$$

R^2	0.9808	调整后 R^2	0.9777
D-W 统计值	1.8765		

出口增长方程式（2）：

$$EX1_t = a(5) + a(6) \times ETRR1_t + a(7) \times FER1_t + a(8) \times ETRR1_{t-1} + a(9) \times DUM + v_t$$

R^2	0.8008	调整后 R^2	0.7510
D-W 统计值	1.2940		

从表15-7可以看出，估计结果比较可信。因为退税率调整方程式（15.1）的可决系数值很高（约为0.98），这意味着内生变量（ $ETRR1$ ）的估计值与它们的真实值非常接近，从而知道出口增长方程式（15.2）中作为解释变量的 $ETRR1$ 与误差项 v 存在较小的相关关系。除了 $ETRR1$ 外，其他变量的系数估计值在10%的显著水平下均显著，而且其符号符合我们先前所作出的假设。

具体地，从退税率调整方程式（15.1）的估计结果可以看出：第一，出口增长对退税率调整的影响为负（系数估计值a（2）约为-0.69），出口增长越多，退税率越会被调低，以适当抑制出口过快增长。第二，退税增长对退税率变化的影响为正（系数估计值约 a（3）为 0.81），假设出口额不变,退税额增长越多,自然退税率越高,但是反过来,退税额增多可能是由退税率调高引起的,也可能是由于骗取出口退税等原因造成的。第三,财政收入增长对退税率变化的影响为正(系数估计值 a(4)为 0.21),财政状况越好,退税率越会被调高。

从出口增长方程式(15.2)的估计结果可以看出:第一,汇率变化对出口增长的影响很大(系数估计值 a(7)为 1.07)。第二,当期退税率变化对出口增长的影响不能确定。从理论上看,出口退税率越高,企业收益可能越大,增加出口越有动力,但是企业增加出口的根本原因在于满足扩大的出口需求,进而实现其利润,而不仅仅是获取与退税率一样大小的收益。例如,即使提高退税率,退税额加上正常利润低于其实际承担的税收负担额,企业也不会增加出口。第三,而滞后一期的退税率变化对出口增长的影响为正(系数估计值 a(8)约为 0.12),所以出口企业若能形成一个稳定合理的出口退税率变化的预期对增加出口有很重要的意义。当然,由于我国财政预算对出口退税实行指标管理,同时对退税审核时限和退税时限没有相应的规定,税务部门拖欠出口应退税款的现象很普遍,这可能也有较大的影响。第四,虚拟变量的系数估计值 a(8)为 0.31,这说明,1994 年我国确定出口货物实行零税率的政策和汇率提升对出口增长带来的影响比较大。

第五节　结　论

本章主要利用博弈模型分析出口企业与税务部门之间的博弈行为,同时利用联立方程模型考察出口退税率调整和出口增长之间的相互影响关系。从上述分析得出的主要结论是:(1)财政收入增长对退税率变化的影响为正(系数估计值约为 0.21),这表明财政状况越好,退税率越会被调高;(2)汇率变化对出口增长的影响很大(系数估计值为 1.07);(3)当期退税率变化对出口增长的影响不能确定,而滞后一期的退税率变化对出口增长的影响为正(系数估计值约为 0.12),所以出口企业若能形成一个稳定合理的出口退税额变化的预期对增加出口有很重要的意义。

根据上述分析结果，我们可以提出一些政策建议：无论从税务部门的角度（大量的征退税成本支出，分散精力，忽视应做工作，法律或法规易变，诚信受损等），还是从出口企业和外商的角度（难以形成合理预期，投机取巧等），都希望尽可能避免出口退税率的频繁调整。出口企业对于退税率变化的合理预期对增加出口有着积极的意义。另外，我国出口退税政策调整存在明显的滞后效应，所以"征退分离"的政策现状需要加以改变或改进。对于出口退税，应遵循国际惯例，原则上征多少、退多少，而不应少征、多退，以避免变相给予出口补贴之嫌。税务部门在能确认出口产品已出口的前提下，如何把握真实的出口产品离岸价以及出口产品在出口之前实际已纳税款等情况将是其工作重点。

由于受到数据的制约（我国 1985 年起开始实行出口退税制度改革，可用样本数据不多），本章的分析有待进一步改进，结论也需审慎使用。如果能获得企业层面的大量数据，分析将会更加有效。在上述估计中，我们采用的是实际出口退税率（平均出口退税率的均值为 5%，最高为 7.82%，最低为 2.44%，处于比较低的水平），而实际上，有的行业或产品的出口退税率名义上最高达到 17%或最低为零。所以对不同行业或产品实行有差别的出口退税率，对出口结构调整的影响有待进一步考察。

本章参考文献

[1]　丁晓锋. 我国出口退税政策：分析与选择. 税务研究，2004（10）：48～50

[2]　董浩，陈飞翔. 我国出口退税政策的鼓励效应. 国际贸易问题，2004（7）：13～16

[3]　国家税务总局网站：http://www.chinatax.gov.cn.

[4]　古扎拉蒂著，林少宫译. 计量经济学（第三版，下册）. 中国人民大学出版社，2002

[5] 隆国强. 调整出口退税政策的效应分析. 国际贸易，1998（7）：22～24

[6] 倪红日. 我国出口退税政策和制度面临严峻挑战. 税务研究，2003（8）：6～10

[7] 孙瑞华，刘广生. 我国出口退税政策的主要问题与基本取向. 经济问题探索，2001（1）：45～48

[8] 孙玉琴. 我国出口退税政策与出口贸易发展的关系. 统计观察，2005（7）：84～85

[9] 许南.出口退税政策调整对进出口贸易和汇率影响的实证分析. 长沙大学学报，2005（第19卷）（1）：18～22

[10] 阎坤，陈昌盛. 出口退税、扩大出口和财政效应. 管理世界，2003（11）：42～51

[11] 中国统计年鉴（2008）

[12] 万莹.中国出口退税政策绩效的实证分析. 经济评论，2007（4）：62～67

[13] Chao, Chi-Chur, W.L.Chou, Eden S.H. YU (2001), "Export duty rebates and export performance: theory and China's experience," *Journal of Comparative Economics*, 29: 314～326.

[14] Chao, Chi-Chur, Eden S.H., Wusheng YU (2006), "China's import duty drawback and VAT rebate policies: a general equilibrium analysis," *China Economic Review*, 17: 432～448.

[15] CHEN, Chien-Hsun, Chao-Cheng MAI, Hui-Chuan YU (2006), "The effect of export tax rebates on export performance: theory and evidence from China," *China Economic Review*, 17: 226～235.